소일도·소열도

D.L. Soltau & T.S. Soltau

흔적과 표적, 기쁨으로 따른 길

이지하 저·역

뿌리총서 간행사

우리의 뿌리와 샘을 생각하며

지난 4월에 숭실뿌리총서 14권을 간행한데 이어서 2차분 5권을 간행합니다. 이미 말씀드린 대로 나무에는 뿌리가 있고, 흐르는 물에는 샘이 있다는 것을 모두 알고 있습니다. 이는 우리의 개천절 노래에도, 조선의 『용비어천가』에도 등장하는 교훈적 비유입니다. 뿌리와 샘을 압축하여 표현하면 본원(本源)이라 합니다. 모든 것의 본원을 지극한 단계까지 찾아나서는 행위는 자기 존재를 완전히 알고 그 역할 수행을 극대화하는 주요한 방법이며 그만큼 의미 있게 살아가기 위한 필수적 작업입니다.

높은 산등성이에 있는 작은 샘에서 솟아난 맑은 석간수가 바위 골짜기를 거쳐 산 아래 도달하고 넓은 농지와 대도시와 중간에 있는 댐과 제방을 경험하며 넓은 바다로 가는 동안 주변에서 이른바 다양한 성질을 지닌 물줄기가 계속 합류하여 수량이 점점 많아집니다. 공업용수, 농업용수, 발전용수 또는 정수하여 수백만 도시민의 상수원으로 또 생활용수로 쓸 수 있게 되어 그 용도가 커집니다. 시작은 청정하고 미약했으나 결과적 쓰임새는 광대합니다. 우리 숭실도 많이 커졌습니다. 처음 시작할 때는 문과 한 반으로 시작했고, 한국 교회의 지도자를 양성하는데 초점을 맞추었지만 2017년 현재 40여 개 학과와 학부, 그리고 일반대학원생, 특수대학원생에 사회교육원 학생까지 합하면 17,000여 명의 재학생이 있는 상당한 규모와 수준의 학교가 되어 다방면의 인재를 양성하고 있습니다.

2013년 가을 우리 숭실대학교에 '뿌리찾기위원회'가 발족하였습니다. 평양에서 시작한 숭실대학의 정신, 그 흐름의 모습과 내용, 그리고 서울에서 재건할 때의 과정 등에 대하여 집중적으로 연구하기 위해서입니다. 평양 숭실의 설립자 베어드, 2대 교장 라이너, 3대 교장 마펫, 4대 교장 매큔, 5대 교장 마우리 다섯 분의 교장을 연구하여 평전을 짓고, 블레어, 편하설, 스월른, 솔토, 해밀튼, 클라크, 킨슬러, 루츠, 맥머트리 등 10명의 큰 업적을 이룬 분들을 집중적으로 연구하며, 더불어 평양대부흥회, 『논리약해』, 『인생문제의 해결』 등 주요 문헌, 순교자, 선교사들의 부인, 숭실의 문인, 숭실의 음악인 등 30주제의 사건 저술 인물 등 특정 분야에서 이루어진 탁월한 업적을 연구하고 그 가치를 재현해 내는 것을 목표로 하였습니다. 이 연구에 한국교회사 연구에 있어 전문가이신 이상규 교수님(고신대), 김홍수 교수님(목원대), 이덕주 교수님(감신대), 임희국 교수님(장신대), 김승태 박사님(한국기독교역사연구소)을 각각 책임 연구원으로 모실 수 있게 된 것, 그리고 숭실대학교의 여러 학문 분야의 교수님들이 참여해 주신 것에 깊은 감사를 드립니다. 희귀 자료들을 선뜻 내어 주시고, 확보에 도움을 주신 한국교회사문헌연구원의 심한보 선생, 그리고 호주 선교회 관련 자료를 제공해 주신 전예장(통합) 교단사무총장 조성기 목사님께 감사드립니다. 숭실대학교부설한국기독교박물관의 학예사 한명근 박사도 이번 일에 있어서 여러 형태로 많은 도움을 주었습니다. 무엇보다 희귀 자료의 열람은 물론 각종 사진들을 제공하여 연구와 연구물의 출판에 큰 도움을 주었습니다. 이 일에 처음부터 수고해주신 연구 간사 오지석 박사와 사무총괄간사 엄국화 선생에게도 깊은 감사를 전합니다.

이번 뿌리총서 2차분도 한국기독교문화연구원에서 간행합니다. 1967년에 출범한 한국기독교문화연구원은 그동안 줄곧 이름 그대로 한국의 기독교문화를 연구해 오고 있습니다. 뿌리찾기위원회의 활동은 사실상 한국기독교문화연구원의 연구활동의 일환이기도 합니다. 이번에 2차로 간행하는 5권은 킨슬러, 솔토, 해밀턴, 맥머트리 그리고 방지일입니다.

항시 좋은 뿌리를 가졌다고 자부해온 우리 숭실인들이 그 뿌리의 형성 과정을 다시 살펴보고 오늘의 우리에게 나타나고 있는 가지와 잎과 꽃과 열매가 바람직한 형상과 품질과 격조를 지니고 있는지를 냉정하게 살펴보는 시간이 되기를 원합니다.

만시지탄이 큰 이 일이지만 이 일의 중요성을 인식하시고 지속적으로 관심을 갖고 격려하시며 지켜봐 주신 숭실대학교 황준성 총장님께 깊은 감사를 드립니다.

2017년 8월 16일

숭실대학교 뿌리찾기위원회 위원장

숭실대학교 한국기독교문화연구원장

곽 신 환 삼가 적음

저 · 역자 서문

이번에 소일도 소열도 두 명의 솔토 선교사의 한국에서의 삶과 사역에 대한 글을 소개되어 기쁘고 감사하게 생각합니다.

숭실의 근간을 세우고 한국 선교에 지대한 업적을 남김에도 불구하고 그간 알려진 바가 거의 없었습니다. 소일도 선교사는 평양을 시작으로 학교를 중심으로 활동하며 아시아에 있는 외국인 선교사들의 자녀를 위한 교육체계를 수립하고 이러한 교육 체계를 각 나라별로 토착화 하는 데에 지대한 공헌을 하였습니다. 또한, 소열도 선교사는 평양 만주 청주의 지역을 중심으로 25년간 한국 교회의 초석을 다지고 발전을 위하여 선교사의 삶을 살았습니다. 이 책에서는 두 선교사의 한국에서의 흔적을 교육, 목회, 전도, 문서 사역을 중심으로 정리하였습니다.

이 책은 총 3부로 구성되어있습니다. 제 1부에서는 평양 숭실과 소일도 선교사의 삶과 사역을 담았습니다. 평양 외국인 학교의 터전을 마련하고 선교사들의 자녀교육을 시작한 소일도 선교사의 선교보고서를 번역하고 해석하였습니다. 다음으로는 소일도 선교사와 평양 숭실에서 물리학 강의를 시작으로 평양을 교육 혁신의 도시로 변화시켰던 이야기를 담았습니다. 또한, 소일도 선교사와 함께한 그의 아내 그레이스 솔토의 선교보고서와 일기를 편집하였습니다. 제 2부에서는 소열도 선교사의 사역을 고찰하였습니다. 미국 북장로교 선교사로서, 평북 선천 지역을 거점으로 만주 사역, 청주에서의 교육선교, 한국 기독교 서회활동을 통한 문서 선교 사역알 감당한 소열도 선교사의 흔적을 담았습니다. 또한 소열도 선교사와 함께한 메리 솔토의 선교보고서 또한 함께 담았습니다. 제 3부에서는 소일도 선교사와 소열도 선교사의 신앙과 신학에 대한 기록을 정리하였습니다. "신자생활첩경"을 통해 살펴본 초기 한국 기독교의 윤리관을 비롯하여 "신학지남" 남긴 기독교의 기본원리, "현대 선교 전략" 에 담긴 초기 선교의 흔적 과 남겨진 이야기들을 담았습니다.

숭실의 뿌리찾기위원회가 만들어 지면서 필자도 처음으로 접하게 되었던 소일도 소열도 선교사의 삶과 사역은 제 삶에 커다란 자극과 반성으로 남았던 시간들이었습니다. 책을 준비하는 기간 현대 사회의 누구나 그러하듯이 여유로운 시간이 없는 바쁜 일상이었지만 두 명의 선교사들과 만나는 시간들은 즐거운 시간들이었으며, 언제나 해야할 일 목록의 앞쪽에 자리잡고 있었습니다. 그만큼 두 분의 선교사를 만나는 시간들은 바쁜 일상에 위로가 되어주는 감사한 시간으로 기억됩니다. 이 책이 나오기까지의 제 자신을 깊이 이끌었던 힘은 숭실인으로서의 책임감이었습니다. 2017년 이렇게 성장한 숭실이 통일 이후 평양숭실의 재건을 꿈꾸며 도약하는 이 시점에서 숭실의 초석을 다지기 위해 평생을 바친 선구자들을 기억하는 일은 2017년을 살아가는 숭실인의 사명감이라고 생각합니다.

이 책이 세상에 나오기까지 응원해 준 가족, 동료, 학생, 스승님들 모두 감사드립니다. 그리고 원고에 아낌없는 조언을 해주시고, 교정 및 편집을 도와주신 연구원분들과 곽신환 원장님께 감사의 인사를 드립니다.

이처럼 숭실이 뿌리를 내리는 데에 지대한 공헌을 했음에도 불구하고 그동안 널리 알려지지 않았던 두 분의 솔토 선교사의 삶과 사역이 앞으로도 꾸준히 성장할 숭실의 앞날에도 기억되기를 바라는 마음으로 이 글을 마칩니다.

2017년 11월

이지하

목차

제 3 부
신앙과 신학을 기억하기

들어가는 말

소일도(David Livingstone Soltau)와 소열도(Theodore Stanely Soltau)는 쌍둥이 형제로서, 1890년 7월 14일 호주의 타스매니아에서 출생하였다. 솔토(Soltau) 가문은 헨리 솔토(Henry William Soltau)부터 영국을 중심으로 선교활동을 한 기독교 집안으로, 아버지 조지 솔토(George Soltau)는 영국에서 시작하여 호주, 뉴질랜드, 미국 등지에서 선교 활동을 하다가 미국에 정착하였다. 소일도와 소열도의 고모인 헨리에타(Henrietta Soltau)는 여성임에도 불구하고 형제들 중에서 가장 먼저 중국에서 사역을 시작하였으며, 삼촌 헨리(Henry Soltau)는 버마에서 활발한 선교 활동을 하였다. 소일도와 소열도는 1897년 가족과 함께 호주에서 영국으로 돌아와 유년시절을 보낸 후 1904년 미국으로 이주하였으며, 일리노이의 노스웨스턴 대학에서 공학을 전공하였다.

쌍둥이 형제인 소일도와 소열도는 노스웨스턴 대학 졸업 이후 각각의 배우자와 함께 가정을 이루며 새로운 삶을 시작하게 되었다. 한국에서의 사역을 먼저 시작한 소열도는 애초에 고모인 헨리에타 솔토의 영향을 받아 중국 선교사로서의 삶을 계획하였으나, 프린스턴 대학에서 공부하던 중 당시 한국 선교사였던 매큔 박사(Dr. McCune 윤산온)의 강의를 듣고 한국행을 결심하여 1914년 결혼과 동시에 한국으로 향하는 배를 타게 되었다. 그래서 소열도는 1914년부터 1939년까지 약 25년간 한국에서 선교사로서의 소명을 감당하였으며, 소일도 또한 1921년부터 1929년까지 약 9년간 평양에서 선교사역을 감당하였다.[1] 이는 소일도가 먼저 한국에 정착했던 쌍둥이 형제인 소열도 선교사의 영향을 받아서 한국행을 택했으리라 짐작할 수 있다. 솔토 형제는 한국에서의 사역을 정리하고 미국에서 정착한 이후 1972년 같은 해에 생을 마감하였다. 본 글에서는 소일도와 소열도의 한국에서의 삶과 행적을 소개하고자한다.

소일도(David L. Soltau, 蘇逸道)의 삶을 간략히 요약하자면 다음과 같다. 노스웨스턴 대학 졸업 이후 시애틀의 워싱턴 대학교(University of Washington)에서 박사학위를 받았으며, 1921년 장로교 교육선교사로 내한한 후 평양선교부로 부임하여 숭실전문학교 교수로 재직하였고, 1921년부터 1929년에는 평양 외국인학교 교장으로 재직하였으며, 1929년 6월 17일 사임하고 귀국하여 캘리포니아 레드랜즈 거주하다가 1972년 4월 3일 생을 마감하였다. 소일도의 배우자인 그레이스 솔토(Grace Solatu)는 한국에서 음악 사역을 하였다. 초기에는 외국인 교회의 찬양과 한국인 주일학교를 돕다가 점차 한국어를 배우면서 신학생, 소녀학원 학생 등의 음악교사로서 한국의 음악지도자 양성에 힘썼다. 또한 교육학의 일반적인 원칙을 강조하면서 모든 교사들에게 보급할 음악 이론을 번역하여 교사 양성에도 기여하였다. 그리고 그녀가 음악 교육 이외에도 여성교실에서 성경공부와 찬송가를 가르치면서 자신의 역할을 감당한 것은 선교일지를 통해서 확인할 수 있다.

소열도(Soltau, T. Stanley, 蘇悅道)는 일리노이의 노스웨스턴 대학 졸업 이후 1914년 뉴저지 프린스턴 대학에서 신학을 공부하였다. 1914년 9월 16일 북장로교 선교사로 내조한 이후 만주지역 한국인 선교 활동을 시

1) 소일도와 소열도의 출생과 성장과 관련한 내용은 알려진 바가 매우 제한적이기 때문에, 대부분의 사실은 T. S. Soltau의 〈Memoirs: Missionary to Korea〉와 기독교 대백과 사전을 근거로 재구성하였음을 밝힌다.

작할 때 평북 선천에 주재하면서 홍경선교부 개설을 주도하였고, 1917년부터는 평북 강계에서 만주선교, 강계선교에 힘써다가 건강문제로 충북 청주선교부로 이전하여 활동하면서 청주중앙교회(청산교회) 부설 초등학교(광선학원) 교장으로 청주지역의 교육에 힘썼다. 1934년에는 조선기독교서회 이사, 평양장로회신학교 교수로 사역을 감당하였고, 1935년에는 북장로회 한국 선교회 실행위원으로 신사참배를 반대하다가 1937년 7월 신병으로 미국으로 귀국한 후 1939년 한국선교사직을 사임하고 미국 테네시주 멤피스에서 목회활동을 하였다. 해방이후 1952년 11월 다시 한국을 방문하여 부산의 평양지역 출신 피난민교회에서 설교하였고 자신의 임지였던 대구 장로회 신학교와 청주 선교부를 방문하였다. 그의 부인인 메리 솔토(Mary Soltau)는 그레이스 솔토와 마찬가지로 음악 사역에 힘썼다. 외국인 교회에서 어린이들을 지도하였고, 오르간 연주자, 독창자, 반주자, 지휘자, 성가대원 등 다양한 역할을 감당하였으며, 주일학교 소녀들에게 성가를 가르치고, 구약 인물들에 대한 수업을 진행하였을 뿐만 아니라, 중년과 노년의 여성을 대상으로 하는 성경 공부 인도자가 되었다. 한국에서 4명의 아이들을 낳고 양육하느라 특정한 사역을 지속하는 데에는 어려움이 있었지만, 음악사역과 더불어 YWCA의 고문으로 소식 활동을 하면서 교회의 젊은 부인들과 유익한 만남을 나누거나 전도에 매진하였다.

소일도와 소열도 선교사의 삶이나 사역에 대해서는 선교일지 외에는 알려진 내용이 제한적이다. 본 글에서는 소일도와 소열도 선교사의 한국에서의 삶을 선교일지를 바탕으로 간략히 소개한 이후에 평양 숭실과 소일도 선교사, 한국에서의 소열도의 사역, 소열도가 남긴 글들을 중심으로 첫째, 『신자 생활의 첩경』을 통해 본 초기 한국 기독교 윤리관, 둘째, 『신학지남』에 남긴 기독교의 기본 원리들인 '교회론', 셋째, '기로에 선 선교!' 『현대선교전략』과 한국교회 초기 선교 흔적과 남겨진 이야기들을 소개하고자 한다. 마지막으로 프린스턴 신학대학의 자료실에서 구할 수 있었던 소열도 선교사의 자서전 영문 원본과 *Korea Mission Field*에 발표한 글들, 그리고 그 외에 선교보고서 중 중요하다고 사료되는 자료들을 첨부하였다.

제1부

소일도(Ms. & Mrs. David. L. Soltau) 선교사

1. 한국에서의 첫 사역, '선교사들의 자녀 교육' - 평양 외국인 학교와 소일도 선교사

소일도 선교사는 1921년 5월 17일 미국 북장로교 교육 선교사로 내조하여 평양 선교부 소속 업무를 시작하였다. 그는 '평양 외국인 학교'의 교장으로 선교사 자녀들을 위한 교육 사역을 담당하였으며, 아내 그레이스 또한 음악 교사로서 남편과 함께 한국에서 10년 가까이 사역을 하였다. 소일도 선교사는 당시 아시아 지역의 외국인 학교의 체계적인 교육 과정을 확립하기 위해 미국인 학교 교장들을 주축으로 다양한 변혁을 주도했다. 작게는 선교사들이 자녀 양육이나 교육 문제로 선교지를 떠나지 않게 하기 위한 노력과, 크게는 당시 한국의 교육 체계를 진단하고 변화 및 발전시키고자하는 시도였다. 그는 당시 외국인 학교의 행정 및 교육 제도가 무계획적임에 주목하고 아시아 내 모든 외국인 학교가 연합하여 공통의 교육 프로그램을 제공하는 프로젝트, 즉 각 학교들은 서로 간의 교과과정이나 학습방법과 같은 정보와 경험을 공유하여 단일화된 교과 과정과 교육 내용을 바탕으로 양질의 교육을 제공하고자 다각도로 노력을 하였다.

개인 보고서
소일도 David L. Soltau (1921-1922)

1922년 3월 31일은 저의 외국 선교사 경험의 첫 10개월이 끝나는 날입니다. 저는 아내 그레이스와 함께 1921년 6월 1일 평양에 도착했습니다. 돌아보면 할 일이 가득했던 10개월이었지만 특별히 성취한 것은 없는 것 같습니다.

도착하고 나서 3주 후 우리는 평양에서 있었던 1921년 총회를 통해 전체 선교회에 소개되었습니다. 그 때 우리는 이후 협력하게 될 모든 사람들을 만나고 또 교류할 기회가 있었습니다. 물론 그 분들도 우리를 보고 만날 수 있는 상호간의 만남의 장이 만들어 졌습니다.

우리는 평양에서 여름을 보내면서 모우리(Mr. Mowry 牟義理)의 자택의 한 편에 있는 방에서 묵었고, "미혼 여성들의 집"으로도 알려져 있는 "가족 호텔"로부터 환대를 받았습니다. 우리는 언어 공부에 많은 시간을 보냈으면, 저는 그 주택의 설비나 주로 전화 및 통신과 관련된 여러 가지 잡무를 도왔습니다.

가을에는 필립스(Mr. Phillips)의 호의로 포드 자동차를 타고 2 주간의 여행을 하였습니다. 매우 좋은 시간이었고 우리는 많은 지역을 돌아보며 평양에서 150마일 떨어진 대동강 상류까지 방문하였습니다. 덕분에 다른 지역의 생활이 어떠한지 그리고 선교사들이 어떻게 사역하는지 경험할 수 있었고, 한편으로는 지금까지 본 경치들 중 가장 아름다운 광경을 직접 볼 수 있었습니다.

이 여행을 떠나기 전 저는 평안도의 선천선교지부를 잠시 방문하고 국경을 넘어 안동(安東, 현재의 丹東)을 하루 방문하였습니다. 2주 동안의 여행 후에는 서울로 가서 언어 학교의 가을 수업을 들었고 기말 시험에서 평균 90점을 받았습니다. 수업이 끝난 후 우리는 남쪽의 안동, 대구 및 청주 지부들을 방문하면서 성탄절과 새해는 청주 지부에서 보냈습니다. 1월 초에는 광주와 순천에 있는 남장로교 선교회 선교 지부들을 짧게 방문하였는데, 이는 이 곳 외국인 학교와 관련된 일을 보고 또 그들이 해결하지 못하는 전기 문제를 돕기 위함이었습니다. 1월 10일 눈보라 속에 평양으로 돌아왔고, 그 후 선천과 안동 방문을 제외하고 계속 평양에 있었습니다. 3월에 시작된 새 신학교 건물 공사 관계로 저는 서울의 언어 학교 참석을 면제받았으며, 대신 클락 박사(Dr. Clark) 및 어드만(Mr. Erdman)와 함께 하루에 2시간씩 언어 공부에 매진하였습니다. 요약하자면 동해안을 제외한 한국의 가장 남쪽에 있는 지부부터 만주 국경까지, 4개의 선교회에 속한, 10개의 선교 지부를 방문하였으며, 한국 땅에 첫발을 디딘 이후 3,000마일 이상을 다녔습니다.

지부의 다른 일상적인 업무들과 더불어 저는 이 기간 동안 신학교, 평양 시립 유치원 및 평양 남문교회 건축을 위한 계획을 세우고 추진하였으며, 이 건물들은 현재 건축 중입니다. 또한 연합기독대학교의 과학관을 위한 임시 계획을 수립하고, 평양과 이 나라 여러 곳의 건물 건축 계획을 지원하였습니다. 또한, 현재 저는 선교 지부의 장기적인 발전을 위해 이 지역에 대하여 최대한 정확한 현장 조사를 하고 있습니다.

저는 선교사 자녀들을 위한 학교의 교장으로 사역을 담당하고 있기 때문에 이와 관련한 업무로 상당한 시간을 할애하여야 하는데, 이는 현재 상황으로는 불가피해 보입니다. 이번 학년도는 매우 성공적이었으며, 특히 이 학교 설립 이래 처음으로 3명의 전임교사가 채용되었습니다. 총 등록 학생 수는 작년에 40명이었으나 금년에는 55명으로 늘었습니다. 이번 학년도에 관한 상세한 내용은 교장이 운영위원회에 보내는 보고서에 있습니다.

선교사 자녀를 위한 교육 프로그램

An educational program for our missionary children
the Korea Mission Field 18-4
소일도 David L. Soltau, 1922.4.

선교에는 여러 요소들이 고려되어야 하지만, 누구나 고민해야 하는 공통적인 부분이 있다. 어쩌면 매우 당연한, 자신의 삶에 대한 인간적인 욕망과 선교 사역이 성장하고 발전하기를 희망하는 가운데에서 오는 갈등일 것이다. 이를 위해서는 선교사들에게는 다른 사람들과 차별적으로 선교사로서의 합당한 자질이 필요하다. 선교사 뿐 아니라 선교사 가족들도 이러한 마음가짐이 필요하다. 선교사들이 한국 땅에서 최선을 다해 합당한 자질을 갖춰 사역을 하기 위해서는 선교사 자녀들에 대해 고려해야 한다고 생각했다.

이제, 이곳 한국에서 선교 개척자들이 온 생을 바쳐 온 결과물들이 나타나기 시작했다. 또한 한국을 거쳐 간 이전의 선교사들이나 현지에 있는 선교사의 자녀들이 우리에게 도움을 주고 있으며, 선교의 동력이 되고 있다. 당시 선교사들은 미래에 더 많은 자녀들이 선교지로 돌아오거나 다른 선교지로 나아가서 부모들이 시작했던 주님의 일을 물려받을 것이며 받아야 한다고 생각하였다. 그러므로 선교사 자녀들이 성장기에 받게 되는 교육의 중요성과 성장기에 가능한 한 최선의 교육을 받을 수 있는 환경을 만들어 주어야하는 책임 또한 선교 사역의 중요한 관심사 중에 하나라고 생각하였다.

약 1년 전에 필자에게 한국에 도착해서 가장 먼저 주어진 일은 평양에 위치한 선교사들의 자녀를 위한 학교의 교장직이었습니다. 교장직을 수행하면서 저는 한국에 있는 선교사들의 선교지를 방문하고 가능한 한 많은 선교 인력들을 만나려고 노력했으며, 선교사 커뮤니티의 교육 문제에 깊은 관심과 공감을 갖게 되었습니다.

필자와 마찬가지로 새로 한국에 온 사람들은 현재 한국에서 외국인 어린이를 위한 교육 제도가 다양한 형태로 존재하며 때때로는 지나치게 무계획적인 방법으로 많은 우리의 어린이들을 가르치고 있는 교육 현실에 놀라움을 금치 못하고 있었습니다. 각각의 선교구는 아동들을 위한 지역 학교를 유지하고 있는데, 모두가 뉴욕 주의 교육과정, 볼티모어주의 교육과정, 또는 캘버트(Calvert) 체계 등등 다른 형태로 운영되는 일관성 없는 부분이 문제가 있어 보입니다. 또한 교사와 관련해서도 일정한 체계가 없습니다. 어떤 선교구는 정기적으로 교사를 고용하는 경우도 있으며, 다른 교구는 부모들이 교대로 아동들을 가르치거나 업무를 분담하는 형식으로 운영하는 경우도 있습니다. 교사를 고용한 경우에도 교사들이 경제적인 사유, 건강상의 이유, 임기 만료 등의 사유로 학교를 떠나게 되는 경우가 빈번히 발생하고 있습니다. 이러한 상황에서 교사나 교육과정이 기반을 갖춘 학교는 서울에 있는 학교가 유일하다고 할 수 있는데, 이는 서울에 가장 많은 선교사의 자녀들이 있기 때문이라고 생각합니다.

필자는 한국 전 지역에 적용할 수 있는 안정적인 교육 체계의 구축을 위해서는 세 가지 기본 조건이 갖추어져야 한다고 생각합니다. 현재 외국인은 소수이기 때문에 교육 체계의 구축은 불가능하지도 않으며 반드시 이루어져야만 하는 필수적인 부분이라고 생각합니다. 세 가지 기본 조건은 다음과 같습니다.

1. 지역 선교구 학교들의 단일화된 교과 과정. 이 과정은 정식 교사의 부재 시에 부모들이 과도한 시간을 투자하여 수업 준비를 하지 않고 수업을 할 수 있을 만큼 상세하게 구성되어 져야 합니다. 학년의 교과 과정은 기본적인 과정에 충실하여야 하며 기초 내용 이외의 다른 시도는 바람직하지 않다고 생각합니다.

2. 초등교육과 더불어 중등교육을 위한 중장기적인 발전 계획이 필요합니다. 중학교는 인근지역의 선교구 학생들의 접근성을 고려하여 학생들이 장거리를 기차를 타고 통학하는 일이 없도록 계획을 수립하여야 할 것입니다.
3. 독립된 형태의 튼튼한 고등학교. 현재 필자가 알고 있는 한, 다섯 개의 다른 지역에서 고등학교 교육을 제공하려고 하고 있습니다만 그 어느 한 지역도 잘 운영되지는 못하고 있습니다. 한 지역에서 이 학생들을 집중적으로 교육할 수 있다면, 적절한 학교 시설 및 환경에서 충분한 자질을 갖춘 선생님의 지도하에 학생들이 학업 및 비교과 활동에서 협력하고 또 경쟁하며 건강하게 성장할 것입니다. 이처럼 독립된 형태의 고등학교는 셀 수 없이 많은 장점이 있다는 것은 자명한 일입니다.

당분간 두 번째와 세 번째 조건은 한 가지로 통합하여 한 지역에서 중등 및 고등 교육을 집중적으로 실시하는데 노력을 해야만 합니다. 차후에 학생들의 숫자를 고려하여 중학교를 분리하여 설립하는 문제를 고려해야 할 것이며, 장소도 상황에 따라 결정될 것입니다. 모든 학교가 단일화된 교과과정을 운영함으로써 오는 장점 역시 매우 자명한 일입니다. 전국적으로 단일화된 과정이 운영된다고 가정했을 때, 저렴하게 교과서를 구입하는 등의 비용 절감을 기대할 수 있습니다. 앞으로 오랫동안 각각의 고등학교를 운영하기에는 자금 역시 부족한 현실이기 때문에, 이러한 상황을 고려했을 때 서울이나 평양과 같은 대도시로 고등학교 설립을 제한하는 방법도 고려해야만 할 것입니다. 서울이나 평양은 한국인들에게도 아동들을 위한 교육 기관이나 과학적인 기관 및 조직체들이 중점적으로 위치하고 있는 지역입니다.

현재 동양에 거주하고 있는 외국인들 사이에는 자녀를 위한 학교나 교육을 위해서 본국의 정부로부터 안정적으로 재정적인 지원을 받고자 하는 활발한 움직임이 있습니다. 북경, 상해, 동경 등등의 미국인들 커뮤니티는 가능한 한 모든 영향력과 자원을 동원하여 정원이 20명 이상인 학교(유치원과 고등학교를 포함하여)에게 한 아동 당 적어도 연 50달러가 지원이 가능하도록 하고 있습니다. 이 자금은 오직 운영비로 사용되며 대사관의 승인 또는 학교 감사와는 독립적으로 운용됩니다. 미국 이외의 영국이나 캐나다 정부도 유사한 형태로 이러한 안정적인 재정에 대한 지원을 고려하고 있습니다.

서울과 평양에 위치한 각 학교의 이사회는 이러한 요청에 매우 긍정적이지만, 가능한 한 최대한의 학생들에게 최선의 결과를 보장하기 위해서는 한국에 거주하는 외국인들의 적극적이고 연합된 행동이 필요합니다. 연합체는 모두가 일원화된 교육 프로그램 하에 조직되어야 하며, 이러한 조직을 기반으로 행동해야만 할 것입니다. 연합체의 활동은 반드시 실질적인 선교활동에만 국한되기 보다는, 우리 아동들의 교육을 최우선 업무로 해야 할 것입니다. 이 조직체는 한국 외국인 학교 연합회이며, 회장은 브루언 목사(Rev. Bruen), 총무는 밀러(Mr. Miller), 회계는 루츠(Mr. Lutz)입니다. 현재까지 이 조직의 주된 기능은 평양의 선교사 자녀들을 위한 학교 운영이었습니다. 이 조직은 한국에서는 유일하게 조직된 초교파적인 연합체이며, 교육과 관련한 다양한 영역을 모두 관장하고 있습니다. 또한 이 연합체는 업무가 매우 광범위하고 다양한 프로그램을 체계적으로 운영하는 조직입니다. 부모들은 자녀들을 위한 가능한 한 최선의 교육을 보장하는 데에 지대한 관심을 가지고 있으며, 필자는 이러한 관심이 연합 조직에 가입을 하고 나아가 아동들의 더 나은 교육을 위한 동력이 되기를 하는 바램입니다.

이미 언급한 바와 같이 평양과 서울에 위치하고 있는 학교들은 교과과정을 단일화하여 운영하기 위한 첫 번째 단계를 진행하고 있으며, 약일 년 이내에 학년별로 동일한 과정을 실질적으로 운영하고자 합니다. 지난 북장로선교회 연례 회의에서, 모든 아동들을 위한 강력한 교육 정책의 필요성을 인식하고 선교 본부에 충분한 자질을 갖춘 교사를 지명해 줄 것을 요청했습니다. 이러한 요청에 대한 응답으로 캐나다 선교사인 진 푸트 양(Miss Jean Foote)이 교사로 선정되어 평양에 있는 학교에서 일하기 위해 이번 여름에 한국으로 올 예정입니다. 이로써 중학교 고등학교에 두 명의 전임 교사와 두 명의 시간제 교사가 일하게 될 것입니다.

필자가 한국, 일본, 중국 등 동양에 위치하고 있는 15개 이상의 미국 학교의 교장들 및 교육위원회와 서신을 왕래하였는데, 유익하고 특별한 프로그램들이 많이 존재하고 있었으며 기꺼이 한국의 학교 교육의 효율성을 높이기 위해 조언을 해주었으며 앞으로도 적극적인 교류를 하고자 합니다.

개인 보고서
소일도 David L. Soltau, 1922

이 보고서는 저의 2년차 한국 사역에 관한 것으로서 다양한 경험으로 가득한 한 해였습니다. 저는 총회에서 서기로 선출되었습니다. 때문에 언어위원회의 업무 이외에도 서기로서 바빴지만 크게 힘겹지는 않았습니다.

여름은 평양에서 지내면서 신학교 건축을 지켜보았고, 외국인학교를 개축하였으며, 전화 시스템 같은 것들을 정밀 점검하였습니다. 우리는 신천 방문을 계획하였으나 아내가 발목을 부상을 당해 실행할 수 없었습니다. 가을에는 언어 공부를 재개하였는데, 외국인 학교 업무가 너무 분주하였기 때문에 언어 공부에 집중하지는 못했습니다. 외국인학교는 순조롭게 또 한 해를 시작했는데, 학생 수는 전례 없이 많았으며 교사

진도 완전히 채워졌습니다. 저는 일들을 시작하고 적절히 진행하기 위해 때로 거의 모든 힘을 쏟아 부어야 했습니다. 이 지역 사회에는 학교에서 성서 과목을 지도하거나 일반 과학 과목을 도울 수 있는 의지나 능력이 있는 분이 없어서, 그러한 일들 또한 감당해야 했습니다.

9월에는 선교회 대표 자격으로 연합위원회 모임에 참석하였으며, 12월에는 아내와 함께 중국에 가서 묵덴(奉天, 현재 심양瀋陽), 북경(北京) 그리고 상해(上海)를 방문하였습니다. 방문 목적은 평양과 서울의 외국인 학교의 발전을 모색하기 위함이었으며, 상해에서는 동양에 있는 대부분의 외국인 학교들의 교장들이 모이는 컨퍼런스에 참석하였습니다. 외국인 학교 교장 모임을 통하여 장차 우리 선교회의 어린이들을 교육하는 데 더욱 큰 결실을 얻을 수 있는 길을 열 수 있을 것으로 기대됩니다. 우리는 1월 중순에 평양으로 돌아왔고 다시 선교지부 생활에 전념하였습니다.

2월에는 휴가를 떠났던 필리프(Phillipe) 가족이 돌아오는 관계로, 우리는 그의 집을 떠나 힐(Hill)의 집으로 이사하였습니다. 이사 후 우리는 계속 안정되지 못한 생활을 하고 있는 것 같습니다.

3월에는 지부의 지시에 따라 소년 학원의 회계를 인수받았고 얼마 후 대학에서도 회계로 선출되었습니다. 회계를 담당하기 시작한 4월 1일부터 저는 절반 이상의 시간과 힘을 이 두 기관의 회계 업무에 사용했습니다. 이 두 기관의 재정 상태를 알기 위해 과거 수년간의 재정이 기록된 책들을 검토할 필요가 있었기 때문입니다. 지금은 잘 파악이 되고 있습니다.

부활절에는 아내와 함께 잠시 서울을 방문하여 한국에 있는 모든 외국인 학교 교사들 모임에 참석하였고, 이 모임에서는 교육 전선에서 더욱 연합된 노력을 하기 위한 계획을 도모하였습니다. 이 모임은 이틀간의 짧은 모임이었지만 많은 결실을 얻을 것으로 저는 믿습니다.

제가 맡은 '건축' 일과 관련하여 저는 1년간 여러 번의 여행을 하였습니다. 한 번은 플레처 하우스가 화재로 인하여 입은 손실을 조사하고 보고하기 위해 대구를 방문했고, 한 번은 병원에 발전기(發電機)를 설치하기 위해 신천을 방문하였으며, 한 번은 황해도의 재령을 방문하여 그곳에서 필요한 사항들에 관하여 의논하였습니다. 그 외에 건물 등의 상세한 사항들에 관한 서신 연락이 많이 있었습니다.

1월부터 지난 몇 개월간 서신 연락이 지속적으로 증가하여 한 달에 평균 60-75통의 서신 연락을 하였습니다. 이러한 중에 언어 공부는 이론적으로는 저의 주 임무이지만 생활의 매우 적은 부분이 되었습니다. 지부의 몇 분들이 때로 저의 그러한 방식의 시간 사용이 적절하지 않으며 한국어 공부와 같은 일을 더 많이 해야 한다고 하셨지만, 제 기억으로는 선교회에서 저에게 맡긴 일의 일부를 다른 분이 맡도록 하는 적극적인 조치는 이루어지지 않았습니다. 저는 제가 할 수 있는 건축 관련 업무를 도와줄 수 있는 사람을 찾아보려고 많이 노력했지만 찾을 수 없었습니다. 이 보고서를 쓰는 지금, 저는 언어 과목을 수강하러 갈 시간을 내기가 물리적으로 어렵고 따라서 다음 달에 있는 시험을 잘 치를 수 있을 것으로 기대하지 않고 있습니다. 시험에서 떨어지더라도 그 책임은 제가 아니라 선교회에 있다고 해야 할 것입니다.

현재 저는 다음과 같은 업무들을 보고 있습니다. 소년학원 회계, 대학 회계, 및 외국인 학교 교장과 회계를 담당하고 있는데, 이 세 군데의 기관은 1년에 100,000엔을 사용하고 있습니다. 적절한 사무 보조가 전혀 없어서 저는 모든 기계적인 사무들을 직접 처리하여야 합니다. 저는 대학과 외국인 학교에서 일주일에 6시간을 가르치고 있습니다. 그리고 지부의 재정 비서로서의 저의 일은 때로 일부 불분명한 보고로 인해 많은 시간을 소비하게 되고, 총회가 다가올수록 그 일은 줄어들기보다는 오히려 늘어날 것입니다. 선교회부동산위원회의 의장으로서, 그리고 그 위원회에 참여하는 이 지부의 대표로서 제가 해야 할 일은 지금 제가 가지고 있는 시간에 비해 많습니다. 또한 서기로서의 업무를 제대로 하기 위해서는 총회가 시작하기 전에 미리 필요한 것들을 준비하여야 합니다. 그 외에 7-8개의 공동체위원회들과 관련된 통상적인 일 등을 추가할 수 있을 것입니다.

이러한 상황을 고려할 때, 그리고 현재 제가 가족과 거주하는 집에 적어도 한 가족 이상이 합류하게 될 것이 확실해 보이는 상황을 고려할 때, 저는 제가 언어 시험을 통과하지 못할 경우를 대비하여 저를 1년 정도 다른 지부에 배정해 주실 것을 선교회에 요청해야 할지 심각하게 고려하고 있습니다.

The Korea Mission Field 19-4
동양의 미국 학교 회의
소일도 David L. Soltau 1923.4.

동양에 위치한 미국 학교들의 교장 회의가 작년 12월 27일에서 29일까지 상해 미국인 학교에서 개최되었습니다. 한국을 비롯한 중국과 일본에 있는 열 개의 미국 학교 대표가 다음과 같이 참석을 하였습니다.

텐처 목사 부부(Rev. & Mrs. G. H. Tench): 캐나다인 학교, 일본 고베
솔토 부부(Mr. & Mrs. D.L. Soltau): 평양외국인학교 (서울외국인학교 대표 겸함)
튜털(Mr. T.S. Tuttle): 북경 미국인 학교
멘치 부인(Mrs. L.W. Menzi): 북 중국 기숙학교 등주
메리 베어드 양(Miss Mary Beard): 북 중국 기숙학교 등주
메리 스미스 양(Miss Mary Smith): 천진 미국인 학교
에반스(Mr. R. J. Evans): 천진 미국인 학교

마벨 컬털(Mabel M. Culter): 남경 외국인 학교

질렛트(Mr. P.L. Gillett): 남경외국인 학교

스톤(Mr. A. H. Stone): 쿠링(牯嶺) 학교

디어본 양(Miss Dearborn): 사립주간기숙학교(the Private Day and Bording school)

발렛트 부부(Mr. and Mrs. W.W. Barlett): 상해 미국인 학교

명단에 기재된 대표들과 더불어 상해 미국인 학교의 다양한 영역의 스태프들도 회의에 함께 참석을 하였습니다.

회의는 일본 동경미국인학교의 교장인 홉소머 박사(Dr. Hoffsommer)의 갑작스러운 죽음으로 매우 침울한 상태에서 진행되었습니다. 홉소머 박사는 회의에 오는 도중 북경의 자신의 방에서 질식사하였습니다. 홉솜멀 박사는 동양에 있는 외국인 아동 교육의 선구적인 지도자였으며, 누구나가 그에게로부터 상담과 지도를 받기를 원했습니다. 그는 일본에서 오랫동안 경험이 있고 일본에 있는 미국인 아동들을 교육하는 데에 많은 문제들을 직접적으로 다룬 경험이 매우 많기 때문에, 대부분의 사람들은 그의 경험과 지도를 매우 그리워했습니다. 회의 참가자들은 홉소머 부인과 그 자녀들 그리고 일본의 미국인 학교 책임자와 교사들 그리고 동경의 미국인 커뮤니티와 모두 함께 홉솜멀 박사의 진정한 기독교인으로서의 성품과 헌신적인 생애 업적을 기리는 시간을 가졌습니다.

회의에서는 동양 미국인 학교들의 교장 모임의 회장으로 스톤(Mr. Stone), 총무로 멘치 씨(Mr. Menzi)가 선출되었습니다. 동양에 있는 미국인 학교들은 각각 역사와 환경이 다르기 때문에 이에 따른 다양한 문제들이 논의되었으며, 모두의 경험과 지식을 바탕으로 하여 문제 해결을 위한 다방면의 제안이 이루어지는 매우 건설적인 시간이 되었습니

다. 회의에서는 다음과 같은 주제가 논의 되었습니다.

- 미국으로부터 오는 교사의 생활 보장 - 급여와 보조금 : 발트렛(Mr. Bartlett)
- 학업 성적 기록 - 교육 및 신체 발달 : 컬터 양(Miss Culter)
- 교과 과정과 교제 등의 표준화 : 스톤 씨(Mr. Stone)
- 동양의 지역차이로 인한 교과과정의 수정보완 : 베어드 양, 테일러 양(Miss Beard & Miss Taylor)
- 미국으로부터 교육 자금의 협력적 모금 : 멘치(Mr. Menzi)
- 학생 식당 및 주거 문제 : 솔토 부인(Mrs. Soltau)
- 학교 회계 및 비용 : 하우즈(Mr. Howes)
- 학교 필수품 구매
- 유라시안 (유럽인과 아시아인 혼혈) 아동들의 문제
- 음악 교육

이 회의는 각 학교의 대표자들이 처음으로 모였다는 데에 큰 의의가 있습니다. 흥미로운 사실은 각각의 학교들이 다른 지역에 위치해 있고, 학교의 크기도 다르고 또한 학교가 가지고 있는 문제도 모두 각양각색이지만 근본적으로 직면한 문제들은 모두 같으며, 문제의 보편적인 해결책도 모두 동일하게 적용된다는 사실입니다.

28일 목요일 오후에 대표단들은 500,000달러 비용이 소요되는 현재 구조물 상태인 상해 미국인 학교의 새로운 공사현장을 방문했습니다. 저녁에는 상해 미국인 학교 교장인 발트렛 부부(Mr. & Mrs. Bartlet)가 이 저녁식사를 준비해 주셨으며, 동경과 상해의 학교들의 활동을 담은 영상을 함께 보며 즐거운 시간을 가졌습니다. 회의 기간 동안에는 현재 학교들이 사용하고 있는 비넷지능검사에 대해서 대부분의 참가자들이 비판적인 의견을 가지고 우려를 표명했습니다.

회의에서는 또한 만장일치로 이와 같은 모임이 일시적이 아니라 지속적으로 필요하다는 데에 공감하여 위원회를 구성하여 계획을 세우는 데에 동의했습니다. 이 위원회에서는 모임을 "동양 미국인 학교 연합"으로 명명하는 것을 제안했습니다. 동양에 있는 모든 미국인 학교는 신청서와 회비를 납부하게 되면 이 연합의 회원이 될 수 있습니다. 학생이 25명 미만의 학교는 한명의 대표자 그리고 25명 이상의 학교는 두 명의 대표자가 연합회 회의에 참석해야만 합니다. 아직 완성되지 않은 형태의 연합회 강령은 연합회의 목적을 다음과 같이 서술하고 있습니다.

> 동양 미국인 학교들은 모든 학교가 연합하여 공통의 교육 프로그램을 제공한다.
> 각 학교들은 서로간의 교과과정이나 학습방법과 같은 정보와 경험을 공유한다.
> 미국의 공교육 및 사교육의 활발한 협력체계를 계승한다.

사업, 교과과정, 재정위원회의 설립도 확정되었습니다. 사업위원회는 연합회의 총무를 통해서 정보 수집 및 관리, 미래의 교사, 학교 직원들의 부재 시 필요한 정보센터를 개설할 예정입니다. 교과과정위원회는 다양한 학교의 교과과정을 분석하고 회의에서 논의된 바와 같이 모든 학교에서 적용할 수 있는 상세한 교과과정을 준비할 예정입니다. 또한 교과과정위원회는 오지에 있는 부모들이 연합회의 학교에 보내기 전에 스스로 준비할 수 있도록 지침을 마련할 예정입니다. 재정위원회는 각 학교가 가지고 있는 재정적인 문제를 조사 분석하여 선교회 본부, 지역사회, 미국 및 동양의 공립, 사립학교로부터 원조를 받을 수 있는 기반을 마련할 예정입니다. 또한 재정위원회는 다음 회의 전까지 동양의 모든 학교들의 재정 관련 이슈들을 모두 취합하여 의미 없는 경쟁을 지양하기 위해서 단일화된 재정 정책을 수립하고자 합니다.

앞서 언급한바와 같이 본 연합회는 강제력은 없지만 큰 영향력을 행사하게 될 것입니다. 모두가 정부나 기타 다른 재원으로부터의 원조는 단합된 행동을 했을 때에 가능하다는 것을 알고 있습니다.

첫 번째 정식 연합회의 모임은 1924년 봄방학 북경으로 정해졌습니다. 이 모임은 참여를 원하는 모든 학교들에게 참석을 하고 소개를 하는 기회가 될 것입니다. 또한 그때까지 각 위원회 별로 완수해야할 많은 과업들이 있습니다.

다음은 선출된 연합회 임원 명부입니다.

회장: 줄리안 아놀드(Mr. Julean Arnold) 미대사관 상무관
부회장: 텐처 목사(Rev. G.H. Tench) 고베 캐나다 학교 교장
총무/회계: 발트렛(Mr. W.W. Bartlett) 상해 미국인학교 교장
사업위원회: 발트렛(Mr. Bartlett), 스톤(Mr. Stone), 질렛트(Mr. Gillett)
교과과정위원회: 튜털(Mr. Tuttle, 의장), 베어드 양(Miss Beard), 모어 양(Miss Moore), 솔토(Mr. Soltau), 동경학교 교장
재정위원회: 아놀드(Mr. Arnold, 의장), 보인톤(Mr. Boynton), 그레이빌(Mr. Graybill), 솔토(Mr. Soltau), 프라즐(Mr. Frazer)

이 연합회는 동양에 있는 학교들을 위해서 고등교육의 표준화, 교육보조금의 공정한 분배, 불필요한 경쟁과 간접비용 감소 등의 연합회 목적이 다른 학교들과의 잘 연계될 수 있도록 도울 예정입니다.

다가오는 봄방학의 회의 동안에 한국에 있는 미국인 학교의 대표자들이 많이 참석하여 상해 회의에서 논의 되지 못했던 한국의 지역적인

문제들이 더 논의 되었으면 합니다.

the Korea Mission Field 20-7
동양의 미국인 학교
소일도 David L. Soltau, 1924. 7.

부활절 시기에 북경에서 두 번째 동양 미국인 학교 연합회 회의가 개최되었습니다. 이 조직은 중국, 한국, 일본에 있는 학교들과 인도 및 기타 지역의 미국식 교육 과정과 기준에 상응하는 학교들로 구성되어 있습니다. 1922년 상해에서 개최되었던 첫 번째 회의 이후로 연합회는 초기의 계획들은 실질적으로 추진되고 있습니다. 첫 번째 회의의 자세한 내용은 *the Korea Mission Field* 1923년 4월호에 자세히 설명되어있습니다.

북경회의의 11개 학교의 대표자들은 다음과 같습니다.

북경 미국인 학교 교장 튜털(Mr. M.S. Tuttle)
북중국 미국인 학교 교장 멘치(Mr. Menzi)와 베어드 양(Miss Beard)
청도(青島) 미국인 학교 교장 데디스만(Mrs. E. Dadisman)
상해 미국인학교 교장 보인톤(Mr. C.L. Boynton)
남경(南京)외국인 학교 교장 컬털와 마벨 양(Mr. Culter &Miss Mabel)
계공산(鷄公山) 미국인 학교 교장 캐털비 양(Miss Kettleby)
서울 외국인학교 교장 베커 박사(Dr. A.L. Becker)
천진(天津) 미국인학교 교장 메리 스미스 양(Miss Mary Smith)
평양 외국인학교 교장 솔토(Mr. D.L. Soltau), 커터스 양(Miss F.J. Coutts)
과 파크스 양(Miss M.A. Parks)
일본 미국인학교(동경) 이사 한센(Mr. Hansen)

쿠링 미국인 학교 교장 스톤(Mr. A.H. Stone)

첫째 날과 둘째 날은 동양에 있는 학교생활의 다양한 사안을 고려하며 매우 생산적인 시간을 보냈습니다. 회의 중 모두가 주목했던 내용 중 한 가지는 뉴욕 콜럼비아 대학 사범대학장인 캘드웰 박사(Dr. Caldwell)의 "왜 교과과정을 재조정해야 하는가"라는 강의였습니다. 캘드웰 박사는 간략하게 미국에서 현재 논의되고 있는 교육의 목적과 목표에 관한 윤곽을 제시하고, 강조점의 변화와 상이한 관점들을 지적하면서 문제에 관한 적절한 해결책을 찾아가기 위한 방법들을 간략히 설명하였습니다. 캘드웰 박사는 전 세계에서 미국과 캐나다 두 국가만이 모든 아동들에게 중등교육을 제공하고 있다는 사실을 강조하고 있습니다.

캘드웰 박사는 현대 교육의 목적을 정확하게 정의 내리기는 어려운 일이지만 대략적으로 다음과 같은 내용을 포함하고 있다고 설명하였습니다.

1. 개인에게 특정한 보상을 제공하기 위함이며, 보상은 반드시 공리수의적인 입장이 아닌 온전한 문화적인 형태와 같은 특정 형태일 수 있습니다.
2. 개인을 훈련하기 위함입니다. 훈련은 개개인이 자신의 평생 하는 일에 적합한 역량을 키우는 것을 의미합니다.
3. 엄격하게 말해서의 실용주의식 직업 훈련을 강조합니다.

칼드웰 박사는 또한 다음과 같이 성공을 위한 기본 원칙을 설명했습니다.

1. 아동들은 자신과 직접적으로 관련되어 있는 일들이나 주제들을 배울 때, 매우 빠른 속도로 배우며, 가장 길고 정확하게 기억하고 자신들의 공부가 재미있다고 생각합니다. 이 법칙은 "프로젝트 교수법"[2]으로 연결되며 더 나아가 오늘날 할당된 과제를 학생이 자발적으로 학습하는 "돌턴식 교육법"[3]으로 까지 연결됩니다.
2. 아동들은 성장하기 위해 성공 해야만 합니다. 그러므로 학습은 학생들에게 성취할 수 있는 형태로 계획되어 성공적으로 졸업할 수 있도록 구성 되어야 합니다.
3. 과목을 가르치는 데에 있어서는, 가장 핵심적인 요소는 가장 먼저 소개되어야 하며 차후에 이에 따른 부연설명이 되어야 합니다. 카드웰 박사는 음악 수업을 예로 들면서 설명하였습니다. 어린이들은 음악을 먼저 이해하고 친숙해졌을 때, 음악과 관련한 다양한 기법이나 이론과 같은 부분은 자연스럽게 따라오면서 배울 수 있다는 것입니다.

또한 회의에서는 과학 과목의 강의법, 비교과 활동, 학교 보건 및 의료 감사, 종교 교육, 학교대항 경연대회와 같은 주제가 논의되었습니다. 또한 모든 학교로부터 표준화된 형태의 시험 결과를 수집하여 학생들이 가지고 있는 능력과 성과에 관한 정확하고 포괄적인 통계자료를 구축하고자하는 계획이 논의되었습니다. 또한, 학교대항 체육대회 또한 미국 현지의 형태와 유사하게 기획되었습니다.

연합회는 표준화된 고등교육 교과과정을 다음과 같이 채택하였습니

2) 프로젝트 교육법은 학생들에게 과제를 통해서 학습을 유도하는 교육법이다.
3) 돌턴식 교육법은 미국 Massachusetts의 돌턴 시에서 시도된 교육법으로 할당된 과제를 학생이 자발적으로 학습한다.

다. 교과과정은 미국의 선도적인 대학들이 요구하는 필수적인 최소한의 조건을 충족할 수 있도록 구성되었으며, 대학에 입학할 때 교양 선택의 폭을 다음과 같이 최대한 늘렸습니다.

영어 3학점
외국어 4학점
수학 2학점
역사 2학점
과학 1학점
교양선택 4학점

총 16학점

"모든 학생은 교사의 특별 예외 조항 없이는 매년 네 과목을 이수할 수 있으며, 이외의 활동들은 비교과활동으로 학점으로 인정되지 않습니다. 이는 모든 학교가 단일화된 형태로 운영되어야 하며 이러한 운영으로 학생들이 과목에 집중할 수 있기를 기대합니다." 또한 위원회는 평양 외국인 학교가 제안한 교과과정을 표본으로 하여 가이드라인을 출판할 예정입니다.

다음 회의는 1925년 4월 한국의 평양에서 열릴 예정이며 정확한 일시는 추후 공지될 예정입니다. 다음 회의를 위한 위원회는 다음과 같습니다.

회장: 줄리안 아놀드(Julian Arnold) 미국 북경 공사관 상무관
부회장: 데이비드 솔토(David Soltau) 평양 외국인 학교
총무 및 회계: 찰스 보인톤(Charles Boynton) 상해 미국인 학교

연합회는 학교를 위한 원조를 청하기 위해서 동양에 있는 다른 미국인 조직과의 교류를 활발히 하고자 하는 데에 의견을 모았습니다. 또한 연합회의 이사회가 학교들을 대표하여 기금을 조성하고 다양한 입법 활동에 참여하기 위하여 미국에 업무지원 사무소를 운영할 것을 제안하였습니다.

회의를 마친 직후에 북 중국 보이스카우트 잼버리가 열렸습니다. 서울과 평양에 있는 15명의 보이스카우트 단원들도 학교의 명예를 걸고 잼버리에 참가하였습니다.

2. 교육 혁신의 도시 '평양', 청년 교육의 시작 - 평양 숭실 물리학 교수 '소일도'

> 선교에는 여러 요소들이 고려되어야 하지만, 누구나 고민해야 하는 공통적인 부분이 있다. 어쩌면 매우 당연한, 자신의 삶에 대한 인간적인 욕망과 선교 사역이 성장하고 발전하기를 희망하는 가운데에서 오는 갈등일 것이다. 이를 위해서는 선교사들에게는 다른 사람들과 차별적으로 선교사로서의 합당한 자질이 필요하다. 선교사뿐 아니라 선교사 가족들도 이러한 마음가짐이 필요하다. 선교사들이 한국 땅에서 최선을 다해 합당한 자질을 갖춰 사역을 하기 위해서는 선교사 자녀들에 대해 고려해야 한다고 생각했다.
>
> 이제, 이곳 한국에서 선교 개척자들이 온 생을 바쳐 온 결과물들이 나타나기 시작했다. 또한 한국을 거쳐 간 이전의 선교사들이나 현지에 있는 선교사의 자녀들이 우리에게 도움을 주고 있으며, 선교의 동력이 되고 있다. 당시 선교사들은 미래에 더 많은 자녀들이 선교지로 돌아오거나 다른 선교지로 나아가서 부모들이 시작했던 주님의 일을 물려받을 것이며 받아야 한

다고 생각하였다. 그러므로 선교사 자녀들이 성장기에 받게 되는 교육의 중요성과 성장기에 가능한 한 최선의 교육을 받을 수 있는 환경을 만들어 주어야하는 책임 또한 선교 사역의 중요한 관심사 중에 하나라고 생각하였다.

David L. Soltau, 1924

한국에서의 3년째 선교 사역을 마무리하고 있습니다. 실망과 낙심되는 일들도 있었지만 고무적인 일들도 있었습니다. 외국인 학교에서의 사역은 특히 만족스러웠고, 노력한 사역의 구체적인 결과들을 볼 때 언어 공부와 물리학 가르치는 일로 인한 어려움들은 보상이 되고도 남습니다. 학교는 성장하고 있으며, 여러 가지 질병으로 인해 지장을 받았음에도 교사들과 학생들 모두 열심이 있습니다. 금년 말 현재 상황을 보면 학교가 수행하고자 하는 사역을 위해 필요한 장비들이 모든 면에서 적절하게 잘 갖추어져 가고 있다고 말할 수 있습니다. 이는 운영위원회와 지역 공동체의 열성적인 지원과 도움이라는 가장 큰 협조가 있었기에 가능했습니다.

학교의 계간지인 "The Kum and Go (오라, 그리고 가라)"는 학생들의 문학 교육을 위한 수단의 하나로서, 그리고 학교를 홍보하고, 또한 학교가 필요로 하는 것들을 한국의 이 지역과 미국에 알리고자 하는 분명한 목적을 가지고 시작되었습니다. 우리는 여러분들이 모두 이 잡지를 구독 신청하시리라는 것과 구독한 잡지들을 미국에 있는 집에 보내려고 하실 것과 또한 미국에 보내기 위해 여러 권을 더 구매하려 하실 것이라 믿습니다. 우리는 남장로교 선교회로부터 최근 받은 선물(자금)을 가지고 "새 건물 자금"을 만들기 시작했습니다.

지난해를 돌아보면 중국 하청업자들이나 무언가를 팔려고 하는 사람들, 경제적으로 어려워 융자나 일을 찾는 학생들, 또는 경제적으로 어려워 월급을 미리 받고자 하는 교사들을 저지하는 일들을 많이 한 것 같습니다. 그러나 제게는 맡겨진 다른 일들이 있습니다.

대학교와 학원의 회계 일을 맡았었는데 지난 몇 달 동안은 그 일에서 놓여 그러한 면에서는 다소 편해졌고 특히 건물 운영과 관련된 회계 일이 많은 시기라 더욱 그러했습니다. 그러나 한편 대학교 물리학 실험실을 위해 많은 시간을 써야 했기에 그 이상으로 일이 많아졌습니다. 장비들을 준비하고 장비 목록을 만들며 장비에 결함이 없는지 확인하는 일과 또한 2학년 학생들의 일반 물리학 교실에서 사용할 실습 안내서를 만드는 일 등입니다. 실습안내서를 만드는 일은 한국어로의 번역이 부실하여 학생들이 이해할 수 없었기 때문에 전체적으로 성공적이지 않았습니다. 더구나 학생들이 과학적인 것들을 전혀 모르고 감독을 잘 하지 않으면 가장 간단한 실험도 할 수 없었기 때문에 매우 실망스러웠습니다. 물리학 전문 용어보다 한국어 공부 자체가 더 필요했기에 지금까지는 물리학과에서 제가 할 수 있는 일을 다 할 수 없었습니다.

클락 박사(Dr. Clark 곽안련)는 이 지역에서 4채의 새 주택 건축을 감독하였는데 다소 힘든 경험이었습니다. 거주할 분들, 선교회 회원들, 그리고 선교회의 부동산위원회를 모두 만족시킬 수 있는 주택들이 되도록 계획을 세우려다 보니 많은 시간의 노력이 수포로 돌아가기도 했습니다. 이 주택들을 위해 수도 설비와 난방 설비 및 기타 여러 가지 부속품들을 주문하는 일, 4채 모두에 대한 회계 업무, 그리고 대학교의 새 과학 건물을 시작하는 업무 등 이 제가 당장 관심을 기울여야 하는 일들입니다.

"칠성문(七星門)[4]교회"에 정규적으로 참석하기는 전혀 불가능합니다. 그러나 아내와 저는 그 교회의 발전에 관심을 갖고 있으며 특히 지금은 모교회의 지원을 받지 않는 독립 교회가 되려고 힘쓰는 때이므로 더욱 그러합니다.

the Korea Mission Field 21-3
교육의 중심 평양
소일도 David L. Soltau, 1925. 3.

평양은 한국 전도의 중심지역일 뿐만 아니라 실은 전국의 교육을 선도하는 지역이라고도 할 수 있습니다. 교육의 중심으로서의 평양을 논하기 위해서는 교육적 업적의 주요한 특징과 불모지에서 이룩한 교육적 업적을 말씀드리고 싶습니다.

1893년 선교 초기부터 기독교 청년의 양성은 아주 필수적인 부분이었습니다. 급속도로 성장하고 있는 토착교회에 충분한 훈련을 받고 자질을 갖춘 지도자들이 필요했기 때문입니다. 그러므로 1898년 베어드 박사에 의해서 장로교 남자 학교(숭실학당)이 설립되었습니다. 서울의 아펜젤러 박사가 설립한 학교를 제외하고는 한국 최초의 고등교육기관이며, 한국의 교육기관 순위를 매기자면 항상 상위권에 있는 선도적인 학교입니다.

1901년 별도의 교수를 임용하여 신학교 학생들에게 공식적으로 정식의 체계적인 교육을 제공했으며 한국 최초의 독보적인 신학교인 한국 장로회 신학교가 설립되었습니다. 이에 따라서 지금까지 기독교 교육의 지도자 양성의 중용한 역할을 해오고 있는 연합신학 대학이 개교하였습니다. 이미 언급한 바와 같이 장로회 선교에 있어서 교육 선교의

---

4) 七星門은 평양시 모란봉 구역 기림리에 있는 고구려시대의 성문이다. 북두칠성에서 딴 이름으로 북문이다.

주된 목적은 토착교회를 위해서 철저하게 훈련된 평신도나 목회자 지도자를 양성하는 것입니다. 이러한 목적의 달성을 위해 충실하게 노력한 결과 한국 토착교회들은 하나님의 이름으로 지대한 발전과 성공을 이룩하여 튼튼한 교회의 기반을 다질 수 있었습니다.

최근 두 명의 방문자가 평양에 와서 이러한 관점이 옳다는 사실을 입증하였습니다. "제 생각에는 평양의 장로회 선교는 제가 본 최고의 선교지입니다. 왜냐하면 다각도로 조명해 보았을 때 선교의 모든 단계마다 성공적일 수 있었던 동력은 특히 일차적으로는 선교에 힘쓰고, 다음으로는 교육을 위한 노력이 병행되었기에 가능했다고 생각됩니다." 또 다른 방문자는 다음과 같이 이야기 했습니다. "다른 학교와는 달리 평양에 있는 학교들은 선교 전반적인 실정에 아주 중요한 역할을 하고 있습니다. 그러므로 평양에 있는 학교들이 지금처럼 지속적으로 성장하고 운영될 수 있다면 이는 한국 전체 및 극동 아시아에도 좋은 표본이 될 것입니다."

아직까지는 여성을 위한 교육은 남성을 위한 교육만큼 이루어지지 못하고 있습니다. 현재 여성을 위한 교육기관은 선교회 산하에 세 개, 토착교회 산하에 한 개가 존재하고 있습니다. 감리교 학교, 장로교 학교, 그리고 장로교 선교회 여성 고등 성경학교와 지역 장로교회 학교 모두 총 네 개 학교입니다.

종교 학교들은 남성이든 여성이든 이전에는 장로교와 감리교 선교회가 연합하여 운영되어 오다가 최근에는 분리되는 것이 최선이라는 판단 하에 장로교와 감리교 선교회가 각각 다른 학교를 운영하게 되었습니다. 동시에 감리교 선교회는 학교 운영을 그만두고 다른 도시로 부서를 이전했습니다. 대학은 한국의 상업이나 제조의 중심지에 위치해 있으며 주변 150마일 이내에 다른 경쟁 학교가 없기 때문에 전략적인 위치를 갖고 있다고 볼 소 있습니다. 이 지역의 물가는 주변보다 높지 않기 때문에 수업에 참석하는 학생들에게 장려책을 제공할 수 있으며 공립대학이나 다른 학교와 경쟁에서 오는 문제도 없습니다.

1910년 한일합방 이후 일본 정부는 중등학교 교육을 통해서 교육 시설을 장악하기 시작하였으며 농업과 같은 과목의 수업을 제공하는 한국인과 일본인을 위한 공립학교가 생기기 시작했습니다. 1920년 이래, 지금까지와는 달리 유치원 교육이 주목받기 시작했습니다. 한국 기독교인인 최정서는 전체 공장과 대규모의 운영자금을 제공하면서 도시의 중심부에 장로교와 감리교 신자들을 도울 수 있는 좋은 유치원과 훈련 학교를 설립하였습니다. 이 시설들은 전체적으로 한국인의 소유로 한국인이 관리하고 보호하며 경제적인 책임을 지고 지도하며 운영되었습니다.

1899년 평양 외국인학교 연합이 결성되었으며 이듬해에 학교를 개교했습니다. 연합회는 한국 전역에 걸쳐 선교 커뮤니티를 포함하며 확장되었습니다. 학교의 시작은 작은 규모였지만 점차 성장하여 70명의 학생과 5명의 상근 외국인 교원과 6명의 비상근 외국인 및 한국인 교사가 종사하였습니다. 이 학교는 일본의 고베, 중국의 북경에서 1,570마일 거리의 한국과 만주지역을 통틀어 유일한 기숙 학교였습니다.

이 보고서를 마무리 하면서 한국의 교육기관 중에서 매우 특별한 다른 두 학교를 언급하겠습니다. 하나는 감리교에서 운영하는 맹인학교이며, 다른 하나는 장로교에서 운영하는 룰라 웰스(Lula Wells)학원입니다. 맹인학교는 한국의 유일한 맹인 소녀들을 위한 학교입니다. 룰라 웰스학원은 지난 27년간 한국의 노인 여성들, 버림받은 아내들, 목회자의 아내들, 그리고 어린 시절 교육을 받지 못했던 여성들에게 현대 교육을 제공하였습니다. 이 학교를 졸업한 이후 대부분은 전도부인, 주일학교 선생님이나 교회의 무급 혹은 유급 종사자가 되었습니다.

다음의 표는 가능한 한 상세하게 자료를 수집하여 평양의 다른 학교들의 현황을 파악한 통계입니다.

평양의 일본인 학교

이름	순위	교사	남학생	여학생	총학생수
중학교	1	24	420	0	420
일반 고등학교	2	45	1,164	962	2,126
여자 고등학교	1	18	0	407	407
상업 학교	1	6	15	0	15
사립학교	1	4	0	44	44
유치원	1	4	37	48	85
합계	**7**	**101**	**1,638**	**1,461**	**3,097**

평양의 한국인 학교

공립학교	No.	교사	남학생	여학생	총학생수
고등일반학교	2	63	833	335	1,162
보통학교	1	8	126	0	126
농업학교	1	7	121	0	121
일반학교	5	66	2,716	1,064	3,780
합계	**9**	**144**	**3,796**	**1,399**	**5,195**

종교학교		교사	남학생	여학생	총학생수
대학교	1	21	149	0	149
신학교	1	8	143	0	143
학원	4	61	962	305	1,267
일반학교	2	23	785	373	1,158
맹아학교	1	3	0	14	14
특수학교	1	5	0	45	45
카톨릭학교	1	5	0	274	274
합계	**11**	**176**	**2,039**	**1,011**	**3,050**

기타 사립학교		교사	남학생	여학생	총학생수
교회 운영학교	2	22	227	363	590
교회 일반학교	6	21	276	169	445

사립학교	1	5	184	0	184
유치원 훈련 학교	1	6	0	28	28
유치원	8	18	345	278	613
합계	**18**	**72**	**1,032**	**838**	**1,870**

한국인 학교 합계	38	342	6,867	3,248	10,115
총 합계	45	443	8,503	5,709	13,212

3. 그레이스 솔토(Grace Z. Soltau, Mrs. D. L. Soltau)

그레이스 솔토는 D.L. Soltau 소일도 선교사의 배우자로서 한국에서음악 사역을 하며 활동하였다. 초기에는 외국인 교회의 찬양을 돕거나 한국인 주일학교를 돕다가, 점차 한국어를 배우면서 신학생, 소녀학원 학생 등 음악교사로서 한국의 음악지도자 양성에 노력하였다. 또한 교육학의 일반적인 원칙부터 강조하며 모든 교사들에게 보급할 음악 이론을 번역하여 교사 양성에도 기여하였다. 그레이스 솔토는 음악 교육 이외에도 여성교실에서 성경공부를 가르치며 새로운 찬송가를 가르치는 일도 하였는데, 600여 명의 여성들의 서투른 찬송가에 큰 은혜를 받았음을 고백하였다.

• 1921 ~ 1922

한국에서의 선교사 생활 첫해는 매우 좋았고 희망적입니다. 우리가 배를 타고 떠날 때에는 미지의 동양에 대해 많은 의문들을 가졌지만 지금은 동양 생활의 많은 부분들을 보았고 일반적인 상황에 대하여도 어느 정도 알게 되었습니다. 그러나 동양 사람들의 속마음과 그러한 일반적 상황이 생긴 이유를 잘 알려면 아직 멀었습니다.

조언을 받은 대로 우리는 다른 지부들(안동, 대구, 정주 및 선천)의 상태를 알아보았습니다. 이 지역들은 사역자들이 볼 때 각각 나름대로의 장점이 있겠지만 우리는 평양으로 돌아오면서 평양이 우리가 언제나 사랑하는 고향이라는 느낌을 가졌습니다.

외국어를 쉽게 구사하고 싶은 마음을 오래 동안 갖고 있었기에 언어 공부는 매우 흥미 있었습니다. 외국어를 쉽게 구사하는 것은 악기에 능숙해지는 것만큼 어렵고 저는 이 두 가지의 공부가 매우 비슷하다고 느낍니다. 우리는 언어 학교에서의 학업을 통해 언어 학습을 시작하는 데 필요한 일부 일반적인 사실들, 즉 영어 사용자들에게 매우 필수적이면서도 한국어 독학으로는 습득하기 어려운 것들을 얻을 수 있었습니다. 많은 사람들이 클락 박사(Dr. Clark)와 어드만(Ms. Erdman)(?)과 같은 좋은 교사와 함께 공부할 수 있는 특권에 감사했고 그 교사들은 한국어를 더듬거리는 우리에게 매우 큰 도움이 되었습니다. 우리는 하숙을 하는 것이 아니라서 스스로 가사 일을 하려면 한국어를 사용할 수밖에 없었고 따라서 일상생활의 기본 단어들을 많이 아는 만큼 몸도 편해지고 음식 맛도 좋아질 수 있었습니다.

서울에서 돌아온 후에는 주일의 시간을 외국인 교회의 찬양을 돕는 일과 블레어 박사(Dr. Blair 방위량)의 교회에서 한국인 주일학교를 돕는 일에 나누어 사용하였고 한국인 주일학교에서는 한국어를 습득해 보려고 귀를 기울였습니다. 한국어의 놀라운 음운변화와 기본적인 동사들을 오랜 시간 깊이 생각해 본 후 남는 시간에 할 수 있었던 일은 연주회와 관련된 약간의 일과 일부 한국인 학교 교실들 및 개인들을 대상으로 한 음악지도였습니다. 3명의 한국인 남자 대학생들이 현재 개인적인 음악 지도를 받고 있습니다.

도착한 이래 한국인들을 위한 음악 문제를 많이 생각해 왔습니다. 다양한 선교사들이 저에게 자신들의 관점들을 이야기 해 주었는데 한국인들이 서양 음악을 사용할 지 여부는 대체적으로 미래에 결정될 문제입니다. 토속 음악 중 사용할 만한 것이 있다거나 현재의 한국인들을 표현할 수 있는 새로운 곡을 작곡할 수 있다면, 그러한 가능성을 계속 추구하는 것은 좋을 것입니다. 그러나 한국인 외국 음악만을 원한다면 음악 지도자는 훈련이 잘 된 사람이어야 하고 최고의 성가들을 어색하게 부르도록 하지 말아야 할 것이며 그렇게 하는 것이 옳다고 생각해야 할 것입니다. 한 좋은 예를 들자면 서울에서 7명의 남성과 2명의 소녀가 "할렐루야" 성가를 합창하였습니다. 당시 미국인들도 참석했었는데 그 곡을 선택하도록 방치한 우리의 부실한 감독에 대하여 그들이 어떻게 생각하였을까요?

여러분들이 개인적으로 그리고 선교 지부로서 우리 가족에게 보여주신 친절과 환대에 대하여 진심으로 감사드립니다. 하나님의 도우심으로 지부의 일부 책무들을 담당하여 일의 부담을 덜어드릴 수 있는 날이 오기를 우리는 마음 깊이 바라고 있습니다.

• 1925년 5월 22일

지금까지 담당했던 선교 임무들 중 지난해의 성과에 대한 보고서를 쓰는 이 임무가 저에게는 가장 어렵게 느껴집니다. 이 보고서를 읽으시면서 저의 성과의 부족함을 더 정확하게 지적하실 수도 있겠지만 대체적으로 이 지방의 선교 사역이 어려웠습니다.

발목이 삐어 반 불구가 되었으나 이 때문에 필립(Phillip)의 집에서 여름 내내 쉰 것도 나름대로 도움이 되었습니다. 한국어 공부를 완전히 쉰 덕분에 가을의 한국어 공부에 더 관심을 갖게 되었기 때문입니다. 정규 선교 공부 과정이 연중 계속되었고 계간(quarterly) 시험을 두 번 치렀으며 첫 100자 한자 시험을 통과하였습니다. 추가 한자 200자와 추가 한국어 공부가 충분히 되었는지 여부는 연례모임에서 심사위원들이 알게 되실 것입니다.

중국의 북경, 허난성 개봉 및 상해로 교육 여행을 가서 그 큰 땅에서 이루어지는 선교 사역의 실제 모습을 볼 수 있었고 또한 한국으로 배정된 것이 더욱 기쁘게 느껴졌습니다. 중국은 혼란한 정치적 상황과 선교 노력 비해 너무 적은 결과로 인해 한국에 비하면 매우 실망스러운 밭입니다.

거처에 가구를 옮겨 놓는 것 등의 필요한 일들을 제외한 대부분의 일은 음악이었습니다. 몸이 아팠던 기간을 제외한 대부분의 기간에 하루에 12-15시간 음악을 가르쳤습니다. 가르친 대상은 대학생 세 명(한 명은 피아노 교사), 소녀학원 학생 세 명(한 명은 음악 교사), 신학생 다섯 명(네 명은 한 교실에서 가르쳤는데, 그 중 한 명은 매우 총명한 1학년생으로서 한국 음악지도자가 될 것으로 저는 믿고 있습니다), 소년학원 교사 한 명(현재 루츠 부인 Mrs. Lutz)의 지도를 받고 있습니다), 외국인 어린이 20명(16명은 2개의 반으로 나누어 1주일에 2시간씩 모이고 있습니다. 나머지 4명은 개인 지도를 받고 있으며, 최근에는 여성 성경학교에서 성악 수업을 받고 있습니다). 저의 전체적인 목표는 여러 학교에서 가장 좋은 자료들을 얻어 리더들에게 음악 교수법을 가능한대로 많이 가르치는 것입니다. 저는 음악 용어를 가능한 빨리 공부하려 하고 있으며 한국어를 가르칠 때에는 "영어를 사용해야만 하는 상황이 되지 않는 한" 항상 한국어만을 사용하고 있습니다. 어떠한 그룹의 학생들을 대하던지 저는 그들이 가장 필요로 하는 것을 할 수 있도록 준비시키고자 합니다. 예를 들면 신학교의 중간 학년 학생들은 모두 오르간을 접할 수 있는데, 이들이 새로운 악보를 계명으로 읽을 수 있도록 그리고 한 손가락만 오르간 위에 둔 채 새로운 악보를 고를 수 있도록 훈련시킬 수 있습니다. 그렇게 훈련이 되면 장차 자신들의 교회에서(훈련 받지 않은 사역자들에 비해) 새로운 곡들을 더 정확하게 가르칠 수 있게 될 것입니다.

한국의 음악적 기준에서 볼 때의 일반적인 음조를 성가에 사용하기 원하는 분들의 모든 제안을 환영합니다. 또한 교회의 통상적인 찬양을 더 발전시키기 위한 계획을 제안하셔도 감사하겠습니다.

보고자: Grace B. Soltau

연례 보고서 (Grace B. Soltau, 1924) (Mrs. David L.)

언어 공부하는 학생들은 언어 시험 결과가 나오기 전에는 자신들이 어느 정도의 성취를 이루었는지에 대하여 말하기를 꺼려합니다. 다만 가르쳐 주시는 분들이 다른 일들로 바쁘신 중에도 금년 우리 언어공부 그룹에 도움을 주신 것에 대하여 감사드립니다. 한국어 공부 중 어떤 부분은 매우 홍미 있었습니다. 특정인의 전기를 읽거나 이솝 우화를 읽는 것 등은 유익했습니다.

저에게 맡겨진 새롭고 마음이 끌렸던 사역은 여성 교실 두 곳에서 가르친 일입니다. 한 교실은 이곳에서 다른 한 교실은 재령에서였습니다. 물론 성경공부가 포함되었는데, 앞으로도 그러한 사역을 조금 더 할 수 있다는 것은 저의 특권이라고 믿습니다. 재령에서는 600명의 여성들로 구성된 한 그룹에게 새로운 찬송가를 지도했는데, 제가 맡았던 가장 어려운 일들 중 하나였습니다. 그러나 저는 열심히 노력하며 부르는 그 여성들의 빛나는 얼굴을 보며 기뻤습니다. 비록 때로 소리가 우습게 뒤범벅되기도 하지만 의심의 여지없이 주께서는 그들의 찬양을 받으셨습니다.

음악 교실은 학교 공휴일을 제외하고 일 년 내내 매 주 정규적으로 있었습니다. 모든 수업은 그룹 방식으로 이루어 졌고 한국인 교실에서는 물론 한국어로 가르쳤습니다. 앞으로는 저와 함께 음악을 공부하는 모든 한국인들은 대학에 등록하고 적절한 수업료를 납부하여야 합니다. 수업은 비슷한 수준의 학생들끼리 모인 그룹 별로 이루어 질 것입니다. 수업은 우리의 자택에서 이루어지지만 연합 기독 대학의 직접적인 감독을 받습니다. 그러나 장차 이 대학이 정규 음대를 갖게 될 때를 기대하고 있습니다. 지난 학기까지 7명의 교사가 저의 교습을 받았습니다. 이 한국인 교사들이 학교에서 가르칠 경우(가르치면서 공부할 경우), 이들은 수업료의 절반만 납부하고 나머지는 학교에서 부담하는 것을 권합니다. 그러면 수업의 기반도 좋아지고 이들은 학업에서 좋은 결과를 얻어야 한다는 책임감도 느끼게 됩니다.

교습 그룹들 중 한 그룹은 학원 소녀들이고 또 한 그룹은 남자 대학생들이며 나머지는 유치원, 상급 여성 성경학교 및 소년학원들의 교사들입니다. 교사들과의 수업은 상호간에 도움이 됩니다. 남녀 교사들은 현재 실제로 음악을 가르치고 있으므로 저는 그들이 사용하는 단어들을 알 수 있고 또한 그들과 의논하여 적절한 단어를 알아낼 수 있기 때문입니다. 현재 저는 모든 교사들에게 보급할 기본적인 음악 이론을 번역하고 있습니다. 처음 배우는 교사들에게 점진적인 수업을 제공하고 또한 자신에게 필요한 적절한 기술을 선택하여 연습하도록 할 예정입니다. 한국인 교사들은 아직 가르치는 방법을 모르며 교육학의 일반적인 원칙들을 배워야 합니다. 이 번역 작업은 대학을 졸업하고 현재 신학교 1학년인 김성낙의 도움을 받아 하고 있습니다. 그는 2년간 저에게 피아노 교습을 받았고 지금은 신학생들에게 음악을 가르치고 있습니다.

이 외국인 학교에서의 음악 지도에는 매 학기마다 한 달간의 음악 감상, 두 개의 상급 피아노 과목, 두 개의 기초 과목, 그리고 학생이 가르치는 초급반에 대한 감독이 포함되어 있습니다. 악기를 배우는 학생 수는 한국인과 외국인을 포함하여 매주 55명 정도입니다. 매 주일에는 "칠성문(Seven Star Gate) 교회"에 가서 젊은 여성들 교실을 가르쳤는데 조그마한 관심에도 큰 감사를 보이는 것이 저에게 매우 큰 기쁨이었습니다. 그 교구는 빨리 성장하고 있으며 큰 교회가 하나 그 곳에 성장하여 나타날 것입니다. 우리는 그곳에서의 사역을 위해 여러분의 관심과 기도를 필요로 합니다.

보고자: Grace B. Soltau, Mrs. D. L.
한국 평양

제2부

소열도(Mr. & Mrs. T. S. Soltau) 선교사

1. 미국 북장로교 선교사, 평북 선천 지역을 거점으로 만주를 바라봄

T. 소일도 선교사의 한국 이름은 소열도(蘇悅道)로 야소(예수)를 기쁘게 전한다는 뜻이었으며, 그는 미 북장로교 한국 파송 선교사로 1914년 9월 16일 부인 메리 캠벨과 함께 한국 땅을 밟았다. 그는 평안북도 선천지역에 머물면서 북장로교 만주지역 한국인 선교 사업에 참여하면서 홍경 선교부 개설을 이끌었다. 3년 동안 선천에 머물면서 멀리 만주, 서간도, 목단성 지역을 왕래하면서 선교지 확장을 위해 노력했다. 소열도 선교사 당시 만주에는 여덟 개의 교회가 있었고, 정착한 한국인들 중에는 3,000명 정도의 교인들이 있었다. 따라서 서둘러 토지를 구입하고 교회를 설립하면 된다는 상황을 자세하게 보고하고 있다. 즉 만주 선교회가 앞으로 한국 뿐 아니라 중국 본토를 선교할 수 있는 중요한 거점이 될 수 있음을 간파한 것이다. 그는 북장로교의 만주지역 선교 거점 마련 뿐 아니라, 각 교단들과 연합하여 교육과 선교 사업을 추진하는 데 온 힘을 쏟았다.

• 1914-1915 선천

우리는 추수감사절 전날인 1914년 11월 25일 선천[5]에 도착했습니다. 따라서 이 보고서는 통상적인 1년이 아닌 6개월의 활동 보고서입니다.

제 직무 중 가장 힘든 것은 물론 한국어를 배우는 것이었습니다. 때로 매우 어려웠지만 이로 인해 시골로 여행할 수 있는 기회가 있었으며 이 때 순회 설교자의 사역을 보기도 하였고 또 처음으로 한국의 삶을 맛볼 수 있었습니다. 맛은 다양했고 냄새는 때로 고약했습니다.

가을과 겨울에는 매큔(Mr. McCune 윤산온), 램프(Mr. Lampe) 및 로버츠(Mr. Roberts 나부열)와 함께 시골 교회들을 방문했습니다. 봄에도 가끔 시외로 나갔고, 신학교에 다닐 수 없는 일부 목회자들을 위한 이틀간의 수련회에 참석하기도 했습니다. 이 수련회 장소는 한 교회였는데 몇 년 전까지 불교 사원이었다는 점이 흥미로웠습니다.

겨울에는 지부에서 유익한 역할을 해 보려고 이 외국 사회의 주일학교에서 가르치기도 했고 신성학교 소년들에게 성악과 미술을 지도해 보려고도 했습니다. 남성 성악교실을 맡았는데, 어떤 날에는 300명이 참석하기 했지만 참석자들의 성악 수준에 큰 발전이 없어 보고할 것이 없었습니다.

4월 후반에 우리는 압록강에 접한 의주에서 며칠을 보내었고, 거기서 저는 장래의 희망 사역지인 만주의 강계 지방을 처음으로 보게 되었습니다.

겨울에는 등이 뻐근해 운동을 삼가 했지만 봄이 와 날씨가 따뜻해졌을 때에는 권총 사격을 하기도 했습니다. 더 최근에는 따뜻한 주일에

---

5) 평양북도 선천지역, 미국 북장로교는 선천지역에서 신성학교를 중심으로 교육선교를 펼쳤다. 신성학교는 선천 지역의 한국인 기독교 지도자 및 미국 북장로교 선교회의 협력에 의해 1906년 9월 설립된 기독교 선교계 중등 사립학교이다.

큰 언덕을 넘어 10리를 걸어 작은 마을로 가서 한국인들에게 처음으로 한국어 설교를 시도하였고, 그 중 두 번은 저의 설교를 듣는 사람들의 마음이 움직였습니다. 그들은 매우 열심히 들으며 이해하려는 태도를 보였고, 이는 참으로 감사한 일이었습니다.

• 1916년 6월 6일

한국에서의 2년 차에 저의 주된 일은 어려운 한국어를 배우는 것이었고 한국어를 사용해 보려는 시도를 여러 번 하였습니다.

지난해 소년학원에서 열린 여름학교에서는 영어를 가르쳐 보려고 했는데 학생들의 실력이 크게 향상되지는 않았습니다.

의주에서 있었던 하계 노회에 참석하였고, 거기서 만주의 20만 명의 한국인들 중에서 사역하는 세 분의 목회자들과 그들을 돕는 두 분을 만났던 것은 좋은 일이었습니다.

10월 25일 저는 선천을 떠나 처음으로 만주로 갔습니다. 강계에 도착하여 로즈(Mr. Rhodes 노해리)를 만났고, 함께 5일간 여행하여 연례 만주 교실이 열리는 다소 큰 한국인 정착지에 도착했습니다. 약 500명이 참석했는데 일부는 250리를 걸어서 왔고, 많은 사람들이 흥미를 갖고 열심히 공부하였습니다. 거기서 저는 처음으로 한국어로 가르치는 경험을 하였고 교회 임원들과 에베소서를 공부하는 시간을 가졌습니다. 그 후 저는 통화현(Tung wha hyun)에서 큰 길을 따라 5일을 여행하여 목단에 도착하였고, 목단을 떠나 선천으로 돌아왔습니다. 그 여행의 첫 밤은 또 다른 한국인 정착지 강천만(甘井子區: 대련의 관뎬만 자치구)에서 지냈는데, 그 지역에는 6년 전 믿음 있는 두 가정이 정착하였고 이들의 간증과 또 다른 성도들의 유입을 통해 180명의 성도를 가진 교회가 생겼습니다. 이틀 후 용정(龍井)을 통과했는데, 그곳은 현재 스코틀랜드 장로교인들이 선교지부를 가지고 있는 곳이나, 당시에는 외국인들이 없어서 스코틀랜드 장로교인들을 전혀 만나지 못하였습니다. 목단에서는 한국인 목사를 만나 그의 사역에 관해 대화하였는데, 그곳 한국인들은 매우 지위가 낮고 꿈이 없으며 정규 직업이 없어 목회 진전이 매우 느리므로 그는 매우 곤고한 상황에 처해 있었습니다.

돌아온 후 저는 소년학원에서 수개월간 대수학을 가르쳤는데, 이는 정규 교사가 부재 중이었기 때문이었고, 남성성경학교 및 여성 성경학교에서 저의 차례가 돌아와 인도를 하였습니다.

2월에 있었던 선천의 남성 성경교실에서도 가르치는 사역에 힘썼으나, 시간이 지나면서 참석자 수가 점차 줄어가는 것을 보면서 저는 한국인들에게 요셉의 생애를 잘 설명하지 못했다는 결론을 내리게 되었습니다.

같은 2월 오전 9시 30분에 모이는 하급학교 소년 주일학교를 담당하였고, 이때부터 주일학교 모임 30분 전에 교사들을 위한 준비수업을 갖기 시작했습니다. 봄에는 신미도로 5일 간 유익한 여행을 하였는데, 거기서 학교 졸업식에 참석하여 주일 예배시간에 4명에게 세례를 주었으며 15명의 세례 지원자를 받았습니다. 또한 불신자들을 모아 두 번의 예배 시간을 가졌는데 그들은 제가 가져갔던 축음기에 큰 관심을 보였습니다. 축음기는 복음을 전하는 좋은 기회를 만들어 주었고 이 때 6명의 남성이 결신하였습니다.

4월 전반부에 저는 약 200명의 여성이 참석하는 지역 여성교실을 지도하였고 얼마 후에는 만주로 두 번째 여행을 떠났습니다.

이 여행의 경비는 마지막 연례 모임에서 승인된 예산으로 충당되었습니다. 그 이유는 여행 목적이 만주의 어느 지역에 얼마나 많은 한국인이 거주하는지 그리고 그곳 교회의 일반적인 상태와 향후 전망이 어떠한지 조사하여 그곳에서의 사역 정책을 분명하게 얻기 위한 안목을 결정하기 위해서였습니다.

이전과 마찬가지로 강계로 가서 저는 그곳 지부에 있는 호프만과 만나 우리 영역에 속한 한국인들이 거주하는 그 만주 지역에 관해 많은 이야기를 나누었습니다. 강계를 떠나 우리는 북동쪽으로 330리 떨어진 통하강(通河江)으로 가서 압록강을 건너고, 거기서 북서쪽으로 황량한 시골 지역을 지나 통화현으로 갔습니다. 그 곳은 울창한 숲이 있는 높은 산의 고개로서 중국인들과 소수의 한국인들이 이주해 들어가기 시작하였으나 '정착지'의 모습을 최소한이라도 갖추려면 수년이 걸릴 것입니다. 통화현을 떠나서는 서쪽 친투호(Chintuho)로 가고, 거기서 북쪽 삼원포를 거쳐 조양진(현재 朝陽川鎭)으로 갔습니다. 친투호에서 조양진에 이르기까지는 3일 반이 걸렸습니다. 우리는 조양진에서 스코틀랜드 장로교 선교사들인 웨드번(Wedderburn) 부부와 미혼 여성 두 분을 만났습니다. 당시 그 지역의 모든 중국 목회자들과 선교사들이 참석하는 수업이 진행 중이었기 때문에 그 분들을 만날 수 있었고 그 분들로부터 그들의 영역 중 어느 지역에 얼마나 많은 한국인들이 거주하는지에 대한 상세한 정보를 얻었습니다. 이틀간 휴식한 후 우리는 조양진을 떠나 남서쪽과 남동쪽의 큰 한국 교회들을 방문하였고 이후 삼원포로 돌아와 하루를 더 지내었습니다. 거기를 떠나 남서쪽 왕청문(Wangchungmun)으로 가서 2박을 하였는데, 특별하게 흥미 있는 시간이었습니다. 전에 마지막으로 그곳을 방문한 이후 많은 변화가 있었던 것을 보고 놀랐기 때문입니다. 100명 성도의 교회가 200명으로 성장하였고 그 교회의 지교회 두 곳은 각각 90명과 125명의 교회들로 성장해 있었으며 2개의 지교회 모두 독립적인 예배 처소를 갖고 있었습니다.

그들의 연합 예배가 한 번 있었는데 한국인과 중국인 성도들이 300-400명 참석하여, 참석자 수가 많아 예배를 교회 건물 바깥 공터에서 드려야 했으며 4개국 국적(한국, 중국, 미국, 영국)의 사람들이 함께 예배를 드렸습니다. 예배를 마치고 식사 시간에 그들은 저에게 두 가지 흥미 있는 서류를 보여주었습니다. 그 중 하나는 우리가 왕청문으로 이사하여 거기서 선교 지부를 열어달라는 청원서로서 500명 성도의 서명을 받은 상태였고, 다른 하나는 반경 50리 이내에 7,000명의 한국인들이 살고 있는 지역을 보여주는 지도였습니다. 우리는 서로 50리 떨어져 있는 세 교회를 방문하여 각 교회에서 예배를 드렸는데, 세 교회 모두 성장세를 보이는 듯 하였습니다.

우리는 왕청문을 떠나 80리 떨어진 강산을대고우(Kang-san-ul-de-ko-u)에 갔습니다. 이곳은 위에 언급한 세 교회의 목사님들 중 한분이 거주하시는 곳이며 이곳에서 세 목사님들과 함께 마지막 주일을 보내면서 세 번의 예배를 드리고 세례식과 성찬식을 가졌습니다.

오후에는 그 세 분 목사님들 및 두 명의 전도사님들과 함께 회의를 하면서 몇 가지 중요한 문제들을 의논하였습니다. 만주에 있는 한국인들은 이미 15개 정도의 기초 학교들을 세워 운영하고 있었고 학당이 설립되기를 간절히 기대하고 있었습니다. 학당이 설립되면 다양한 학교의 학생들이 동일한 수업 과정을 제공받고 모든 졸업생들이 동일한 기반을 갖출 수 있기 때문입니다. 현재의 상황을 임시적으로 개선하기 위해 50명의 학생을 가진 삼원포의 학교는 고학년 과정을 제공하고 있습니다.

지금은 한국인들이 자발적으로 받아들일 수 있는 지부를 열기에는 적합한 시기가 아닌 것으로 보입니다. 그 이유는 그들 중 비교적 소수만이 중국인들로부터 토지를 완전하게 매입하여 소유하고 있고 대부분은 다양한 기간 동안 임차하고 있어서 한국인들이 어느 지역에 최종 정착하게 될지 확실히 알 수 없기 때문입니다. 그러나 선교회가 미래 사역을 위한 정책과 관련하여 분명한 행동을 취할 시기가 왔다고 저는 믿으며 이는 한국교회가 우리로부터 조언과 도움을 구하고 있기 때문입니다. 만주에는 이미 매 주일마다 90-200명이 출석하는 교회가 여덟 개가 있어서 총 교회 구성원은 3,000명 정도로 보이며 빠르게 성장하고 있습니다. 한국인들이 우리에게 말하기를 "한국인들은 토지를 구입하기 전에 우리가 어떤 절차를 밟기를 기다리고 있으며, 선교회가 특정 장소에 지부를 열 예정이라는 언급만 해 준다면 토지를 사고 완전히 정착할 것입니다"라고 합니다.

저의 간절한 희망은 선교회가 가능한 빠르고 적절한 시기에 그곳에 지부를 열기로 결정하고 그에 따른 첫 절차로서 이번 가을 왕청문에서 휴양원을 구입하거나 임대하는 것입니다. 그 지역이 너무 서쪽에 치우쳐 있다는 생각이 얼핏 들 수 있지만 호프만과 저는 한국인들이 장차 일반적으로 서쪽으로 이주할 것이라는 느낌을 가졌습니다. 비록 처음에는 그들이 동쪽의 산지로 들어갔지만 많은 수가 질병으로 사망하였고 남은 사람들은 산지에서 나와 쌀 재배가 가능한 넓은 계곡의 습지로 이주하고 있습니다. 휴양원을 지금 구입한다면 한국인들에게 땅을 매입해도 되겠다는 확신을 주게 되고, 1-2년 내에는 지부를 열 적당한 장소를 결정할 수 있게 될 것으로 사료됩니다.

강산을대고우(Kang-san-ul-de-ko-u)에서 호프만과 헤어진 후 그는 강계로 돌아갔고 저는 남서쪽으로 150리 떨어진 파디강(Padikang, 혼강)으로 가서 거기서 중국 배를 타고 안동으로 간 후 6월 2일에 선천에 도착하였습니다. 선천을 떠난지 6주를 약간 넘어 돌아왔으며 이 기간 동안 배와 말을 타고 약 1,000마일을 여행하였습니다.

• 1916-1917

작년에는 신천 기지에서 여러 가지 사유로 인해 여기 저기 인력이 많이 비어 있었기 때문에 저는 그 자리들을 "대신 채우는 일꾼"이 되어 매우 다양한 일들을 했습니다.

지난여름에는 수년간 보지 못했던 나의 자매가 중국에서 와서 우리와 함께 지냈고, 또 우리 딸 엘리놀 애니(Eleanor Anne)가 태어나는 자리에 함께 있을 수 있어서 매우 행복하였습니다. 이 딸은 우리에게 큰 기쁨이며 한국에서 태어난 것에 매우 만족하는 듯이 보였습니다.

저는 작년 연례 모임에서 2년차 언어 시험을 통과한 후 3년차 시험을 준비하고 있습니다. 그러나 교사와 함께 3주간 언어 학습에 전념한 것을 제외하면 학습 시간이 부족하였습니다. 대부분의 시간은 설교 준비를 위해 한국어를 연습하며 보내었는데, 이러한 한국어 설교 준비가 한국어 시험에 항상 도움이 되는 것은 아닙니다.

지난 가을 저는 한국인 거주지에서 두 번의 여행을 하였습니다. 한 번은 로버츠가 일하는 구성(평북 구성)[6]에서였고, 다른 한 번은 의주에서였습니다. 의주에서는 한 작은 불신자들 마을에서 3일간 전도를 위한 예배를 인도하였는데, 그 결과 하나님의 은혜로 25명의 결신자를 얻었고 또한 그 때까지 안식일 준수와 교회 출석에 매우 미흡했던 몇 명의 약한 성도들에게 새로운 힘을 주었습니다. 지금은 30-40명의 작은 그룹으로 모여 예배를 드리며 성장하고 있으며 그룹을 이끄는 남성 성도의 헌신을 통해 이미 독자적인 교회 건물을 가지고 있습니다.

10월 말에는 선교회의 임명을 받아 저와 램프 그리고 철령의 헌트로 구성된 위원회가 만주로 떠나 왕청문에 있는 연례 성서 교실에 참석하였고, 거기서 스코틀랜드 장로교 선교사들과 함께 현재 한국인들이 이주하고 있는 그 만주 지역에서 함께 연합 지부를 만드는 것에 대한 가능성과 실현성을 의논하였습니다. 그리고 묵덴에서 스코틀랜드 및 아일랜드 장로교 선교회들의 실행위원회와 함께 의미 있는 회의를 가졌는데, 비록 확실하게 결정된 것은 없었지만 그들로부터 중국인들 중에

---

6) 龜城은 평북 중서부에 있는 군이다. 동쪽은 태천군, 서쪽은 의주군, 남쪽은 정주군, 선천군, 북쪽은 삭주군과 접하고 있으며 군청 소재지는 구성면 좌부동이다.

서 사역하는 분들과 한국인들 중에서 사역하는 분들 모두에게 만족스러운 장소를 찾을 수 있다면 그러한 연합 지부를 만들 의사가 있다는 언질을 받았습니다. 연합 지부가 만들어진다면 자연스럽게 연합 지부의 스코틀랜드 대표가 될 용정의 대표도 그 회의에 참석하였고, 그는 매우 친절하게 우리를 그 당시 그의 지부인 용정으로 안내했습니다. 묵덴의 동쪽에 있는 용정은 가장 가까운 기차역에서 55마일 떨어져 있으며 중국 수레를 타고 갔습니다. 그의 집에서 주일을 지낸 후 우리는 27마일 떨어진 왕청문으로 가서 성경 공부 주간에 모인 세 분의 한국인 목사들과 다수의 교회 임원들 및 성도들로부터 매우 진심어린 환영을 받았습니다. 우리가 그곳에 도착하기 전날 심한 눈 폭풍이 있어서 먼 거리에 있는 일부 성도들은 오지 못했으므로 우리가 예상했던 것보다 다소 작은 수인 200명이 참석하였습니다. 그러나 그 성경 공부는 매우 흥미로웠고 또한 우리는 그 곳에 관한 새롭고 유익한 정보를 많이 얻을 수 있었습니다. 무엇보다도 중요한 것은 그 때 한국 교회 임원들이 만주에 기독 학원을 설립하기 위해 분명한 행동을 취하였고 위원회를 만들어 그 지역 주민들을 권하여 필요한 재정을 확보하기로 한 것입니다.

집으로 돌아오고 나서 잠시 후 저는 묵덴에 있는 지역 교회에서의 수업을 위해 묵덴으로 다시 갔습니다. 그 곳은 복음 사역을 하기에 매우 어렵고 곤고한 상황이었습니다. 묵덴은 한국인들에게 있어 유통 중심지에 불과하였으므로 그 지역의 사역은 영구적인 교회 사역보다 선교 사역에 더 가깝습니다. 그럼에도 그 지역의 사역이 성장하여 최근에는 두 개의 새로운 중심지에 교회가 세워졌습니다.

12월과 1월에 저는 처음으로 남성 성경학교에서 가르치는 경험을 5주 동안 하였는데, 3학년 교실에서는 에베소서와 히브리서를 2학년 교실에서는 디모데전서와 시편을 가르쳤습니다. 약 70명의 학생이 있었는데 사역이 매우 흥미 있고 유익하였습니다. 그 후 소년학원에서 일주일에 20회 영어와 성경을 가르쳤습니다.

남성 지방교실(Provincial Class)에 참여하여 두 그룹의 교회 임원들에게 에베소서를 가르친 후 노회가 열렸고 노회 후에는 매큔(윤산온) 박사가 일본어를 공부하기 위해 6주 동안 선천을 떠났습니다. 그가 부재중이었던 6주 동안 학생 수 140명인 그 학원의 운영을 제가 맡게 되었습니다. 저는 매우 즐겁게 운영을 맡아 하였지만 그 교장이 돌아와 책무를 그에게 다시 넘겼을 때에 매우 기뻤습니다. 앞으로는 교육자들과 그들이 가진 여러 문제들을 더 깊은 공감을 가지고 이해할 수 있을 것입니다. 겨울에 있었던 그 노회 모임 후 저는 선천에 있는 5개의 작은 교회로 이루어진 한 작은 구역을 담당하게 되었습니다. 그 교회들은 대부분 도심에서 걸어서 갈 수 있는 거리에 있어서 주일이면 그들을 방문하여 필요한 사역을 도운 적이 많았습니다.

이번 봄 저는 다시 로버츠의 구성 구역을 방문하였습니다. 그는 신학교에서 가르치고 있었는데 그 지역 교회들은 더욱 부흥하는 상태였고 이번 봄에 그 신학교를 졸업한 이원익을 목사로 초빙하기를 원하고 있었습니다. 이에 2주 후 저는 그 구역에서 가장 큰 교회를 방문하여 그를 초빙하도록 주선했습니다. 그리고 이 구역을 처음 방문할 때에는 없었던 한 새로운 그룹을 방문했는데, 그 그룹은 만들어진 지 1년이 안 되었지만 이미 많은 비용을 들여 집을 사서 수리하고 도배하였고 현재 그 집에서 정기적으로 모임을 갖고 있습니다.

어쩔 수 없이 약 200명의 여성들 교실을 맡아 유익한 수업을 했던 여성 지방교실이 끝난 후 저는 평양에서 있었던 춘계 실행위원회 모임에 참석하여 만주 사역을 의논하였습니다. 위원회 위원들은 가능한 빠른 시일 내에 만주에서 사역을 시작하고 그곳에 정착하는 것이 중요하다고 느꼈고 이는 저의 생각과 같으므로 기뻤습니다. 다만 지부를 세울 장소로서 이전에 왕청문이 제안되었으나 몇 가지 이유로 하얼빈으로 바꾸는 것이 현명해 보였습니다. 하얼빈은 철로에 더 인접해 있고 그 주변 지역의 업무 및 사업 중심지입니다. 스코틀랜드 선교회는 이미 그곳으로 가겠다는 의지와 희망을 피력하였고 그곳이 자신들의 사역을 위한 전략적 중심지라고 느끼고 있었습니다. 그 도심으로부터 사방으로 뻗은 습한 계곡들은 한국인들이 벼농사를 하기에 매우 적합합니다. 이미 많은 수의 한국인 불신자들의 거주 중심지가 된 그 곳이 머지않아 강력한 복음의 중심지가 되고 그 영향이 그 지역 전체에 미치게 될 것으로 우리는 믿고 있습니다.

4월 30일 저는 평양의 홀드크로프트(Mr. Holdcroft, 허대전)와 함께 만주로 춘계 여행을 떠났습니다. 떠나기 얼마 전 휘트모어(Whittemore) 부부로부터 연락을 받았는데, 휴양원을 위해 요청 받은 250달러를 쾌히 제공하겠다는 것이었습니다. 이에 우리는 요양원을 매입할 희망을 갖고 떠났습니다. 우리는 묵덴(봉천)에서 며칠간 머물며 일부 스코틀랜드 선교사들을 방문하고 또한 우리 여권과 관련된 일을 하였습니다. 이어 수레를 타고 용정으로 가서 몇 일간 맥켄지(MacKenzie) 가족과 함께 지내며 장래 사역을 위한 계획에 대하여 이야기한 후 맥켄지와 함께 하얼빈으로 가서 이틀 동안 제안된 휴양원들을 돌아보며 하나를 매입하려고 애를 썼습니다. 그러나 지부 부지로서 매우 적당한 땅을 발견하고 한 남성에게 가격 등을 알아보도록 메시지를 남기기는 했지만 휴양원으로서 적당한 것은 찾을 수 없었습니다. 이에 다음 방문 기회에 더 나은 휴양원을 찾게 되기를 기대하며 떠나야 했습니다. 그곳을 떠나 왕청문으로 가서 1박을 하고 이어 남쪽으로 매우 황량한 지역을 지나 추루호(Chu-lu-ho 鄒魯湖)로 갔는데, 그곳에는 중국인 집들은 매우 적은 수만 있는 반면 한국인들은 상당히 많이 거주하고 있었고 대부분이 불신자들이었습니다. 추루호에서 주일을 보내었는데 30명 정도의 성도들이 모이는 그룹이 있었고 우리는 소책자를 나누어 주고 시간을 내어 집들을 방문하며 불신자들에게 복음을 전하였습니다. 그곳을 떠나서는 남쪽으로 20마일 떨어진 회인현(懷仁縣: 봉천奉天)으로 가서 리커가드(Mr. Lykkegaard)의 집에서 묵었습니다. 그는 혼자 거주하고 있었고 가장 가까운 이웃과도 70마일 떨어져 있었습니다. 그 후 30마일을 더 가서 혼강(琿江)에 접한 도시에 도착하였고, 거기서 보트를 타고 40마일을 내려가 압록강에 도착하였습니다. 이어 강을 건너간 후 조랑말을 타고 90마일을 가서 강계에 도착하여 며칠을 지내면서 그 한국인 목사와 만주 사역의 여건들에 관한 이야기를 나누었습니다. 그 후 보트로 4일을 내려가 안동에 도착하였고 거기서 기차를 타고 집으로 돌아왔습니다. 거의 한 달 만에 선천으로 돌아왔으며 이 기간 동안 중국 수레, 보트, 한국 조랑말을 타거나 걸어서 500마일을 여행하였습니다.

만주의 상황을 보면 하나님의 영광과 그의 교회의 확장을 위한 매우 큰 가능성을 갖고 있습니다. 선교회인 우리가 그곳에 들어가 그 넓게 열린 문을 유익하게 활용할 준비만 된다면 말입니다.

2. 만주 강계, 목단 지역에서 본격적인 선교를 시작함

소열도 선교사와 그의 가족은 만주 선교지 확립을 위해 본격적으로 강계로 이사를 한다. 가족들은 오토바이 사이드카를 타고, 소열도 선교사는 자전거로 강계를 향했다. 강계를 거점으로 소열도 선교사는 만주 지역에 강계노회를 조직하고, 교육 및 성서 보급 사업에 앞장선다. 이 일을 위해서 한국인 김익두, 길선주 목사가 함께 동역한 흔적도 보고서를 통해 전해진다. 당시 한국은 경제적으로 정치적으로 힘들었던 상황이었기 때문에 만주 지역으로 이주를 하는 한국인들이 매우 많았다. 개인적으로 소열도 선교사 가족은 그곳에서 엘리자베스라는 딸을 낳았고 소래 해변에서 여름휴가를 가졌다.

그리고 소열도는 만주, 목단에 집을 임대해 중국 땅에서의 새 삶을 시작했다. 그즈음 한국 뿐 아니라 만주지역 곳곳에서는 독립운동의 여파로 많은 한국인들이 무고하게 체포되는 일이 발생한다. 소열도 선교사는 한국인 목사들 뿐 아니라 일반인들이 억울한 일을 당할 때 중국 관리들을 백방으로 찾아 다녔다. 그러던 중 심장에 무리가 생기게 된다. 소열도 선교사는 당시 "질병으로 인해 어려움을 겪으며 좌절을 하기도 하였습니다. 또한 적절한 선교 지부 부지를 확보하는 데 있어서도 어려움이 있었으며, 또한 사역을 원만하게 전개하기 위해 필요한 재정에도 부족함이 있었습니다. 그러나 지금까지 우리를 인도하신 주께서 앞으로도 인도하실 것이며 또한 이제 시작되어 빠르게 성장하는 이 사역을 크게 축복하실 것임을 분명히 느낍니다." 라고 고백한다.

어쩌면 소열도 선교사는 한국의 정치적 혼란이 만주에도 영향을 끼치는 점을 미루어, 만주 지역 선교의 미래가 그다지 순탄하지는 않다는 것을 가늠하고 있었던 것 같다.

•1917-1918

작년에도 재작년 같이 '임시 역할'을 맡기도 했는데, 적어도 이를 통해 다양한 경험을 하고 많은 경치를 볼 기회는 있었습니다.

작년 6월 연례 모임 후 우리는 선천으로 돌아왔고 한 여름 가장 덥고 습한 때에 많은 가구와 집 물건들을 포장하여 강계로 보내느라 육적, 영적으로 모두 운동이 되었습니다. 8월에 저는 조랑말을 타고 4일 걸려 초산으로 가서 하계 강계 노회 모임에 참석하였습니다. 강계노회는 그 직전 해에 평북노회로부터 분리되어 나왔습니다. 날씨가 덥고 파리와 그 보다 더 나쁜 곤충들이 매우 많아 심하게 저를 공격해서 여행이 생각보다는 유쾌하지 않았습니다. 노회 중에도 덥고 끈적거리는 날씨였으나 서울에서 열리는 총회에 참석할 수 있도록 시간을 맞추기 위해 필요한 일들을 빠르게 처리했습니다. 이때 중국 산동(山東)에 있는 한국 선교사들의 사역과 관련하여 중요한 결정들이 내려졌습니다.

총회 후에 저는 3일 걸려 선천으로 돌아왔습니다. 그리고 우리 적은 식구는 평양으로 이사하였고 선교회의 결정대로 그곳에서 저는 한 달간 대학에서 가르쳤습니다. 이것은 모우리(Mr. Mowry)가 휴가 차 미국으로 돌아가고 라이너(Mr. Reiner)는 병이 들었기 때문에 생긴 어려움을 돕기 위함이었습니다.

10월 중순 우리는 강계로 갔는데 라이너 양(Miss Reiner)이 우리를 그녀의 새 집으로 데려갔습니다. 영변에 있는 감리교 선교회의 웨치스(Mr. Wachs)가 라이너 양과 솔토우와 그 아기를 흔쾌히 자신의 오토바이의 사이드카에 태워 가기로 하였으므로 즐거운 시간이 되었고, 이로 인해 불편할 수도 있는 한국 여관에서 일 주일간 묵지 않아도 되었습니다. 하루 조금 더 걸려 도착했기 때문입니다. 다만 저는 자전거를 타고 따라갔고 다리가 엔진이어서 높은 고개를 넘을 때에는 쉽지 않았습니다. 마지막 70마일 동안 저도 함께 오토바이를 탔는데, 그렇지 않았다면 이틀 걸려 간신히 도착하였을 것입니다.

또한 가을에 위원(渭原) 노회를 두루 다니면서 약 13개의 교회를 방문하고 3일간의 교실을 인도하였으며, 이어 쿡(Mr. Cook)과 함께 동계 만주 교실에 참석하였습니다. 이를 위해 쿡은 안동에서부터 왔습니다. 11월 중순에 만주로 떠났는데 집으로 돌아올 때까지 날씨가 매우 추웠습니다. 영하 42도까지 내려갔지만 그 여행은 좋았습니다. 가는 길에 우리는 여러 교회를 방문했고 삼원포 교실에서는 스코틀랜드 장로교 선교회의 웨드번(Mr. Wedderburn)을 만나 며칠간 함께 지내는 좋은 시간도 있었습니다. 삼원포 교실에는 남성 250명이 등록을 했고 출석률도 높았으며 끝날 때까지 관심도가 높았습니다. 돌아오는 길에 통화에서 매킨지를 만나 거기서 함께 주일을 보내었습니다. 우리는 연합 지부를 만들 수 있겠는지 의논했고 수중에 이미 가지고 있던 자금을 가지고 지부 부지를 확보할 수 있다면 당장 시작하기로 결정하였습니다. 자금은 1,500엔 정도로 만주 사역의 시급한 필요를 느낀 우리 선교회원들이 개인적으로 미리 지출했던 것입니다. 쿡은 매킨지와 함께 묵덴을 거쳐 돌아가는 길에 제안된 지부 부지를 들러 보았고 저는 바로 강계로 돌아왔습니다.

동계 강계 교실과 노회가 성탄절과 신년 기간에 있었습니다. 교실 참석률은 좋았으며 황해도의 김익두를 통해 모두 특별한 은혜를 받고 그 지역 교회도 많은 도움을 받았습니다.

곧 이어 노회가 있었는데 정해진 이틀 내에 필요한 일을 모두 마치기 위해 매우 빠르게 진행되었습니다. 만주 목사님들 중 두 분이 교회들로부터 초빙을 받았으나 북평양노회의 선교 위원회로부터 언질을 받기 전에는 수락하지 않기로 하였습니다. 노회를 마친 다음 날 저는 김익두와 함께 통하(通河)을 방문하기 위해 떠났습니다. 썰매를 타고 이틀을 갔는데 매우 추운 날씨였습니다. 참석률과 관심도는 매우 좋았고 모두 큰 축복을 받았습니다. 일이 있어서 들렀던 평양의 길 목사도 참석하여 많은 도움을 주었습니다.

2월 중순부터 4월 중순까지 저는 남성 성경학교와 여성성경학교에 참여하여 가르쳤는데, 전체적으로 특히 처음에 많은 노력이 필요했으며 남녀 참석자들은 관심을 갖는 듯이 보였고 대부분 좋은 결실이 있었습니다.

2월 15일 로스엔젤레스의 블랙스톤(Mr. Blacktsone)으로부터 새로운 만주 지부를 위해 6,000달러를 송금한다는 전보를 서울에서 받았습니다. 이 선물은 우리가 지부 부지를 매입하고 또 그 후 성경학교 또는 기숙사로 사용할 수 있는 임시 거처를 지을 수 있는 길을 재정적으로 열어 주었으며 우리는 하나님께서 친히 그러한 방향으로 인도하시는 것이라 느꼈습니다.

이번 봄 쿡은 저와 함께 만주를 방문하는 임무를 선교회로부터 받았었지만 안동에서의 일이 많아 갈 수가 없었습니다. 그렇지만 저는 매우 다행히도 영국 및 외국 성서협회 소속의 휴 밀러(Mr. Hugh Miller)와 동행할 수 있게 되었습니다. 그는 교회들의 상태와 그 성서협회 소속의 성서 보급소 두 곳의 사역이 어떠한지 매우 보고 싶어 하였습니다. 한편 우리는 그 몇 달 전에 한 젊은 한국인을 보내어 도서실을 열어 성서와 찬송가 수요를 많이 감당하도록 해 놓은 상태여서 그 한국인이 성서와 찬송가를 교회에 잘 보급하고 있는지 보고자 했습니다.

우리는 방문한 거의 모든 지역에서 매우 분명한 변화를 볼 수 있었습니다. 한국의 물가가 매우 높았기 때문에 작년에 만주 남서부로 이주한 한국인 수는 최고로 기록적이었습니다. 2년 전만 해도 한국인 가정수가 2-3가구에 불과했던 곳에 많은 한국인 정착민들이 생겨났고 이로 인해 적극적인 복음 사역 노력이 더 필요해 지게 되었습니다. 그들이 새로운 나라에서 외로움을 느끼는 시기에 복음을 접하면 복음이 주는 위로의 메시지에 더 쉽게 반응할 수 있기 때문입니다. 5년 정도 전에 이주한 한국인들은 지금 매우 안정된 상태이고 그들 중 많은 수가 빚을 다 갚고 약간의 저축도 하고 있습니다. 학교는 전체적으로 잘 되고 있으며 그들이 교육의 중요성을 실감하고 힘이 닫는 데로 비용을 지불할 수 있다면 교육 사역은 빠른 시간 내에 건전한 재정적 기반을 가질 수 있을 것입니다.

하얼빈 교구에서는 더 큰 기독교 중심지로 이사하는 사람들로 인해 몇 개의 작은 그룹들이 해체되었지만 한편 몇 개의 건실한 새로운 그룹들이 생겼고 이들을 지원하고 돕는 사람들도 곧 나타나게 될 것입니다. 지부 부지로서 이미 매입한 토지는 미래의 필요에 비해 현재로서는 부족하지만 매우 좋은 위치에 있으며 우리는 몇 달 후 더 많은 토지를 얻게 되기를 희망하고 있습니다. 성서와 찬송가가 부족했었으나 도서실이 수요를 채우기 시작했고 성서 보급소가 다시 사역을 시작하면 그렇게 부족한 상황은 앞으로 없을 것입니다.

최성두와 한경희는 교회들로부터 초빙을 받아 수락하였으므로 그들을 돕던 몇 구역들은 목회자가 없는 상태가 되었습니다. 따라서 다소 작은 이 그룹들의 책무는 자연스럽게 외국 선교사들이 담당하게 됩니다. 쿡은 이미 만주 사역을 위해 선교회의 임명을 받았습니다. 만주는 더 긴밀한 감독과 관심을 긴급하게 필요로 하고 있습니다. 우리가 만주에 들어가 지부를 여는 길이 빠르게 열리기를 그리고 이 새로운 땅에 선이 창궐할 수도 있고 악이 창궐할 수도 있는 갈림길에서 어린 교회가 견고하게 세움을 받게 되기를 간절히 소망하고 있습니다.

이 개인 보고서를 마무리하면서 전해야 할 소식이 있습니다. 3월 5일 메리 엘리자베스(Mary Elizabeth)가 태어나 푸른 월계수와 같이 자라고 있습니다. 소중한 어머니의 모습과 성품이 아기에게서도 빠르게 나타나고 있습니다.

• 1918-1919

작년에는 새롭고 때로는 힘든 경험들을 많이 하였습니다. 그러나 개인적인 관점에서는 실망스러운 일들이 있었지만 더 큰 관점에서 보면 감사할 것이 아주 많았습니다.

선교회는 작년 연례 모임에서 쿡 부부를 우리와 함께 만주 사역을 하도록 임명하였는데, 우리 입장에서는 매우 감사할 이유가 되었습니다. 그 몇 달 후 우리는 만주로 완전히 이사하게 되었고 그 때 우리는 모두 묵덴으로 가서 선교회의 대학위원회로부터 집을 하나 임대하여 겨울을 지내면서 중국 땅에서의 삶을 시작하였습니다.

지난여름 저는 소래 해변에서 몇 주간 있은 후 8월 1일에 자전거를 타고 강계로 떠났습니다. 강계에서는 작년 겨울에 우리가 사용했던 가재도구들을 짐 싸느라 일주일 동안 매우 바빴고 그 후 만주에서 처음 개최되는 노회에 참석하기 위해 호프만(Mr. Hoffman)과 함께 떠났습니다. 노회를 만주까지 가서 갖는 것은 다소 용기가 필요한 일이라고 느꼈지만 한국인들은 그렇게 하기를 원했습니다. 안타깝게도 저의 말이 다리를 절어 저는 마지막 50마일을 걸어야 했고 우기여서 때로 많은 비가 내려가는 길에 있던 다리들 중 열두 개가 유실되었으며 길은 진창이 되었습니다. 그러나 노회는 성공적이었고 우리는 기쁘게도 두 분을 새롭게 목사로 임명하였습니다. 그중 한 분은 만주에 있는 몇 교회들로부터 이미 초빙을 받은 상태였으며 우리는 네 번째 목사님이 완전히 원주민 교회의 지원을 받도록 주선하였습니다. 그 후 다섯 번째 목사님도 목록에 추가로 임명되었습니다. 저는 총회와 연합위원회 모임 후 묵덴으로 가서 집을 임대하였고 잠시 후 쿡 부부와 우리는 그 집으로 이사하였습니다.

11월 중순 경 쿡과 저는 우리 교회들과 교구들을 방문하기 위해 떠났습니다. 그러나 저는 3일 만에 감기가 걸렸고 이로 인해 작년에 많은 고생을 하였습니다, 한 선교사의 빈 집에서 10일간 심하게 앓다가 움직일 만하게 되었을 때 집으로 돌아왔습니다. 그러나 안타깝게도 저의 심장에 영향이 있었고 그 이후 저는 상당한 고통이 있어서 계획하고 희망했던 사역을 수행할 수 없었습니다.

2월에는 강계에서 있었던 동계 노회에 참석한 후 한국에서 독립운동이 일어나기 바로 전날 묵덴으로 돌아왔습니다. 강들의 얼음이 깨어져서 한국으로 갈 수 없었으므로 얼마 후 곧 저는 길림(吉林)으로 가서 상황을 조사하였고 그 지역에 한국들이 많이 거주하는 것으로 알려져 있는데 그들 중에서 사역을 시작할 만한 상황이 무르익었는지 알고자 했습니다. 그곳으로 지난 2년 동안 많은 이민자들이 들어 왔습니다. 그곳에 한 한국인 목사님을 몇 달간 보낸 적이 있는데, 우리는 이번 여름에 그 목사님의 지도하에 그곳에서 새로운 교회들이 조직되기를 바라고 있습니다.

4월에는 그 직전 6개월 동안 6명에서 10명으로 성장한 저의 교회 방문을 다시 시도했습니다. 저는 하얼빈에 착하여 일주일을 지내며 한국인들을 방문하여 도서실의 상황을 알아보고 또한 명백히 잘못된 혐의를 받아 억울하게 체포되어 있던 한 한국인 교회 지도자 문제로 중국인 관리를 방문하였습니다. 그러나 안타깝게도 일이 저의 심장에 너무 많은 부담을 주어 일주일간 휴식한 후 포기하고 집으로 돌아와야 했습니다.

연례 모임에 참석하기 직전, 쿡과 저는 감리교 선교사들인 하디 박사(Dr. Hardi) 및 무어 박사(Dr. Moore)와 함께 하얼빈과 지린으로 갔습니다. 그 지역을 다시 한 번 둘러보면서 만주의 이 지역에서 감리교회의 사역을 시작하기 위한 안목을 얻고자 했습니다. 그 지역은 지금은 한국인들이 소수 이지만 장차 많은 한국인들이 정착할 가능성이 커서 매우 인상적이었습니다.

만주 사역을 위해서는 중국어가 필수이므로 중국어를 배우려고 시도하였습니다. 만주에서는 중국어가 공용어이고 중국어를 모르면 그 나라를 여행하거나 중국 관리들과 만족스럽게 협상하는 것이 전혀 불가능합니다.

우리는 묵덴에 거주하는 스코틀랜드와 아일랜드와 덴마크 선교사들께 매우 감사하는데, 그들과의 교류를 통해 중국인들 속에서의 사역과 앞으로 겪게 될 이상한 문제들에 대하여 상당히 전반적으로 알게 되었습니다.

만주에서의 사역에 진전과 부흥이 있을 것임은 의심할 여지가 없으며, 많은 한국인 이민자들(금년 겨울 10만 명에 이름)과 끊임없이 변하는 정치적 상황이 이 지역을 선교 사역의 전략적 요지로 만들고 있습니다. 우리는 질병으로 인해 낙심할만한 어려움을 많이 겪었고 적절한 지부 부지를 확보하는 데 있어서도 어려움이 있었으며, 또한 사역을 원만하게 전개하기 위해 필요한 재정에도 부족함이 있었습니다. 그러나 지금까지 우리를 인도하신 주께서 앞으로도 인도하실 것이며 또한 이제 시작되어 빠르게 성장하는 이 사역을 크게 축복하실 것임을 분명히 느낍니다.

최근 한국의 정치적 혼란은 만주의 상황에도 영향을 주었습니다. 그러한 혼란이 금년 봄의 유례없이 많은 이민자 유입의 원인들 중 하나임은 의심할 여지가 없습니다. 또한 우리 교회들 중에 체포된 사람들과 안타까운 상황들이 생긴 원인입니다.

장차 상황이 어떻게 변할 지, 그리고 연례 모임에 참석하기 위해 묵덴을 떠날 때 일어난 일들이 큰 불안의 시작일지 아니면 단지 한국의 어려움의 여파에 불과할 지 현재로서는 전혀 알 수 없습니다.

이번 겨울을 어디에서 지내게 될지 현재로서는 알지 못하나 주께서 인도하시고 우리에게 길을 보여 주시기를 기다리고 있습니다. 우리가 만주에 있게 되건 다른 곳에 있게 되건 그 분이 우리를 축복하실 것을 확신합니다.

부산에 있는 부동산이 곧 매각될 가능성을 보면서 우리가 매우 희망하는 것이 있습니다. 그것은 이 새로운 사역을 시작하기 위해 마련된 자금의 적어도 일부를 우리가 사용할 수 있도록 위원회의 승인이 나서, 우리 사역의 기반이 건실해 지고 또한 긴급하게 필요한 지부를 열어 사역 준비를 잘 갖추는 것입니다.

3. 충청도 청주지부 시절의 교육 선교

결국 소열도 선교사는 만주 지역을 떠나 충청북도로 새롭게 부임하게 된다. 건강상의 이유 뿐 아니라 미국 북 장로교의 당시 한국 상황을 판단한 만주 지역 선교 정책 때문이었을 것이다. 그는 충청북도 청주 선교부 소속으로 1939년 한국을 떠날 때 까지 18년 동안 청주 지역에 머물면서 교육 선교, 문서 선교 등을 하게 된다.

소열도 선교사는 청주에서 처음으로 자신의 집을 갖으며 새로운 시작을 하게 되었다. 그의 거주지였던 집은 충청북도 유형문화재 133-1호로 청주 양관 1호가 되었다. 청주에서 소열도 선교사는 청주 남성 성경학교를 처음으로 시작하였으며, 충청 북부지역 교회 및 한국의 주변 지역의 교회를 지원하고, 또한 교회 이외의 정부조직이나 공립농업학교 등 다양한 지역사회와의 교류와 소통이 이루어져 선교의 폭을 확장시키는데 큰 기여를 하였다.

1924년에는 삭감되는 청주지역의 병원을 살리고자 미국 선교 본부에 의료사역의 중요성을 강조하는 간곡한 서신을 보내었지만 본부로부터 더 이상의 지원이 어려울 것 같은 부정적인 답변을 들었다.

소열도 선교사의 청주 사역 기간은 청주지역의 교회는 양적으로도 크게 부흥했을 뿐 아니라 세례자의 수도 크게 증가하였다.

• 1921-1922

이 보고서는 저의 삶에서 만난 새로운 시간에 관한 것입니다. 이 기간은 청주에서의 첫 해일 뿐 아니라 7년 반 전 한국에 온 이후 처음으로 우리 자신의 집을 갖게 된 해이기 때문입니다.

작년에 우리는 이 지역의 전도사들과 성서 보급자들을 위해 춘계 수련회를 주최한 후 곧 이어 연례 모임에 참석 하였고 그 후 청주로 돌아가 여름을 보내었습니다. 대부분의 시간을 홀로 지냈고 무더위가 매우 힘들었지만 우리 자신의 집을 갖게 된 기쁨이 보상이 되었습니다. 저는 할 수 있는 한 이 도시의 젊은이들이 복음에 관심을 갖도록 하려고 노력하였고 큰 성공은 아니지만 성가대를 만들었습니다. 성가대는 주일 아침 저의 성경 교실에 참석하는 청년들을 이해할 수 있는 좋은 기회가 되었습니다.

여름이 끝날 무렵 있었던 임원 교실에서 우리는 유대인 성도의 방문을 받아서 좋았습니다. 그는 하루에 세 번 말씀을 전하여 여러 모로 큰 은혜를 주었고 어려운 질문들을 답해 주었으며 메시아에 관한 영광스러운 예언들의 일부도 설명해 주었습니다. 그가 방문하는 동안 저는 그를 위해 통역을 해 보았습니다. 임원 교실에 이어 연합 위원회 정규 모임이 있었고 이 때 현재 진행 중인 구약 성서 개역에 관한 논의가 성서 위원회에서 있었습니다.

춘계 순회 설교는 평소와 같이 진행되었는데, 서울에서 있었던 대규모 주일학교 대회로 인해 중간에 중단되었습니다. 이 대회에는 한국의 모든 지역에서 온 대표들이 참가하였고 전국적으로 주일학교 사역에 큰 자극이 되었습니다. 저는 당시 있었던 실행위원회 회의로 인해 그 대회의 모임들 중 몇 개 모임에만 참석할 수 있었습니다. 그 모임들에서 이야기된 내용들 중 많은 부분은 우리 노회의 작은 교회들에서 시작된 주일학교들에 즉시 적용할 수 없는 것들이었지만 대회에 참석했던 우리 지역의 모든 대표들은 그러한 사역의 중요성과 가능성에 대한 새로운 개념을 가지고 돌아왔습니다. 그 결과 우리 교구에서 몇 개의 새로운 주일학교가 시작되었고 우리 지역교회의 주일학교가 완전히 재조직되었습니다.

11월에 우리는 청주 남성성경학교를 처음으로 시작하였습니다. 시작된 학급의 인원은 15명으로 적은 수였고 그들 중 대부분은 그러한 종류의 학교에 참석해 본 적이 전혀 없었습니다. 그러나 관심도는 높았고 오는 가을에는 훨씬 많은 등록자들이 있을 것으로 기대됩니다.

성탄절이 지나고 며칠 후 저는 선교회의 지시에 따라 재령에 있는 남성 성경학교에서 5주간 가르치기 위해 그곳으로 갔습니다. 187명이 등록하였고 첫 두 주를 즐거이 가르치다가 노회에 참석하기 위해 떠났습니다. 노회 참석차 서울로 갔을 때 저는 갑자기 일본으로 가서 그곳에 있는 우리 선교 지부들을 살펴보라는 임무를 받았습니다. 실행위원회로부터 클락 박사와 함께 가도록 임명을 받은 블레어(Dr. Blair 방위량) 박사가 예기치 않게 구금되었기 때문이었습니다. 그러므로 저는 재령에서의 수업을 중단하고 떠날 수밖에 없었습니다. 두 주 반의 여정으로 떠났는데 여정 중 저는 장래에 저에게 의심의 여지없이 도움이 될 것들을 많이 배웠으며 일본인들의 생활과 특징 그리고 일본인 교회에서의 사역 방법에 관한 새로운 통찰력을 얻게 되었습니다.

그 남성 교실이 끝난 후 저는 한국 교회 두 곳(원평〈청주〉과 청천〈괴산〉)에서 성경 교실을 인도할 수 있게 되었는데, 참석자들은 많은 감사를 보였고 그들의 삶 속에서 열매를 맺었습니다. 다만 불신자들 중에서 얻은 결과는 적었습니다. 이 지역의 성도들은 특히 격려와 상담을 기다리는 듯이 보였고 그들에게 성령의 불이 붙기만 한다면 장차 큰일을 기대할 수 있을 것입니다. 저는 그 두 곳의 교실을 마치고 돌아오면서 그러한 사역의 필요성을 어느 때보다도 더 크게 느꼈고 가능하다면 금년에 많은 시간을 내어 여러 교회에서 그러한 교실을 시행하기로 결정했습니다.

동계 노회에서는 6년간 청주 교회에서 목회한 김 목사가 사임하고 제가 그 역할을 담당하도록 결정되었습니다. 이로 인해 상당한 양의 일과 책임을 추가로 담당하게 되었지만, 목회사역과 상담을 위해 기울인 힘과 노력 이상의 감사를 교회 성도들로부터 받았습니다. 최 목사가 사임하고 나서 몇 달 후 우리는 매우 감사하게도 새 사람을 확보할 수 있었습니다. 그는 이미 그 교회에서 사역을 시작했고 사람들의 존경을 받고 있어서 우리는 그 교회의 미래에 대하여 낙관적인 느낌을 갖고 있습니다.

겨울에 있었던 일들 중 특별한 일은 김익두 목사가 개최한 전도 집회이었습니다. 거기서 저는 그를 도와 보려는 마음으로 대부분의 예배를 관리하는 일을 했습니다. 다만 안타깝게도 마음은 원이나 육신이 약하여 그가 떠난 후 저는 바로 침대에 며칠간 누워서 쉬며 회복해야 했습니다. 그 모임의 결과는 예상했던 것보다 커서 많은 사람들이 결신했을 뿐 아니라 더욱 고무적인 것은 참석한 성도들의 영과 마음도 감동을 입었고 지금은 매 주일마다 새로운 결신자들이 생겨 그들을 수용하기에 교회가 비좁아지고 있으며 새로운 영적 각성이 간절함과 예배를 통해 나타나고 있습니다.

작년에 저는 지역에서의 일상적인 사역을 하는 한편 선교실행위원회, 성서위원회, 그리고 평양신학교 이사회의 임원으로 있었습니다. 이 위원회들과 관련된 일로 저는 서울과 평양에 수차례 갔었고 상당한 시간이 소요되었지만 흥미 있었을 뿐 아니라 유익했다고 믿습니다. 또한 저는 교회 신문에 교회 뉴스를 매 주 하나씩 번역하고 '계간신학평론'[7]의 기사 여러 편을 번역하는 책임을 맡았습니다.

이 보고서를 마무리하면서 저는 이 도시와 교구를 위한 우리의 기도에 응답하신 하나님께 감사드립니다. 복음을 알고자 하는 새로운 분위기가 금년 봄 사방에서 나타났는데, 한국의 일부 교회들은 지난 6개월 동안 출석 성도 수가 거의 두 배로 늘었고 저의 영역에서도 3개의 새로운 그룹이 시작되었습니다. 작년 봄과 가을에는 제가 새 신자들 중 세

7) 『신학지남』을 말하는 듯함

례 지원자로서 등록한 인원수가 16명뿐이었지만, 금년 봄에는 같은 지역에서 이미 60명 이상을 등록하고 있으며 다음 가을까지 그 숫자만큼 더 등록할 가능성이 보입니다. 지난겨울 노회가 저의 관할 지역의 교회들은 잘 되어가고 있으며 선교사들을 보내달라는 요청들을 아직 성도가 없는 몇 지역들로부터 받고 있다는 보고를 그 교회들이 저에게 하고 있습니다. 우리 영역 전체에서 수년간 가장 반응이 없고 어려웠던 옥천도 최근에 보낸 대표의 사역을 통해 갑자기 새로운 생명의 활기를 띠고 있습니다. 그 대표는 기존 교회들을 각성시키는 한편 그 밭에서 새로운 그룹들이 시작되도록 하나님께 쓰임을 받고 있습니다.

성령께서 과거에 한국의 여러 지역을 깨우셨듯이 이 고루한 지방을 깨우기 위해 준비하고 계시는 것 같습니다. 그러므로 현재의 상황은 우리의 믿음과 헌신에 엄청난 도전이 되고 있습니다. 하나님께서 무엇을 보내시더라도 감당할 준비가 되어 있어야 할 것입니다. 그리고 그 이름의 영광을 나타내는 강하고 살아있는 교회가 이곳에 세워지기 위해 그의 인도하심에 절대적으로 순종하여야 할 것입니다.

• 1922-1923

개인 보고서를 쓰려고 지난해의 사역을 돌아보니 어디에서 시작하여 어떻게 써 갈지 알기 어렵습니다. 일상적인 일들에 많은 시간이 사용되었는데, 그 일들이 필요한 일들이고 많은 인내와 힘을 요하는 일들이었지만 큰 결과나 흥미를 주지는 않은 일들입니다. 즉 성서 보급원들[8], 조력자들, 전도사들 및 전도 부인들에게 비용을 지불하는 일, 그들과 사역 날짜 및 장소를 의논하여 결정하는 일, 임대료를 받고 세금을 납부

8) 권서(勸書)를 말하는 듯함

하는 일, 그리고 마지막으로 그러나 결코 작은 일이 아닌 선교회 모임과 노회를 위한 보고서 작성 등이 모두 그러한 일들에 속합니다.

밀러(Mr. Miller)와 딘 양(Miss Dean)이 휴가로 지난 해 후반 동안 부재 중이었고, 존슨 양(Miss Johnson)은 금년 봄 2개월 동안 언어 학교에 다녔습니다. 그러므로 이 보고서는 사실상 이 지역의 복음 사역에 관한 내용입니다.

지난해는 괄목할 만한 진전이 있었던 해들 중 하나로서 충청 북부지역교회가 예수 그리스도의 복음을 선포하고 확장하는 사역에 있어서 자신의 책임과 가능성을 인식하며 깨어나고 있다고 저는 믿습니다. 한 목사와 그의 능동적이고 헌신된 아내의 지도하에 이 지역 교회는 커다란 발걸음 하나를 내디뎠습니다. 지난해에 70명 이상의 새 신자가 세례 지원자로 등록하였고 30명 정도가 세례를 받았습니다. 목사 월급뿐 아니라 지역 전도사 한 분도 지원하기로 약속하였고 이에 우리가 가장 신뢰하는 장로가 전도사로서 사역을 시작했습니다. 성도 수가 매우 빠르게 증가하여 교회 건물을 확장해야 합니다. 그렇지 않으면 여름에는 정규 주일 예배를 남성과 여성을 나누어 각각 드릴 수밖에 없을 것입니다.

이 지역 교회의 초등학교들이 연합되어 각 반이 자신의 전임 교사를 가질 수 있게 되었고, 학생 수는 150명으로 늘었습니다. 더 많은 인원을 수용할 수 있는 건물을 가질 수만 있다면 학생 수는 더 늘 것입니다. 한편 지금까지 교회 건물을 하급반들을 위한 임시 빌딩으로 사용할 수밖에 없었는데, 겨울이 오기 전에 아무런 조치가 없다면 난방비 문제로 매우 어려운 상황이 생길 것입니다.

이 나라 다른 지역에서도 고무적인 일들이 많이 있었습니다. 최근 2년 기간에 시작된 새 그룹들이 모두 빠르고 유망하게 성장하고 있습니다. 특별한 전도 노력을 한 후 곧 큰 결과들을 보고한 지역들이 있었는데, 이 교구에서는 그렇게 빠른 결과를 기대할 수 없다는 느낌을 우리는 한동안 가졌었습니다. 그러나 지난 가을 우리는 대구 복음운동에서 잘 쓰임 받은 한 남성을 이 지역 출신의 다른 두 사람과 함께 특별한 필요가 있는 곳들로 보내 보았습니다. 이를 위한 경비는 스튜어트 복음재단으로부터 제공받았습니다. 충청도 사람들이 덜 활동적인 점을 감안하여 우리는 그 전도사가 한 마을에서 교회를 시작하는데 필요한 시간을 한 달이 아닌 두 달로 늘일 것을 제안하였습니다. 지금까지 그는 매우 성공적이었습니다. 그는 가장 어둡고 덜 복음화 된 지역들 중 한 곳에서 사역하고 있음에도, 약 20명이었던 한 약한 작은 그룹을 불과 6개월이 약간 넘는 기간에 100명 이상으로 성장시켰습니다. 그곳에서 불과 3마일 정도 떨어져 있고 복음 사역이 시도된 적이 없는 한 다른 마을에서는 현재 90명 정도의 성도들이 정규적으로 매 주일 모이고 있습니다. 또 다른 한 마을에서는 한 달 동안의 완고한 반대와 핍박 끝에 90명 정도가 자신의 이름을 믿고 안식일을 지키기 원하는 사람들 명단에 올렸습니다. 특히 이 마을의 경우 그 전도사는 첫 한 달간의 사역을 마무리 하면서 등록한 결신자가 전혀 없자 매우 실망했습니다. 이에 그는 어느 토요일에 그들을 방문 하였습니다. 그리고 그들이 하나님과 그 분의 구원을 대적하기로 결심한 것으로 보이므로 그에 합당한 대로 그들에게 작별 인사를 하고 떠나겠다고 하였습니다. 그러자 그들은 한 주 더 그들과 함께 있어달라고 청하였습니다. 그러나 그는 "아닙니다. 저는 주일인 내일까지만 이곳에 있을 것이고 그 때까지 아무런 결과도 없다면 그 다음 날 떠날 것입니다. 그리고 이 곳 사람들은 용서받지 못한 채 소망 없이 무덤으로 내려갈 것입니다."라고 대답하였습니다. 다음 날 저녁 예배에 많은 사람들이 참석했고 13명의 남성이 결신자로 등록하였으며 그 후 그 사역은 성장하고 있습니다. 물론 이러한 마을들에서 끝까지 성공하려면 그러한 시작을 한 후의 지속적인 '후속 사역'이 전적으로 필요합니다. 그러므로 결신한 사람들을 훈련하고 고무하며 다른 결신자들도 얻기 위해 우리는 한 청년으로 하여금 이 세 마을들을 담당하도록 하였습니다.

금년 봄과 여름에 여덟 개의 그룹들이 새로운 교회 건물을 사거나 건축하거나 또는 기존 건물을 확장하고 있습니다. 또한 최근 6개월 동안 이 지방의 여러 곳에서 네 개의 새로운 그룹들이 시작되었습니다.

새로운 그룹들의 성장만큼이나 매우 고무적인 것은, 수년간 교회가 사실상 죽어 있었고 모든 면에서 희망이 없어 보였던 여러 곳들에서 새 생명이 시작된 것입니다. 한 교회는 자신을 돕는 조력자를 전적으로 재정 지원하기로 하였고 다른 여러 곳에서는 조력자 월급이 상당히 증가되었습니다. 한 가지 흥미 있는 특징은 상당수의 젊은 공무원들(시장 관할 지역들 또는 지방 관청들에 소속된 비서들)이 현재 교회에 출석하고 있다는 점입니다. 이는 특별히 주목할 만한 것인데, 통상 그러한 지역들에는 기독교와 성도들에 대해 절대로 공감하지 않으려는 분위기가 있기 때문입니다. 저는 이 젊은이들 중 일부가 장래에 이 지역 교회의 값진 지도자들과 조력자들이 될 것이라는 기대를 갖고 있습니다.

이제 몇 가지 새로운 기회들이 열리고 있습니다. 공립농업학교의 새로운 교장이 기독교인이며 여러 지방에서 온 학생들 일부는 이미 정규적으로 교회에서 예배를 드리고 있습니다. 새로운 관료들도 비우호적이지 않으므로 우리가 요청한다면 교도소에 들어가 예배 시간을 갖도록 허락될 수 있을 것이라고 믿어집니다. 인근에서 새로운 그룹들이 시작되었다는 소식을 들은 몇 마을들은 그들에게도 전도사들을 보내달라는 요청을 하였습니다. 또한 최근 금주, 금연 협회들이 생긴 다른 곳들에서는 이들 협회 회원들이 "이제 우리가 해야 할 일은 예수 그리스도를 믿는 일뿐이다"라는 말을 합니다. 청주로 들어가는 새로운 철도도 이미 건설되었고 기차는 우리를 지나 북쪽으로 15마일까지 올라갑니다. 새로운 도심들과 마을들이 그 철로를 따라 생기고 있으며 이들은 모두 복음 전파의 새로운 기회들을 주고 있습니다.

이 모든 사실들 볼 때 우리의 지도자이며 선장이신 하나님의 역사가 없이는 우리가 무능하고 무력하다는 것을 다시 한 번 생각하게 됩니다. 가까운 장래에 주께서 큰 수확을 주실 것이라는 확신이 있습니다. 내년에 다섯 명의 특별 전도사들을 보내기 위한 자금을 이미 받았고 복음의 메시지를 듣고자 하는 관심과 준비가 사방에서 고무적으로 보입니다. 이 특별한 기회의 시기에 우리는 또 다른 전도사가 긴급하게 필요하다는 것을 다시 한 번 강조합니다. 가장 뒤떨어져 있었던 이 지역이 이제 깨어나고 있으며 씨를 뿌리고 기다렸던 오랜 세월이 이제 풍성한 수확으로 보상받으려 하고 있습니다.

• 1923-1924

지난 한 해 동안의 기록과 사역을 돌아보니 근심과 실망을 주는 일들도 있었지만 하나님께 찬양드리고 미래에 대한 용기를 가지게 할 일들이 더 많았습니다.

청주의 지역 교회는 한 목사의 지도하에 분명한 성장을 보였고, 지난 여름에는 우리가 소래 해변에 가 있는 동안 그 동안 성도 수에 비해 너무 작아졌던 교회 건물이 증축되었습니다. 증축으로 좌석이 거의 300석 늘어났고 건물 외관도 많이 좋아졌습니다. 성도들이 통상 수준으로 모일 경우 비교적 적은 여유 공간이 있습니다.

9월 초에 있었던 임원교실에서 퍼디(Purdy) 부부를 우리 청주지부의 새로운 일원으로 맞이하게 되어 우리는 모두 기뻤습니다. 그들은 이미 한국인들과 외국인들 모두에게 사랑을 받고 있었고 우리 공동체의 생활에 큰 보탬이 됩니다. 교실이 진행되는 중에 그들이 왔기 때문에 전 지역에서 온 리더들이 그들을 만날 기회가 있었고 새로운 선교사가 이 교회와 지역에 왔다는 기쁜 소식을 자신들의 지역 교회에 가서 전하였습니다. 그 교실이 끝난 후 저는 평양에서 3일을 지내면서 영적 생활에 깊이를 더하기 위해 마련된 특별 집회에 모여 있던 그 도시 교회들의 목사님들과 장로님들에게 말씀을 전하였습니다.

지난해에는 기도와 개인적인 책무에 특별한 중점을 두고자 최대한 노력하였고 그 결과 성도들의 삶에 많은 열매가 있었다고 확신합니다. 임원 교실의 마지막 날과 140명이 참석한 성인 남성 교실의 마지막 이틀은 기도와 금식으로 보내었습니다. 많은 사람들이 그 시간에 주 앞에서 고백하고 친교하면서 받은 축복을 이야기 하였습니다.

밀러 부부가 휴가에서 돌아온 1월 말까지 저는 지부의 복음 사역을 전적으로 책임지고 있었고 이로 인해 가을에 남성 성경학교가 열린 11월 중순까지 시골 그룹들을 방문할 수 없었습니다. 남성 성경학교에는 많은 사람들이 참석하였고 그들의 학습에 대한 관심과 열심은 매우 고무적이었습니다. 그들 대부분은 이번 가을에 돌아갈 계획을 갖고 있지만 봄에도 한 달간의 성경공부 코스를 더 들을 수 있는 기회를 마련해 달라고 우리에게 요청하였습니다. 지난 2년간의 사역에서 가장 큰 특징들 중 하나는 새 신자들 중에 유망한 청년들이 많다는 것입니다. 교육받고 자신의 마을에서 영향력이 있어서 장차 자연스럽게 그들이 속한 공동체와 교회에서 리더가 될 소지가 있는 사람들입니다. 그들 중 한 사람은 공립학교의 교사인데, 믿음을 갖고 나서 6개월 후 자신의 고향에 자비로 교회 건물을 하나 세우겠다는 결정을 하였습니다. 만들어진 지 1년 밖에 안 된 한 새로운 그룹에 속한 어떤 두 사람은 교회 건물에서 소녀학교를 시작하였고 월급을 받지 않으면서 30명 이상의 소녀들을 가르치고 있습니다. 또 다른 마을에서는 한 부유한 젊은 사람이 말씀을 전할 전도사를 보내달라고 요청하면서 성도 수가 늘어 교회 건물이 필요해지면 즉시 교회로 사용할 건물을 헌납하겠다는 약속을 하였습니다. 그 이후 그와 비슷한 제안 하나를 다른 곳으로부터도 받았습니다. 인접한 지역의 군에서는 그 군청의 젊은 비서가 최근 개종을 고백하였고 그 후 그의 친척들의 많은 반대에도 불구하고 그 마을의 작은 그룹이 교회를 위한 사무용 건물을 매입할 수 있도록 준비하고 있습니다. 그 군청이 현재 건축 중인 새 건물로 이사하면 빈 군청 건물을 매우 낮은 가격에 매입하려 하고 있습니다. 이 모든 것들은 이 지역 전체에 걸친 주민들의 복음에 대한 새로운 차원의 관심과 태도변화로 인해 나타나는 증상들이며 그 결과 지난해에 여덟 개의 새 그룹이 만들어졌습니다.

성탄절과 연말연시가 지난 후 저는 재령의 남성 성경 학교에서 두 주간, 그리고 선천의 남성 교실에서 한 주간 가르친 후 집으로 돌아와 남성 교실을 도왔습니다. 금년에는 140명이 출석하였는데 이는 이 지역 교회가 생긴 이래 가장 많은 수입니다. 거의 모든 그룹의 대표들이 참석하였고 참석한 사람들 대부분이 제물포에서 오신 신 목사의 사역을 통해 특별한 은혜를 받았습니다. 죄와 자백과 회개에 대한 신 목사의 말씀이 모든 사람들의 심령 속에 깊이 파고 들었습니다.

우리는 휴가에서 돌아온 딘 양과 밀러 부부를 맞이하여 기뻤습니다. 밀러는 이 시골 그룹들 중 일부와 권서들과 회계 업무 중 일부를 떠맡아 그 만큼 저의 책무를 가볍게 해 주고 저를 많이 풀어주었습니다. 이제 저는 퍼디에게 상당한 양의 책무와 일을 내년에 넘겨주려 하고 있는데, 이는 그가 내년에 언어 공부를 시작하기 때문입니다. 그렇게 되면 저 개인에게도 큰 유익이 되지만 시골 교회들에게는 더욱 큰 유익이 될 것입니다. 그 교회들은 많은 도움을 필요로 하고 있지만 지금까지 저는 적절한 관심을 기울일 수 없었습니다.

블랙스톤(Blackstone)기금의 지원을 받으며 복음화 되지 않은 곳들과 약한 그룹들 중에서 사역 중인 특별 전도사들은 기독교에 대한 편견과 반대를 깨뜨리는 사역과 오래 근무한 공무원에 대한 사역에서 많은 성취를 이루었습니다. 새로운 그룹들이 시작되었고 먼저 생겼지만 약한 그룹들이 새로운 출발을 했습니다.

동계 노회에서 우리 교구의 두 번째 목사가 목사 안수를 받았고 그 목사는 자신의 교회에서 훌륭한 사역하고 있습니다. 우리가 노회에 청원하는 것이 있는데, 그것은 우리를 가을에 새로운 노회로 분리시켜 달라고 춘계 총회에서 요청해 달라는 것입니다. 분리되면 우리의 사역이 많이 단순해지고 이 지역 그룹들의 장로들이 교회 사역에 실질적으로 참여할 수 있게 될 것입니다.

이 지역 교회의 초급 학교를 위한 건물이 현재 건축 중이라는 소식을 빠뜨릴 수 없습니다. 청주 청년클럽이 물자를 헌납했고 선교회는 우리에게 5,000엔을 모금해 보도록 허락하였으며 한편 한국인들이 그 건물을 위해 3,000엔을 모금하였습니다. 건축을 시작할 수 있는 자금을 받았고 한국인 형제들은 완공에 필요한 자금이 확보되지는 못했지만 시작하자고 했습니다. 우리는 채무 없이 그 건물을 완공할 수 있도록 부족한 자금이 확보되기를 간절히 바라고 있습니다. 그 건물은 학교에 큰 유익을 줄 것이며 그 건물로 인해 그 학교가 곧 외부 지원 없이 운영될 수 있게 되리라고 우리는 믿습니다.

지난해에 대한 통계는 아직 완성되지 않았지만 이 지부가 생긴 이래 여러 면에서 가장 고무적인 한 해였음이 드러날 것이라는 확실한 느낌이 있습니다. 등록된 새 신자 수는 약 300명으로 그 전해에 비해 크게 많지는 않습니다. 그러나 세례 받은 성도 수는 상당히 많은 것으로 생각되며 또한 아직 시험을 치르지 않은 새로운 그룹들이 몇 개 있고 새로운 일꾼들도 이 지부를 돕고 있습니다. 그러므로 새해에는 추수하시는 하나님께서 이 뒤쳐지고 고루한 지역에서 그 어느 때보다도 풍성한 수확을 거두는 기쁨을 우리에게 주실 것을 확신을 갖고 기대할 수 있습니다.

이 지부와 지역 교회의 정규적이고 일상적인 일들을 돌보는 외에 실행위원회, 성서위원회 및 신학교 이사회에 참석하였습니다. 이를 통해 다른 지부들의 선교 사역과 생활에 계속 접할 수 있었고 이로 인해 저는 "일인 지부"의 좁은 시야에서 벗어날 수 있었습니다.

• 청주, 1924년 6월 8일

수신: Dr. A. J. Brown, 107 5th Ave.
뉴욕 시, 미국

Dr. Brown 귀하,

줄어든 예산으로 장차 우리 선교회 사역을 어떻게 수행해 나갈 것인지에 대한 여러 가지 제안을 요약한 위원회 서신 641호를 저희는 최근 받았고 관심을 갖고 읽었습니다.

편지 속의 여러 제안들 중 평양, 서울 및 대구에 있는 병원들을 제외한 모든 병원들을 닫고 의료 사역은 이 세 지역에 집중하기로 우리가 동의하여야 한다는 제안이 있었습니다. 그리고 그러한 조치를 취하는 이유는 "현재 병원 건물들이 의료 사역을 만족스럽게 하기에 매우 부족하고 정부의 병원 허가 기준에 미달합니다. 우리가 그 지부들을 모두 유지하려면 새로운 설비들을 위해 많은 비용을 지출해야 합니다."라는 것이었습니다. 그러한 이유를 쓰신 분은 쓰시기 전에 한국에 거주하면서 상황을 보실 기회가 없었을 것이기에 안타까울 뿐입니다. 언급된 병원들 중 하나인 청주에 있는 우리 병원의 경우 다시 문을 연 후 1년 반 동안 많은 고급 및 하급 공무원들로부터 검사를 받았지만 한 마디의 비판도 없었습니다. 서울에서 온 정부의 의료검사관장은 몇 달

전 우리에게 말하기를 그 병원이 그 때까지 자신이 보아 온 병원들 중 가장 시설이 좋은 병원이라고 하였습니다. 또한 청주의 지방정부병원의 원장은 장비나 의약품 모두 자신들이 가진 것들에 비해 훨씬 낫다고 솔직하게 이야기 하였습니다. 우리의 4급 서비스가 정부 병원의 1급 서비스보다 낫다는 것은 매우 공공연한 이야기 입니다. 정부 병원에 여러 명의 의사들이 있음에도 지난 한 해 동안 정부병원에서 우리 병원으로 치료를 위해 보낸 환자들이 상당 수 있습니다. 또한 우리가 판단하기로는 우리 병원이 정부 병원보다 더 많은 환자를 치료하였습니다.

중학교가 없는 더 작은 지역들은 사람들과 접촉할 수 있는 병원이 절실히 필요합니다. 최근 방송에서 대구와 강계 모두 그러한 의료 사역이 가치 있다는 이야기를 합니다. 특히 이 곳 청주에서는 '양반' 즉 공무원들과 접촉하기 위해 의료 사역이 필요합니다. 그들은 전혀 복음을 접한 적이 없고 이로 인해 이곳의 교회 성장이 매우 느립니다. 인구 10만 명의 지역에 우리 병원 외에 한 개의 작은 병원이 있을 뿐이고 한국인들은 그들의 지배자들(일본)에 대한 반감을 아직 극복하지 못하였습니다. 때문에 우리 병원을 다시 개원하기 전에 여러 번 그들에게 정부 병원에 가시라고 권면하였지만 그들은 "거기 가느니 차리리 죽겠다"고 대답하곤 했습니다.

우리 지역에서 가장 눈에 띄는 성도는 우리 병원의 첫 입원 환자인데 모르핀 중독으로 인해 2년 전쯤(병원이 다시 열린 후에) 입원하였습니다. 지난 가을에 저는 그와 그의 가족들에게 세례를 주었고 그를 통해서 그의 마을에 교회가 건축되었으며 그의 전도를 통해 한 젊은 공립학교 교사가 믿음을 갖게 되었습니다. 그는 자비로 자신의 마을에 교회를 건축하였으며 그 결과 저는 금년 봄에 16명의 세례 지원자를 받았습니다. 지난주에는 딘 양이 그곳에서 가르쳤고 30명 이상이 결신하였습니다.

우리 병원은 이미 잘 사용되어 왔던 병원이고 수년간 폐쇄되었다가 다시 문을 열었지만 위원회는 운영비용으로 1년에 500엔만 지출하면 되는 상황입니다. 또한 우리 병원은 이 지방 전체에서 의료 사역의 표준이 되고 있습니다.

저는 평양과 대구의 병원은 유지하고 더 작은 지부들의 병원들은 닫아야 한다는 제안에 놀랐습니다. 그렇게 된다면 그 두 도시 병원들 각각의 설비와 장비를 위해 큰 지출이 필요할 것입니다. 대구의 설비는 전적으로 부적절하고 평양에서는 감리교 선교회와 연합하여 사역하고 있으므로 우리 몫을 담당하기 위해 많은 자금을 투입할 의무가 있습니다. 그 두 지부에서는 이미 큰 소년학원과 소녀학원이 있어서 그 지역 사람들과의 접촉 장소로서 역할을 잘 하고 있습니다. 대구에는 큰 정부 병원 하나와 의대가 있고 평양에도 큰 정부 병원들과 훌륭한 감리교 선교회 병원이 있습니다. 그 두 지역에서는 선교사 가족들이 선교회 병원이 없어도 의학적 치료를 받을 수 있는 기회가 더 작은 지부들에 비해 훨씬 많습니다. 한국선교회 소속으로서 최근에 세상을 떠난 세 사람, 안동의 로저 윈(Mr. Rodger Winn), 재령의 로이드 헌트(Lloyd Hunt), 그리고 이곳 청주의 저의 어린 딸이 모두 외국인 의사가 없는 지부들에 있었다는 점은 의미가 있습니다. 인간적인 말이기는 하지만 당시 외국인 의사가 있었다면 그들이 생명을 건질 수도 있었을 것입니다.

사역을 수행하기 위해 필요한 자금을 만드는 문제가 매우 긴급하고 귀하와 위원회 위원들 모두에게 큰 짐이라는 것을 잘 알고 있습니다. 그러나 청주에서는 세례를 받은 성도 수가 5년 만에 100명 증가하였고 그 병원이 나이 든 고루한 공무원들과 만날 수 있는 기회를 제공할 수 있는 매우 드문 장소들 중 하나입니다. 그러므로 우리의 의료 사역을 중단하는 것보다 어떤 다른 방법을 통해 필요한 경비를 확보하였으면 하는 것이 저의 희망입니다.

• 1924년 7월 3일

수신: T. Stanley Soltau 목사,
청주, 한국

Mr. Soltau 귀하:

6월 8일에 보내신 서신을 어제 받아서 깊은 관심을 갖고 읽었습니다. 위원회 서신 641호에 있는 청주에 관한 내용을 우리가 의도했던 의미 외에 더 많은 의미를 가진 것으로 받아들이신 것 같이 저에게는 보여 집니다. 인용한 부분은 한국에 있는 선교회 병원들에 관하여 제가 반복해서 들었던 이야기를 기초로 한 것입니다. 청주에 있는 병원이 일본 관리들에게 좋게 받아들여지고 있다는 소식에 저는 매우 기쁩니다. 그러나 "우리가 그 지부들을 모두 유지하려면 새로운 설비들을 위해 많은 비용을 지출해야 합니다."라는 입장에는 변함이 없으며 그 이유는 연례회의 회의록 75쪽에 있는 선교회의 의료위원회 보고에서 청주 병원을 위해 노인요양시설에 필요한 3,000엔, 전등 설치에 필요한 70,000엔, 격리실에 필요한 5,000엔, 총 78,000엔을 요청하였기 때문입니다. 이는 분명히 '많은 비용' 입니다. 전등 설치비용은 다소 놀라울 정도인데, 72쪽 5항(section)에는 그 비용이 700엔으로 되어있는 것을 보았습니다. 둘 중 하나가 오타임이 분명합니다. 700엔이 옳다면 총 비용은 8,700엔이 될 것입니다. 이것은 매우 큰 차이입니다. 그러나 그렇다 해도 의료위원회는 선교회의 모든 병원들을 위해 819,200엔을 요청하고 있고 선교회는 '명세서'와 '현재 긴급한 필요' 등의 서류에서 719,856엔을 요청하고 있습니다. 유지하여야 할 시설들 중 일부는 '전적으로 부적절' 하다는 귀하의 지적에 저는 전적으로 동의합니다. 그러나 그것이 바로 현재 있는 모든 병원들이 유지될 수 있겠는가 하는 의문을 더욱 고려해 보아야 할 이유가 되지 않겠습니까?

소천하신 안동의 로저 윈(Rodger Winn), 재령의 로이드 헌트(Lloyd Hunt), 그리고 귀하의 어린 딸이 지부들에 외국인 의사가 있었더라면 그들의 생명을 구할 수도 있었을 것이라는 귀하의 느낌이 저는 안타깝습니다. 참으로 그들의 생명을 구할 수 있었을 것 이라고 분명히 느끼십니까? 하나님의 섭리 속에서 사건들이 그러한 방식으로 일어납니까? 마르다가 그리스도께 "주께서 여기 계셨더라면 내 오라버니가 죽지 아니하였겠나이다"라고 했을 때 주께서 마르다에게 옳다고 하셨습니까? 나사로가 그렇게 죽었어야 하는 것이 하나님의 섭리의 일부가 아니었습니까? 인간적인 수단을 들자면 그곳에 일본인 의사들이 있지 않았습니까? 그들에게 부족한 점들이 있다 하더라도 아마 남아메리카에 있는 대부분의 선교사들이 찾아가는 의사들 수준은 될 것입니다. 그리고 진료를 요청하면 실제로 올 수 있는 거리에 있는 외국인 의사들이 있는데, 그들에게 요청하면 많이 지체하지 않고 오지 않습니까? 우리가 들어 알기로는 한국을 방문 중이던 훌륭한 외국인 간호사가 윈을 돕기 위해 안동으로 보냄을 받아 의사가 할 수 있는 모든 일을 하였고 대구의 플레넷 박사(Dr. Fletch)도 도우러 가서 윈이 호전되었으나 그의 죽음은 세상의 어느 의사도 막을 수 없었을 심장마비로 인한 것이었습니다. 뉴욕에서는 최고의 진료 및 수술이 가능하지만 매일 그와 비슷한 질병으로 사람들이 죽고 있습니다. 남아메리카뿐 아니라 중국에서도 수백명의 선교사들이 의료 선교사의 돌봄 없이 선교 사역을 하고 있는데, 저는 한국의 장로교 선교사들이 자신들은 그들처럼 할 수 없는 선교사들이라고 여겨지기를 원치 않으실 것으로 확신합니다.

위원회 임원들이 선교사들의 당면한 문제들을 공감하지 못한다고 귀하와 귀하의 동료들이 느끼지 않으시기를 저는 바랍니다. 언급하신 사별 소식들을 들었을 때 저는 마음이 매우 아팠고 그 슬픔에 겪는 분들을 위해 간절히 기도하였습니다. 우리가 다루어야 할 문제들의 해결책을 찾는 일은 참으로 어렵습니다. 선교회에 보낸 공식 서신에서 우리가 언급하였듯이 위원회의 업무를 보는 모든 위원들은 위원회 서신에서 제기된 모든 문제들에 대하여 열린 마음을 갖고 있으며 귀 선교회로부터 희망 사항들을 권고 받으면 참고하여 모든 것을 다시 검토할 준비가 되어 있습니다.

솔토 부인과 지역에 소속된 여러 분들에게 저의 따뜻한 안부를 전해주시기 바랍니다. 1909년 브라운 부인(Mrs. Brown)과 함께 청주를 방문한 이래 우리는 그곳을 마음 깊이 기억하고 있습니다.

사랑을 담아, Arther J. Brown 드림.

소열도 선교사는 청주에서 사역을 하는 동안 한국 땅 곳곳을 방문하며 다양한 한국의 문화를 경험하게 되었다. 소열도 선교사는 조상을 숭배하는 한국의 문화에 대한 경험을 이야기 하였다. 그는 한국인들이 특정한 의복과 음식을 갖추고 제사를 지내러 산소에 가는 것을 목격하고 한국의 청년들이 지적하는 형식적인 조상숭배 문화는 복음 전파를 위한 더 좋은 기회가 될 수 있음을 강조하였다. "죽은 후의 몸을 위해 그러한 수고를 한다면 영혼을 위해서는 더 관심을 갖고 준비해야 한다는 이야기로 복음을 전합니다."

1929년 극심한 가뭄이 들었던 한국에서 소열도 선교사는 두 딸을 평양 외국인 학교로 보내며 아쉬운 마음이었지만 평양에 훌륭한 외국인 학교가 있다는 사실에 감사한 마음을 표현하였다. 이는 앞서 소일도 선교사가 평양의 외국인 학교를 잘 정착 시켰기 때문에 한국에 있던 많은 선교사들이 양질의 교육을 위해 자녀들을 평양으로 보냈음을 알 수 있다.

청주에서의 교육 선교는 지속적으로 성공적이어서 지역 교회 부설 유치원도 개원하고 초등학교도 지속적으로 학생을 졸업시키는 성과가 계속되고 있었다. 또한 1932-33년은 청주 선교지부의 '건축의 해'라고 명명될 만큼 새로운 채플과 같은 건축물이 완성되거나 건축을 위한 부지가 마련되었다.

1932년 가을 소열도 선교사는 평양의 숭실학교에서 600명의 소년들을 대상으로 일주일간 수업을 담당하여 진행하였는데, 그는 숭실학교에서의 경험을 새롭고 즐거운 경험으로 회상하였다.

1934년은 한국 복음화의 반세기를 기념하는 해였다. 소열도 선교사는 50주년희년기념식위원회 총무로써 1934년 6월 30일 서울에서 기념식을 개최하기 위하여 각고의 노력을 하였다. 노력의 일환으로 해외선교위원회 대표들이 참석하여 선교 정책을 논하는 자리를 마련하고자 하였으나 미국의 선교본부로부터 재정의 어려움으로 인해 기념식에 참석하기는 어렵다는 답변을 듣게 되었다.

• 1925년 1월 31일, 청주, 한국

동료분들에게,

여러분들에게 편지를 쓴지 깜짝 놀랄 정도로 오래 되어서 사과 드려야 하겠습니다. 우리는 청주와 남성 성경학교 등에서 많은 수업을 가졌고, 많은 편지들에 주의를 기울이지 못한 채 시간이 날아가 버렸습니다.

저는 가을에 이 나라 어린이들이 조상들에게 제사 지내러 산소에 가는 것을 보면서 던모어(Dunmore)[9]에 있는 소년과 소녀 여러분들을 줄곧 생각했습니다. 여기 한국에서는 조상 숭배를 위한 여러 가지 방법

9) 미국 웨스트버지니아주 포카혼타스카운티에 있는 자치구이다.

과 시기가 있고 모두 중요하게 지키고 있습니다. 최근에 믿음을 갖게 된 나의 친구가 쓴 작은 책을 몇 달 전에 받았는데, 그 책에는 조상 숭배와 제사 방법들, 그리고 그 과정에서 하는 기도문(축문)들이 쓰여 있었습니다. 30-40가지의 축문이 있었는데, 제사 대상인 사람이 사망한 지 얼마나 지났는지에 따라, 그리고 제사대상이 어머니인지, 아버지인지, 할아버지인지 증조 할아버지인지에 따라 각각 다른 축문이 사용됩니다.

제가 머무르던 한 마을에서 조상 숭배하는 것을 본 적이 있습니다. 30명 정도의 문중 모든 남성들이 오전 10시쯤 그들의 조상의 묘 주위에 모였는데 모두 흰색 또는 누르스름한 거친 베옷을 비고 있었습니다. 묘 앞에 깔린 멍석 위에 밤, 대추, 감과 밥을 담은 접시들이 놓여있고, 묘 바로 앞 돌 제단 위에는 술이 한 사발 있었습니다. 인도자가 축문을 읽으면 모든 남성들이 그와 함께 절을 하였습니다. 그렇게 한 동안 절을 20번 정도 하면서 조상의 영이 와서 그 음식을 먹기를 청하였습니다. 조상의 영에게 먹을 시간을 충분히 준 다음, 그들 모두 앉아서 조상이 먹고 남겼다고 생각하는 그 음식을 다 먹었습니다. 청년들과 이야기를 했었는데 그들이 말하기를 그런 제사 때에는 거의 항상 나이든 사람들이 취하고 묘 바로 앞에서 싸우는 것으로 끝난다고 합니다. 그러므로 여러분들은 제사가 이 나라 사람들에게 그리 큰 의미가 없고 단지 형식적인 것임을 알 수 있을 것입니다. 예수님을 알고 사랑하게 되기 전에는 사랑이 무엇인지 몰랐고 이 우상숭배자들은 자신의 부모에게 조차 사랑이나 애정이 거의 없다는 말을 한국인들로부터 들은 적이 있습니다. 그리고 부모 생전에 얼마나 나쁘게 행동했건 상관없이 돌아가신 후 제사만 지내면 되며 그것이 가장 중요하다고 그들은 생각합니다. 노인들도 그렇게 생각하는 것 같습니다. 제가 만난 많은 청년들과 소년들이 예수 그리스도를 믿기 원하지만 그들이 믿음을 갖게 되면 죽은 후 자신들에게 제사를 지내지 않을 것임을 아는 부모들이 믿지 못하게 방해를 합니다. 일반적으로 소년들을 포함하여 남성들만 제사에 참여합니다. 이 때문에 가족 중 소년이 없는 경우 제사만을 목적으로 양자를 들이고 그 양자에게 운 있는 묏자리를 찾게 하는 경우가 적지 않습니다.

묏자리 찾는 일은 그런 일을 직업적으로 하는 사람이 하는 것이 일반적입니다. 그런 사람은 묏자리 조건 등에 관한 책들을 참고하여 지방을 돌아다니면서 필요한 조건을 갖춘 묏자리를 찾습니다. 많은 경우 그러한 묏자리는 근처에 물이 없는 언덕의 가파른 면에 있으며 가능한 맞은편에 특별한 형태를 갖춘 또 다른 언덕이 있는 곳이 선택됩니다. 부유한 사람들은 자신들과 부모들을 위한 그러한 묏자리를 찾기 위해 수 천원을 사용하는데, 그 이유는 그렇게 하지 않으면 그들의 가정이 장차 번영할 수 없다고 생각하기 때문입니다. 그런 다음 묘를 돌보고 제사를 위한 음식과 그릇들을 준비할 사람이 필요한데, 이 때문에 어떤 마을들의 경우 마을 사람들 대부분의 생계 수단이 근처 언덕이나 산에 있는 부유한 외지인들(주로 서울 등 대도시에 거주) 소유의 묘들을 돌보는 것입니다.

이러한 상황은 그들에게 복음을 전할 수 있는 좋은 기회가 됩니다. 죽은 후의 몸을 위해 그러한 수고를 한다면 영혼을 위해서는 더 관심을 갖고 준비해야 한다는 이야기로 복음을 전합니다.

여러분들에게 특별히 요청할 것이 있는데 옛날 우편엽서를 가능한 더 보내달라는 것입니다. 우편엽서 수천 장이 있으면 이 작은 나라의 주일 학교들을 위해 사용할 수 있습니다. 특히 엽서 뒷면에 흰색 종이를 붙여 주시면 우리가 그 위에 성경 구절을 쓸 수 있어 좋습니다. 지난 10년 동안 우편엽서를 달라는 요청을 굉장히 많이 받았지만 줄 수 있는 카드가 더 이상 없었습니다. 여러분이 주일학교 수업에서 사용하고 난 그림 우편엽서와 벽에 붙이는 그림들을 보내 주시면 우리가 매우 유용하게 사용할 수 있어 감사한 일입니다. 이 곳 사람들이 얼마나 감사하며 그것들을 받는 지 볼 수 있다면 반드시 보내 주실 것이라 생각합니다. 여기 어린이들 대부분의 경우 집에서 전에 그런 그림들을 본 적이 없습니다.

• 1929-1930

휴가에서 돌아온 후 한 해가 쏜살같이 지나갔습니다. 휴가 후 첫 1년은 다시 적응하는데 어려움을 겪는다고 하지만 지난 1년은 그렇지 않았습니다.

우리는 작년 6월 5일 청주에 돌아온 후 10일 만에 짐을 꾸려 연례모임 참석을 위해 서울로 떠났습니다. 서울을 떠나서는 바로 소래 해변으로 가서 여름의 쾌적하고 유익한 시간을 가졌습니다.

이번 여름 중 두 주는 청주에 온 이래 가장 더웠고 저는 우리 집을 새로 페인팅 하는 것을 지켜보았습니다. 작년 여름에는 심한 가뭄이 한국 남반부로 확장되었는데, 특히 2년째 지속되는 가뭄이라 농작물에 상당에 피해가 있었고 많은 지역에서 고통을 받았습니다.

가을에는 두 딸을 평양에 있는 평양 외국인학교로 보내어 처음으로 가족이 떨어져 있게 되었습니다. 어린 딸들과 떨어져 있는 것이 물론 매우 싫었지만 평양에 어린이들을 위한 그렇게 훌륭한 학교가 있다는 것은 너무나도 감사한 일입니다. 지난해 우리 가족은 독일 홍역으로 고생하여 네 아이들 중 두 명이 각각 다른 때에 앓아 누었고 둘째 딸은 작년 하반기 동안 학교를 쉬어야 했습니다. 그러나 이제는 아주 좋아졌고 여름이 가기 전에 모두 완전히 건강해질 것으로 보입니다.

지난겨울에는 우리 사역에서 가장 고무적인 특징들이 보였고, 장차

이 지방에서 하나님의 강한 역사하심을 보게 될 것을 우리는 어느 때보다 확신합니다. 사실 저는 총회와 연합위원회 참석 후 가을에 지방 순회설교를 시작하면서 내가 없는 도중 교회들이 어떻게 성장할 수 있을까하고 다소 염려했었음을 고백합니다. 그러나 전반적으로 분명한 진전이 있음을 보고는 기뻤고 그 동안 참된 성장이 없었던 그리스도인들도 자신들의 부족을 솔직히 인정하고 잃어버린 시간을 보상하기 위해 이제부터 특별한 노력을 하겠다고 하나님 앞에서 동의하였습니다. 많은 교회들이 2년간의 기근으로 어려운 시간을 보낸 후였지만 평소와 달리 많은 청년들이 합류하여 11월에 열린 성경학교에 30명 이상의 학생이 등록하였습니다. 그들은 모두 젊었고 최근에 교회를 다니기 시작한 사람들이 많았습니다.

1월에는 청주에서 헌트 부인(Mrs. Hunt)의 지도하에 농부학교가 매우 성공적으로 진행되었습니다. 가장 진취적인 농부들이 열심으로 참석하였는데, 장차 여러 면에서 열매를 맺어 하나님의 영광을 나타내고 이 지역 전체의 사역 비용을 자체적으로 충당하는데 기여하게 될 것입니다. 한 달 동안 매주 가졌던 오두막 기도모임에 이어 불신자 친구와 이웃도 초대된 비슷한 모임이 또 한 달간 있었고 이 모임들은 청주 성도들이 한 주간의 특별 집회를 준비하는데 큰 힘이 되었습니다. 다만 그 특별 집회는 예상치 못한 전국적인 학생들의 봉기로 인해 매큔 박사(Dr. G.S. McCune 윤산온)가 계획대로 평양을 떠나 우리에게 오는 것이 불가능해 짐에 따라 열리지 못했습니다.

봄에는 이 지방 교육당국과 여러 번의 상담 끝에 지역 교회 부설 유치원을 개원할 수 있는 허가를 받을 수 있었습니다. 약 30명의 어린이가 등록하여 매우 순조로운 출발을 하였습니다. 그들 대부분은 믿음 없는 상위 계층의 자녀들이라 우리는 그 부모들이 복음에 관심을 갖도록 그리고 예수 그리스도를 믿도록 인도할 수 있기를 많이 바라고 있습니다. 지역 초급학교도 사범대학을 최근에 졸업한 사람을 새로운 교사로 맞아 새로운 활력이 생기는 것 같습니다. 경제적으로 매우 어려운 상황임에도 등록 학생 수는 작년에 비해 상당히 많아졌고 그러한 학교를 위해 해야 할 분명한 역할과 일이 있다는 것을 한국인들이 점차 깨닫게 될 것과 또한 그들이 자신의 자녀들을 보낼 수 있는 기독교 학교가 있음을 장차 매우 감사하게 될 것임을 우리는 믿고 있습니다. 우리는 초급학교와 유치원 시설들을 매년 분명하게 발전시켜 나가기를 원하며 또한 성도들도 이 학교들을 위한 자신들의 책임에 더욱 관심을 갖게 되기를 바라고 있습니다.

또한 봄에 환등기(lantern)와 그리스도의 생애를 보여주는 슬라이드를 가지고 두 주 동안 여러 지역을 방문 하였는데 흥미 있는 시간이었습니다. 성서 보급원들이 그 지역들에서 최고의 성공적인 활동을 하였다고 그 전에 보고한 적이 있었는데, 당시 저는 그들과 함께 가서 활동할 수 없는 상황이었지만 후에 그들이 방문했던 교회들을 다시 찾아가서 새롭게 결신한 사람들을 만날 수 있었습니다. 또한 외국인들의 방문이 전혀 없었던 여러 마을을 방문할 수 있었는데, 가지고 간 환등기가 매일 저녁 많은 사람들을 끌어 모았고 한 유망한 성경학교 학생이 슬라이드 그림들을 설명하는 것을 사람들이 귀를 기울여 들었습니다. 많은 사람들의 심령에 감동이 있었기를 바라고 또한 당시 받은 감동이 장차 믿음과 새 생명으로 자라나기를 기대합니다.

역시 금년 봄 기록적인 수의 우리 지방 출신 학생들이 평양에 있는 선교회 소년학원 숭실학당에 입학하였고 그들 중 일부는 장차 좋은 사역자와 교회 리더로 성장할 가능성을 보이고 있습니다.

이 지역이 깨어나고 있다는 또 하나의 징조는 지난 수 개월간 판매량이 늘어났다고 하는 성서 보급원들의 보고입니다. 작년 평균 판매량이 200-300권인데 비해 지난 2개월간의 평균 판매량은 300-400권이었습니다. 더구나 이 기간은 농촌 사람들이 자금을 확보하기가 매우 어려운 봄 시기입니다. 그들 대부분은 보리 추수 때까지 간신히 버티고 때로는 새로 추수한 곡식을 먹을 수 있을 때까지 뿌리나 어린 나무 껍질을 주식으로 먹기도 합니다.

지난 2개월 동안 저는 평양에 있는 신학교에서 가르쳤는데 매우 즐거웠습니다. 집을 떠나기 전에 준비할 시간이 거의 없었기 때문에 그곳에서 계속 바빴습니다. 그러나 그 기간에 제가 배운 것들을 학생들도 다 배웠다면 그것으로 매우 만족합니다. 저는 평양 전역에서 최근 있었던 것과 같은 그러한 개인 사역의 유망성에 큰 관심을 두고 있었습니다. 그 개인 사역의 결과로 이미 많은 곳에서 성도 수가 크게 증가하였고 저는 우리 노회와 교구에서 그와 비슷한 노력을 해 보려고 힘쓰고 있습니다. 성령께서 한국 전역에서 새로운 방법으로 많은 사람들의 심령을 열어 믿음의 필요성과 그리스도를 믿음으로써 받는 축복을 그들 스스로 느끼도록 역사하고 계시다는 징조는 지금까지 충분히 보아왔습니다. 우리는 내년 한 해 동안 더 분명하고 적극적인 복음 전파와 복음적 활동을 통해 사람들을 인도할 수 있도록 준비되어 있어야 하며 하나님께서 그러한 노력을 축복으로 채워주실 줄 믿습니다. 1-2년 내에 가장 유망한 청년들이 평양에 있는 대학이나 학원을 졸업하게 되고 그들은 교회로 돌아가 자신에게 맞는 교회 일을 하게 될 것입니다. 절실한 필요들 중 하나가 자격이 잘 갖추어진 사역자들인데, 주께서 우리 기도를 응답하고 계시다는 것과 이 청년들이 노회에서 받아들일 수 있는 좋은 리더가 될 것을 우리는 믿고 있습니다. 또한 그들이 우리의 사역 전체에 큰 자극과 도움이 되리라 확신합니다.

미국에 있는 친구들의 도움으로 겨울에 난방기를 설치하여 우리 가정에 안락함이 더하여 진 것을 잊지 않고 감사합니다. 날씨가 추우면 모든 식구들 특히 어린 식구들이 계속 감기와 코를 훌쩍이는 증상을 겪었는데 이제는 염려하지 않아도 되게 되었습니다.

• 1932-1933

연례 개인 보고서를 쓰는 일이 전에는 특별히 매력 있는 일이었을 수도 있겠지만 여러 해가 지나감에 따라 그러한 매력은 사라지는 한편 적어도 필자에게는 큰 '은혜의 수단'이 되어 가는 것 같습니다. 보고서를 읽게 되실 독자들에게는 어떠할까 하는 생각이 듭니다!!

작년 6월 1일부터 시작된 한 해 사역은 우리 목사들과 전도사들을 위한 연례 컨퍼런스에 참여하는 것으로 시작되었습니다. 거기서 저는 "그리스도의 위기들(The Crises of the Christ)"이라는 과목을 가르쳤습니다. 컨퍼런스는 계룡산에서 열렸는데, 이 산은 다소 유명한 산으로서 오래된 불교 사찰들이 산 중에 많이 흩어져 있고 우리는 그 사찰들 중 하나를 우리 본부로 삼았습니다. 인접 지방의 감리교 사역자들을 초청했기 때문에 컨퍼런스는 다소 새로운 모험이었습니다. 그들의 신학적 견해가 여러 면에서 우리와 다르기 때문에 교제 분위기가 다소 퇴색되었지만 흥미 있는 시간이었습니다.

정기 총회는 재정적인 문제를 의논하도록 위임 받은 매우 혁신적인 모임으로서 소래 해변에서 열렸고 일들은 원만하게 진행되었습니다. 위임 받은 모임이 하는 권고들에 대해서는 우리 선교회의 많은 회원들이 항상 의문을 제기하기 마련이지만 전체적으로 그 모임이 매우 성공적이었다고 저는 생각합니다.

여름에 소래 해변에서 있었던 기간에 저는 매우 예상치 않은 요청을 받았는데, 어떤 분을 대신하여 한국 연합 선교회의 대표 자격으로 일본에서 열리는 비슷한 단체(일본 연합 선교회라고 할 수 있는 단체)의 모임에 참석하는 것이었습니다. 그런데 모임이 열리는 카루이자와(Karuizawa,

輕井沢)로 가는 도중 입술에 심한 감염이 생겨서 대부분의 모임 시간에 참석하지 못했고 요양원에서 일주일 동안 있어야 했습니다. 그 단체로부터 받은 친절과 호의는 잊을 수 없을 것입니다. 몸이 좋지 않았지만 저는 여러 선교사들을 만날 수 있었고 또한 일본 사역에 관한 새로운 아이디어를 얻고 일본에서 사역하는 선교사들이 당면한 어려운 문제들을 알 수 있었습니다. 또한 한두 분과 만나서 새로 도착한 우리 선교 의사들의 진료 면허 획득과 관련된 매우 어려운 문제를 두고 좋은 의논을 할 수 있었습니다. 그 이후 저는 이 상황을 풀기 위해 더 할 수 있는 일들이 있는지 알아보도록, 그리고 최대한 적절한 시간에 관련 관료들을 만나 이 문제를 의논하도록 한국 연합위원회와 우리 선교회 실행위원회의 지시를 받았습니다.

여름에 생긴 감염이 수개월간 지속되는 것 같았고 저는 옛날 사람들의 치료 방법을 고려해 보았으나 감사하게도 재 같은 것을 쓰지 않고 로위 박사(Dr. Lowe)의 진료와 살균 처리를 받아 나아졌습니다. 감염 문제로 저는 우리 리더 교실의 한 두 모임에서만 가르칠 수 있었지만 모임은 매우 성공적이었습니다. 또한 평양에서 열렸던 총회에도 참석하고 선교회의 실행위원회와도 평양과 서울에서 짧은 모임을 가질 수 있었으며, 서울에서는 일본에 가서 있었던 일들을 연합 위원회에 보고하였습니다. 그 후 평양으로 돌아가 Mr. S***(?)와 Miss R***(?)의 결혼식에 참석하였고, 이어 로위 박사와 함께 *aiden(?)으로 서둘러 가서 우리 지부의 또 하나의 새로운 멤버로서 미국으로부터 도착하는 Miss *** Davie(?)를 맞이하였습니다.

가을에는 통상적인 순회 설교를 하고 청주에서 정규 하계실행위원회 모임에 참석하였습니다. 서울에서 있었던 새 선교사들을 위한 컨퍼런스에도 참여할 수 있어서 매우 기뻤습니다. 또한 평양의 숭실학교에서 600명의 소년들을 대상으로 한 일주일 동안의 수업 일부를 담당했던 것도 매우 기쁜 일이었습니다. 그것은 저에게 새롭고 좋은 경험이었습니다.

부활절 주일학교 헌금으로 마련된 우리 새 성경학교 건물이 남성 교실이 시작되는 때에 맞추어 완공되었습니다. 시공사의 뛰어난 일처리 밀러(Mr. Miller)의 성실한 감독 덕분에 그 건물이 훌륭하게 지어졌고 한국인들이 이미 크게 감사하고 있습니다. 그 건물은 우리 지부 시설들의 값진 한 부분이 되었습니다. 넓은 새 기숙사들도 거의 완공되어 가는데 남성 및 여성 교실들의 참석자 수가 금년에도 예년과 같은 수준이라면 그들을 모두 동시 수용할 수 있게 될 것입니다. 남성 교실 참석자 수는 청주에서 시작된 이래 가장 많은 220명으로 작년에 비해 거의 두 배이며 학습을 마치는 날까지 열정과 관심이 지속되었습니다. 한 가지 뚜렷한 특징은 공립 하급학교 학생으로서 세례 지원자 교실에 소속된 소년들과 세례 받은 성도 교실에 속한 청년들이 많이 참석한다는 점입니다. 수업 기간 중에 특별 예배를 드리면서 뜨거운 마음과 감사로 그 건물을 헌당하였습니다. 노회 중에 있었던 짧은 모임에서는 로이드(Mr. Lloyd)를 위한 특별 기념 예배를 드렸는데 그는 신원 미상의 암살자로 인해 순교하였고 그의 죽음은 본 선교회의 큰 손실이었습니다.

그 교실이 끝난 후 남성 성경학교가 열렸는데 참석자 수는 보통 수준이었지만 청년들의 학습 열기가 매우 좋았고 개교 이래 가장 좋은 모임이었다는 것이 참석한 학생들의 공통된 의견이었습니다. 2주 동안의 그 모임에서 저는 정규 과목을 하루에 2시간씩 가르쳤고 또한 더 배우기 원하는 일부 졸업생들을 위해 특별 과목을 하루에 1시간씩 가르치느라 바빴습니다. 그러나 특별 과목을 들은 학생들의 감사와 가능하다면 학교의 정규 과정이 되게 해 달라는 청함은 저의 노력을 보상하고도 남았습니다.

지난 한 해는 총회에서 계획한 3년 운동의 2년째 해입니다. 전체적으로 성경 말씀을 인용하여 쓰여진 "그리스도의 생애"라는 소책자의 보급과 개인 사역 및 복음 전도에 중점을 두었습니다. 이 소책자는 한국 전역에 총 140만 부가 보급되었고 우리 교구에서는 7만 부가 보급되었습니다. 각 지역에 보급할 책의 수를 적절하게 정하고 배달하는 과정에서 어느 정도 시간과 서신 교환이 필요했지만 모든 지역에서 불신자들이 진심으로 그 책을 받았고 보급하는 과정에서 교회 성도들은 많은 축복을 받았습니다. 저는 직접적인 복음 사역을 추진하기 위해 저의 교구에 소속된 네 개의 농촌 교실(country classes)에 참여하였는데, 참석하여 학습한 성도들의 영적인 삶이 새로워지는 고무적인 결과를 얻었습니다. 한편 성경학교(the Bible Institute)에서 공부한 4명의 남성들이 학기가 끝난 후 자발적으로 한 달의 시간을 내어 일부 약한 교회들을 위해 개인적으로 복음 전도에 참여하였습니다. 잘 알려진 한국인 복음 사역자인 김익두는 11월 청주 교회에서 10일간의 특별 부흥집회를 인도하였고 그 집회에 계속 참석한 많은 사람들에게 큰 축복이 되었습니다.

봄에는 순회설교와 위에 언급한 네 개 교실을 위해 상당히 많은 시간을 사용하였습니다. 한편 시간을 내어 의료 면허 문제를 알아보기 위해 3일간 서울을 방문하였고 1주 동안 평양에 가서 대학위원회에 참석하고 우리 선교회의 네 개 학교 졸업생들이 모인 교실에서 설교를 하였으며 5일간의 춘계 실행위원회 모임에 참석하였습니다. 이 실행위원회 모임에서 매우 좋은 시간을 가졌는데, 즉 3일간의 열성적인 위원회일 뿐만 아니라 안동 및 대구 지부들을 방문한 후 차를 타고 경상북도의 많은 부분을 돌아본 것입니다. 그 지부들의 멤버들은 위원회 위원들을 부인들과 함께 오시도록 충심으로 초청하였었는데, 저는 아내와 동행할 수 있었기에 3일간의 자동차 여행이 매우 즐거웠습니다. 우리는 경주의 역사적인 옛 도시를 방문하여 한국의 옛 전성기의 유물들을 보았으며 그곳에서 10마일 떨어진 곳에서 그 유물들보다 더 잘 알려진 동굴을 보았습니다.

청주 지부의 경우 1932-1933년은 '건축의 해'로서 역사에 남을 것입니다. 경제침체에도 불구하고 한국 교회는 시설 개량에 부진하지 않았습니다. 우리가 건축한 훌륭한 성경학교 건물과 기숙사도 있지만 청주 교회는 좋은 유치원과 채플을 지었으며 남성 및 여성 선교회들은 그들이 복음 사역을 해오던 두 개의 마을에서 교회 건물을 사거나 건축하기 위해 각각 비용을 지불하였습니다. 한국의 여러 곳에서 새 교회 건물이 건축되었습니다. 영동에서는 교회 시설을 완전히 개조하였고 황간에서는 작은 건물을 증축하였으며 한석리(영동군 용산면)와 도내[10]에서는 새로운 그룹들이 시작되어 이미 작은 집들을 예배 처소로 마련하였습니다. 한편 서정리(옥천군 옥천면)에 있는 그룹은 얼마 전 완전히 사라졌었지만 다시 시작하려는 고무적인 징조를 보이고 있습니다.

이 보고서를 마치면서 청주 교회와 그 사역을 언급하지 않을 수 없습니다. 저는 10년 동안 청주 교회와 관련이 있었지만 지금과 같이 건강하고 유망했던 때는 없었습니다. 김영노 목사의 지혜로운 지도하에 성도들이 눈에 띄게 연합되고 단결되어 있으며 젊은이들은 각자 속한 부서에서 열심으로 성실하게 일하고 있습니다. 가을과 겨울에 연이어 있었던 지도자 교실에서 블레어(Mr. H.E. Blair)가 청지기에 관한 말씀을 전하였는데 이를 계기로 새로운 재정 시스템이 교회에서 채택되어 매우 성공적으로 운영되었습니다. 그 결과 평양학원에서 공부하면서 도움을 받은 한 청년이 목회 보조자로 임명되었고 두 번째 전도부인이 사역을 시작하게 되었으며 구제와 특별 헌납을 위해 더 많은 예산이 책정되게 되었습니다. 그 결과가 매우 만족스러워서 이 지역 교회들에 속

10) 영문 표기는 Norae인데 노래라는 지명은 영동 주변에 없다. 영동 한석리 근처에 있는 도내인 듯하다.

한 6-7개의 그룹이 이미 같은 방식으로 재정 시스템을 개편하였습니다.

여덟 개의 연장주일학교가 정규적으로 돌봄을 받고 있으며 남성 및 여성 선교회들은 이미 언급한대로 자신들이 예배 처소를 제공한 두 개 마을에서 계속 사역하고 있습니다. 채플은 교회 여러 기관들의 복음적인 모임들을 위해 주 중에 계속 사용되고 있으며 최근에는 이번 달에 창립될 '청소년 교회'의 모임 장소로 사용될 수 있도록 약간 개조되었습니다.

제가 명목상 교장으로 있는 초급학교는 지난 한 해를 성공적으로 보내었습니다. 이 기간에 필요한 장비들을 구입하였고 등록 학생 수는 현재 150명으로 이는 29년 역사에서 가장 많은 수로 생각됩니다. 선교회로부터의 자금 지원이 크게 줄어듦에 따라 예산이 많이 적어져 염려가 되었으나 지역 교회가 학교를 지원하고 있고 학생 수가 증가하여 우리는 학교를 계속 운영할 수 있습니다. 학교가 당면한 재정적인 압박은 다소 고통스럽기는 하나 이로 인해 더 사업을 닮은 기반을 갖추지 않을 수 없게 되었다는 점에서 유익한 점이 있습니다. 이 학교 교장과 교회 공동 목회자로서의 임무 수행에 사용되는 저의 시간이 이전보다 상당히 더 많아진 것으로 사료되나 이 기관들이 발전해 나가는 것을 볼 때 매우 큰 기쁨을 느낍니다.

만주와 중국의 불안정과 일본 본토의 혼란스러운 정치적 상황을 생각할 때 우리가 사역하도록 부르심을 받은 이 지역의 안정과 평온을 생각하면 하나님께 찬양을 드릴 것들이 많습니다. 지금까지 인도하신 하나님께서 앞으로도 어떠한 상황에 부딪치더라도 계속 인도하실 것이라는 확신을 가지고 새해의 사역에 임합니다.

• 1933-1934

지난 한 해는 사역과 경험에 있어서 여러 모로 가장 특이한 한 해였습니다. 교회, 경제 및 외국 생활에 있어 전 세계적으로 불확실성이 나타나고 있었는데 지난 한 해의 사역과 경험은 그러한 불확실성의 영향을 받았습니다.

먼저 우리 가족에 대하여 이야기합니다. 가족 상황이 전체적인 마음의 자세와 평화에 큰 영향을 주었습니다. 우리 가족 중 누구도 그와 같이 길고 끊임없는 건강 악화를 겪어 본 적이 없었기 때문입니다. 남자 아이들 2명 모두 유난히 심한 수두를 앓았는데 천연두와 비슷해 보이므로 우리는 거의 2달 동안 격리되었습니다. 이어 백일해에 걸렸는데 감사하게도 로위 박사(Dr. Lowe)의 백신 주사 덕에 심하지는 않았지만, 양쪽 귀에 감염이 있어 절개를 하여야 했습니다. 피로가 너무 심했음이 틀림없어 보였던 아내는 위궤양이 생겨서 음식을 절제하였음에도 많은 고통을 받고 건강이 약해졌으며 이로 인해 일을 가능한 부담 없이 했어야 했지만 활동적인 남자 아이들을 매일 가르치고 빠르게 성장하는 네 아이들의 옷을 계속 마련하는 것은 쉬운 일이 아니었습니다. 이번 여름에 미국에 가서 대학을 다닐 예정인 장녀 엘리놀 애니(Eleanor Anne)가 봄의 한 주말에 집에 돌아온 후 곧 독일 홍역에 걸렸고 한편 메리(Mary)는 맹장염으로 보이는 병으로 인해 평양을 떠나지 못하고 있는데 어머니가 나아져서 가서 함께 있을 수 있게 되는대로 곧 수술을 받으려 하고 있습니다. 그러나 상태가 더 악화되지 않는 것이 감사할 뿐이며 모두가 완전히 회복 되리라 기대하고 있습니다.

이 보고서는 작년 6월 1일 정규 노회 모임을 마치면서 가졌던 목사들과 장로들을 위한 수련회에 관한 보고로 시작합니다. 이 수련회는 한 불교 사원에서 하려고 했었으나 계획을 바꾸어 성경 대학의 넓은 새 기숙사에서 하였고 이 때 이 기숙사가 처음 사용되었습니다. 이 모임의 주강사는 총회의 "장로교 성도훈련위원회" 비서들 중 한 분이었고 이 모임의 결과 9월에 "정규 지도자 교실" 대신 "우리 교구 전체 남성 및 여성들을 위한 주일학교 대회 및 연합집회"를 갖기 위해 특별한 노력을 기울이기로 다소 갑작스럽게 결정되었습니다.

노회와 선교회 모임 사이의 수주 동안 저는 평양에서 연합기독대학 이사회 모임에 참석하였고 이 이사회를 대표하여 부산에서 호주 장로교 선교회 모임에 참석하였습니다. 가장 기뻤던 것은 그 얼마 후 김영노 목사(본 노회의 안수를 받음)가 저와 함께 청주교회의 공동 목회자로 임명된 일입니다. 이후 그는 매우 성공적이고 열심히 사역하는 목회자로서 이 지역 성도들의 상태를 개선하기 위해 많은 일을 하였습니다.

선교회 모임은 평소와 같이 진행되었고 학교의 문제들에 관하여 많은 의논이 있었습니다. 그 이유는 우리 중 다수가 선교회 학원들을 위한 예산과 운영비용이 다른 사역을 하는 부서들을 위한 예산과 운영비용에 비해 이제 지나치게 많아졌다고 생각하였고 학원들을 위한 예산을 낮추기 위해 어떤 과감한 조치를 취해야 한다고 느꼈기 때문입니다. 선교회 희년과 관련된 문제도 많이 논의되었으며 이미 조직되어 제가 비서로 있던 준비위원회가 일을 시작했습니다.

집으로 돌아온 후 우리는 곧 주일학교 대회에 참석했습니다. 참석자들이 우리 건물들을 가득 채웠고 그 수는 우리의 예상을 넘어 남녀 476명이었는데 이는 이 지방 역사 이래 가장 큰 성도들의 모임이었습니다. 은사가 있는 강사 여러분이 매우 유익한 말씀을 전하였고 주일학교 어린이들의 손 작품들도 모두의 관심을 받았습니다. 이 모임을 통해서 이 지역의 전체의 주일학교 사역이 새롭고 강력한 추진력을 얻었을 것이 분명합니다.

저는 총회의 위원이 아니었으므로 총회 기간 동안 대부분의 시간을 두 권의 소책자를 쓰는데 사용하였습니다. 이 책들의 제목은 『새 성도를 위한 바른 길』과 『세례 지원자들을 위한 바른 길』입니다. 저는 국가기독교위원회의 모임에 참석하였는데 장로교단과 감리교단 간 불일치로 인해 매우 실망스러웠으며 그러한 위원회가 얼마나 더 기능할 수 있을까 하는 생각이 들었습니다.

가을에 저는 예년과 같이 시골 교회들을 방문하며 순회 설교를 하였는데 영동에서, 특히 교회 건물이 완전히 개축된 곳에서 분명한 성장과 발전이 있음을 보았습니다. 교회가 고무되고 다시 살아나는 한편 개심리(옥천군 이원면)에서는 새로운 그룹이 시작되어 매우 유망해 보입니다. 이 교구는 우리가 교회를 개척하기 위해 15년 동안 여러 마을에서 차례로 시도하였지만 성공하지 못했던 교구입니다. 그러나 이번에는 정규적인 사역이 시작된 것으로 보이며 집 한 채를 매입하여 개축한 뒤 교회 건물로 사용하고 있습니다.

또한 가을에 서울에서 열린 새 선교사들을 위한 컨퍼런스를 준비하였으며 컨퍼런스에서는 한국인 교수 두 분과 어떤 선교사들이 유익한 강의를 하였습니다. 또한 저는 선교회 실행위원회의 정규 추계 모임에 참석하고 선교회 연례 모임의 결정에 따라 열린 교육대회에도 참석하였습니다. 교육대회에서는 향후 본 선교회에 대한 선교본부의 지원이 줄어들 것을 예상하여 매카피 박사(Dr. McAfee)의 제안에 따라 교육 관련 자금을 분배하였습니다. 이러한 분배는 학원 교장들과 충분한 협의를 거쳤으며 그 전에 본 선교회 모든 회원들에게 보낸 교육 설문서의 결과에 따른 것이었습니다.

저는 또한 청산에 있는, 오래 전에 창립되었으나 안타깝게도 부실해진 교회에서 한 주 동안 개인적으로 복음 사역을 할 수 있었습니다. 복음화 되지 않은 한 마을에서는 집회를 열려는 시도가 무산되었는데 그 마을 지도자는 제가 말하도록 허락하지 않았으며 그러한 경험은 처음이었습니다. 주된 원인은 멀리 떨어져 있는 교회의 성도들이 미리 적절하게 준비를 할 수 없었던 것이었습니다.

성탄절에는 수두로 인해 격리되어 있었지만 저의 장모이신 캠벨 부인(Mrs. J. A. Campbell)과 함께 행복한 가족 시간을 가졌습니다. 우리는 성탄절과 설날 사이에 낀 기간에 남성 교실을 시작하였는데 이는 경험상 그 기간이 대부분의 남성들에게 가장 편리한 시간이었기 때문이었습니다. 금년에는 박 목사(H. Y. Pak)[11]가 특별 강사로서 모두에게 깊은 감동을 주었습니다. 박 박사(Dr. Pak)는 제가 한국에 온 지 얼마 안 되고, 그가 선천 학원의 학생이었을 때부터 가까운 친구였습니다. 저는 그가 평양의 대학에서 공부할 때 도울 수 있었고 그가 중국 남경 대학에서 2년간 공부하였고, 이어서 프린스턴 신학교에서 3년간 공부하는 동안에도 관심을 가지고 지켜보았습니다. 그는 프린스턴 신학교에서 좋은 성적을 보였고 남부에 있는 한 신학교에서 1년을 더 공부한 후 한국으로 돌아와 지금은 신학교 조교수로서 대학생들을 위해 훌륭한 사역을 하고 있습니다. 또한 그는 매우 유익한 복음적 기사들과 책들을 준비하고 있습니다. 남성 교실은 다소 실망스러울 정도로 참석자가 적었는데 이는 주일학교 대회에 참석했던 많은 사람들이 집으로 돌아갔다가 그렇게 빠른 시간에 다시 올 수 없었고, 돌아간 후에는 곧 남성 성경학교가 시작되었기 때문이었습니다. 남성 성경학교의 참석자 수는 보통 수준이었으며 분위기는 매우 좋았습니다. 그러나 안타깝게도 저의 수업은 실행위원회 소집으로 인해 중단될 수밖에 없었습니다. 실행위원회는 선교본부의 요청에 의해 소집되었습니다. 본부 위원회의 요청은 본부 위원회의 당면한 재정 상황이 심각하므로 우리 동료 사역자들 중 사역지로부터 철수되어야 할 15명의 목록을 우선순위와 함께 만드는

11) 박형룡 목사

것이었습니다. 우리 선교회 소속원들 중 이러한 작업보다 더 어렵고 불가능한 작업을 한 사람은 없을 것으로 생각됩니다. 20년 이상 함께 사역해온 분들의 사역의 가치를 총체적으로 판단하도록 요청 받았기 때문입니다. 3일 동안의 골치 아프고 마음 아픈 논의 끝에 우리는 목록을 만들었는데, 그 목록은 논의에 참여한 위원회 위원 9명의 생각을 종합한 결과이므로 모두에게 만족스러운 것은 아니었으며 많은 분들에게 슬픔과 아픔을 가져왔습니다. 그러나 한편 지금까지 소수의 인원만 철수되어서 우리는 매우 감사하고 있으며, 아직도 다시 더 조정할 수 있는 여지가 있다고 믿습니다.

본 노회 사역의 고무적인 모습들 중 하나는 3개의 교구 위원회들이 그들 스스로 세웠던 사역 계획을 금년에 시작한 것입니다. 그 계획은 각 교회와 교구에서 목사, 전도사와 사람들 간의 관계를 살펴보는 것입니다. 이 일이 체계적이고 적절하게 수행된다면 목사들과 사람들이 서로에 대한 자신들의 책임과 특권을 인식할 수 있도록 돕고 또한 많은 오해와 어려움을 미리 제거함으로써 심각한 조사가 필요 없어지도록 도움을 줄 것입니다.

3월에 저는 평양에서 연합기독대학(숭실대학)위원회 모임에 참석한 후 실행위원회의 요청에 따라 2주 동안 일본에 가서 가능한 모든 정보를 모으고 조언을 들었습니다. 이는 현재 한국의 많은 지역에서 아픔을 초래하고 있는 매우 어려운 문제인 신사참배 문제와 관련하여 정부 당국과 어떤 만족스러운 해결책을 찾기 위한 것이었습니다. 저는 일본의 모든 기독교단들의 대표적인 성도들과 만나 매우 유익한 시간을 가지며 정보를 얻을 수 있었고 그들이 보인 매우 공감적인 태도에 고무되었습니다. 저는 신사참배와 관련된 어려운 문제들에 관하여 그들과 매우 솔직하게 의논하였으며 그들은 저에게 가서 한국총독부의 관리들과 협의하라고 격려하였습니다. 돌아온 후 저는 즉시 평양과 재령으로 가서 실행위원회 모임에 참석하였고, 곧 이어 서울에서 실행위원회 두 번째 모임에 참석하였습니다. 두 번째 모임에서는 우리 선교회 프로그램에 대하여 어떤 근본적인 변화를 권고하는 선교본부의 서신을 검토하였습니다.

아내의 건강 문제로 저는 상당 시간 집에 머물렀으나 그 시간 대부분은 본 선교회 희년 기념식과 관련된 많은 서신들을 주고받는 일로 보냈습니다. 이 기념식은 세계 전역의 선교 단체들의 관심을 불러 모을 것이 분명하며 이미 200통 이상의 편지가 쓰여졌습니다. 선교본부가 5년 마다 요청하는 것과 비슷한 선교종합보고서를 만드는 작업도 많은 시간을 요하는 일들 중 하나이었으며 본 선교회 희년 기념식에서 보여줄 도표와 그래프들(과거 본 선교회가 성취한 일들과 우리의 현재 정책들이 도움이 될 수 있을지를 보여주는 도표, 그래프들)을 작성하였습니다. 이를 위해 선교 통계에 대한 면밀한 검토와 선교 통계학자인 쿤스(군예빈君芮彬 E. W. Koons) 박사와 상당한 분량의 서신 교환 및 의논이 오랜 기간 필요했으며 그의 도움과 조언은 큰 도움이 되었습니다.

지난 한 달 동안에는 신사참배 문제를 협의하기 위해서 서울에 두 번 갔었고 앞으로 최소한 한두 번 더 갈 필요가 있습니다. 관련된 민감한 모든 정치적 이슈들을 고려할 때 협의는 매우 신중하고 서두름 없이 진행되어야 할 것입니다.

이 보고서를 마치면서 지역교회 초등학교의 고무적인 발전을 언급하지 않을 수 없습니다. 이 학교는 선교회 보조금이 지난여름 갑자기 끊어졌음에도 계속 운영되고 있습니다. 또 한 가지 감사할 것은 청주교회에서 열리는 30주년 창립예배입니다. 지난 30년 동안의 하나님의 은혜와 선교회로부터 받은 도움에 감사하는 기쁜 마음이 모든 설교와 축사를 통하여 나타났고, 교회와 성도들은 이제 이전보다 더 자발적으로 전진하여야 한다는 사명감을 깨닫고 있습니다. 그들은 감사헌금을 드리면서 감사헌금의 일부로 도시의 북쪽에 새 교회 건물을 사거나 건축하기 위한 용도로 1,300엔 이상을 약정하였습니다. 이 도시의 북쪽을 교회의 새로운 터전과 복음 전파의 중심지가 되도록 하려는 것인데, 그곳에는 넓은 공립학교들이 있으며 우리가 다년간 기도해온 교구입니다.

• 한국 복음화 반세기(1884-1934)

(미국 장로교회 한국 선교회)
청주, 한국, 일본

1933년 12월 2일

Dr. Robert. R. Speer
장로교 해외선교위원회
136 5th Ave.
뉴욕시

Dr. Speer 귀하,

이미 알고 계시겠지만 한국선교회는 내년 6월 30일 서울에서 한국 사역 시작 50주년 기념식을 가지려 합니다. 기념식은 3일간 진행될 예정이며, 그 기간에는 많은 서류들을 읽으면서 선교 역사와 정책에 관한 중요한 문제들 그리고 이 나라에서의 미래 사역 전개와 관련된 현재의 상황을 다룰 것입니다.

본 선교회는 이 행사에 해외선교본부가 직접 참석할 수 있기를 매우 바라고 있습니다. 그리고 저는 선교회로부터 "참석하셔서 저희와 만나고 행사를 더욱 값지게 하여주시도록 요청하는 정중한 초청장을 귀하에게 보내달라"는 당부를 받았습니다. 귀하는 우리 위원회의 사역과 다년간 긴밀하게 관련되어 있으셨고 또한 세계 전역의 있는 해외 선교회를 잘 알고 계십니다. 그러므로 귀하께서 우리와 함께 하시어 논의에 참여하시는 것이 더할 나위 없이 바람직하다고 저희는 생각합니다. 논의는 선교 정책상의 중요한 문제들을 중심으로 이루어질 것이며, 선교회 전체의 장래 사역에 큰 영향을 줄 것임에 의심의 여지가 없습니다.

우리는 기념식에서 우리 자매 선교회들의 대표들을 만날 수 있게 되기를 희망합니다. 기념식의 모임들은 매우 흥미 있고 가치 있을 뿐 아니라 의심과 비판이 많은 이 시대에 세계 도처에서 해외선교회들이 사역해야 할 이유를 더 분명하게 할 것입니다.

T. Stanley Soltau 드림

50주년기념식위원회 총무

• 1933년 1월 2일

Rev. T. Stanley Soltau

청주, 한국

Mr. Soltau 귀하

한국선교회를 대표하여 보내신 귀하의 친절한 12월 2일자 서신을 지금 받았습니다. 한국 선교사역 시작 50주년 기념식에의 초청에 응할 수가 없어 아쉽습니다. 초기 (한국)선교 당시를 저 자신도 기억합니다. 1886-1887년에 언더우드 박사가 첫 휴가 차 오셔서 프린스턴 대학에서 말씀하실 때에 저는 2학년 학생으로서 그 말씀을 들었던 것을 기억합니다. 그 때 그는 한국에 이미 85명의 결신자들이 있으며 한국이 교회 선교의 큰 밭들 중 하나가 될 것이라는 이야기를 우리에게 하셨습니다. 10년 후 저는 저의 옛 대학 급우인 그래함 리(Graham Lee)를 평양에서 만날 특별한 기회가 있었는데, 당시 교회의 기반들이 놓여지고 있는 상황에서 한 모임에 참석했었습니다. 그 후 두 번 더, 1915년과 1926년에 한국을 방문했던 좋은 기억이 있습니다. 그러므로 저는 그 기념식에 참석하여 감사와 기쁨을 나누었으면 하는 마음을 가질 수밖에 없습니다. 그러나 그렇게 하기는 불가능해 보입니다. 해외선교본부에서 누군가가 기념식에 참석한다면 그는 저희 회장 어드만 박사(Dr. Erdman) 아니면 한국 담당 비서 매카피박사(Dr. McAfee)가 될 것입니다. 매카피 박사는 참석할 수 없을 것 같다는 보고를 귀하에게 할 것입니다.

그러나 우리는 마음과 기도로 귀하와 함께 할 것이며, 또한 기념식에서 제출될 서류들을 가능한 빠짐없이 모두 받기를 기다릴 것입니다.

귀하는 이곳에서 당면한 문제들의 중요성을 아십니다. 그 문제들에 대처하기 위해 이번 달 15일에 특별 위원회가 열립니다. 저의 추측으로는 이 특별 위원회의 근본적이고 현실적인 이슈는 교회의 헌금 수준이 현재 낮은 상황인데, 우리가 그 헌금 수준에 맞도록 사역 수준을 무기한 조정해야 할 필요가 있는 상황인지, 아니면 가까운 장래에 교회의 선교 헌금 수준이 다시 높아질 것이며 그 때까지 극복해야 할 일시적인 상황인지에 대한 판단입니다. 이 때문에, 그리고 물론 이 외에도, 많은 문제들이 있습니다. 그러므로 앞으로는 위원회가 지시하는 모든 서비스를 보류해야 할 수도 있습니다. 이 새해는 우리가 페르시아와 우루미아(이란)와 인도와 루디아나(인도 편잡주)에서 사역을 시작한지 100주년이 되는 해이고 그 지역 선교회들이 100주년 기념식 참석을 종용하였지만 저는 그 기념식에 참석하러 페르시아와 인도에 갈 생각을 완전히 포기하였습니다.

귀하의 모든 준비가 매우 만족스럽게 되어지기를 그리고 귀 선교회의 기념식과 현재 및 장래사역에 하나님의 축복이 넘치기를 기원합니다.

RES. AM*(?)

4. 조선기독교서회 활동 - 문서 사역

소열도 선교사는 한국에서 문서 사역에 힘쓰면서 다수의 책을 집필하거나 번역하였으며 또한 소책자, 팸플릿, 도서의 제작 및 보급에도 큰 역할을 하였다. 대표적인 저서로는 『그리스도의 생애』, 『새 성도를 위한 바른 길』, 『세례 지원자들을 위한 바른 길』, 『예배를 돕는 자들』, 『그리스도를 믿는 바른 길』 등이 있으며 역서로는 『가장 높은 수준의 삶』, 『성취된 예언』 등이 있다. 소열도 선교사는 문서 사역을 통해서 한국 교회의 매우 실질적인 기여를 하였고 또한 책을 통해서 성도들이 믿음의 다양한 측면들을 배울 수 있다고 믿었으며 나아가 이 나라의 성도들이 스스로 책들을 구입하여 읽기 시작하는 계기를 만들어 나가고자 노력하였다.

• 1933-1934

성경 말씀을 인용하여 쓰여진 『그리스도의 생애』라는 소책자의 보급과 개인 사역 및 복음 전도에 중점을 두었습니다. 이 소책자는 한국 전역에 총 140만부가 보급되었고 우리 교구에서는 7만부가 보급되었습니다. 각 지역에 보급할 책의 수를 적절하게 정하고 배달하는 과정에서 어느 정도 시간과 서신 교환이 필요했지만 모든 지역에서 불신자들이 진심으로 그 책을 받았고 보급하는 과정에서 교회 성도들은 많은 축복을 받았습니다.

저는 『가장 높은 수준의 삶』[12)]이라는 팩슨 양(Miss Paxson)의 책 제 1

12) 『이기는 생활』 이라는 제목으로 출판됨 (1933년)

권 원고의 출판 준비를 때로 도와주었고, 이 책은 이제 기독교 문학협회도 언론을 통해 알고 있습니다. 또한 저는 『성경을 증명하는 성취된 예언들』이라는 데이비스(G.T.B. Davis)의 소책자를 번역하였고, 이 책도 곧 출판될 예정입니다.

저는 총회의 위원이 아니었으므로 총회 기간 동안 대부분의 시간을 두 권의 소책자를 쓰는데 사용하였습니다. 이 책들의 제목은 『새 성도를 위한 바른 길』과 『세례 지원자들을 위한 바른 길』입니다. 이 책들은 총회 전진위원회의 채택을 받아 출판되었고 이 나라 모든 장로교회에 한 부씩 보내졌는데 그 이유는 새 성도들은 세례 지원자 모집을 위한 시험을, 세례지원자들은 세례를 받기 위한 시험을 더 세심하고 철저하게 준비하도록 돕기 위함이었습니다. 가을에 저는 데이비스(G.T.B. Davis)의 책 『성취된 예언』의 번역을 마무리하였고 그 원고는 기독문학협회의 승인을 받았으며 우리는 곧 인쇄되기를 바라고 있습니다.

여름에 소래 해변에서 지내는 동안 (이 기간은 가족이 함께 지내는 마지막 여름으로 기억될 것이 확실해 보입니다) 우리는 예년과 같이 쉬며 즐거운 시간을 가졌고 특히 저의 맏누이와 그 누나의 친구들이 중국으로부터 와서 더 즐거웠습니다. 많은 시간이 실행위원회와 50주년 기념식에 그리고 우리 선교회 사역의 기본 원칙을 설명하는 팸플릿을 만드는 일에 사용되었고 선교회원들은 그 팸플릿을 수천 부 인쇄하여 전 세계로 보내었습니다. 팸플릿의 내용은 여러 나라의 종교 언론에서 많이 인용되고 있습니다.

• 1934 - 1935

지난해에는 틈틈이 시간을 내어 데이비스(G.T.B. Davis)의 소책자 『성경을 증명하는 성취된 예언들』을 번역한 저의 번역서 출판 준비를 마쳤습니다. 그 후 이 책은 출판되어 빠르게 판매되었습니다. 이미 언급한 바 있는 팩슨 양(Miss Paxson)의 책 『가장 높은 수준의 삶』 제 2권은 현재 인쇄 중입니다. 또한 저는 『예배를 돕는 자들』이라는 작은 안내서를 썼는데 그 전 해에 쓴 새 신자를 위한 2권의 안내서들과 비슷한 형태의 책입니다. C.C.*.(?)[13]가 이 책을 출판하였고 저는 우리의 남성 일반 교실에서 집사들과 장로들에게 그 책을 가르쳤습니다. 1센트 이하의 가격에 살 수 있는 그런 작은 책자들이 한국 교회의 생명력에 매우 실질적인 기여를 하고 또한 성도들에게 믿음의 다양한 측면들을 잘 가르칠 뿐 아니라 이 나라의 성도들이 스스로 책들을 구입하여 읽기 시작하는 계기를 만들 수 있을 것이라고 믿습니다. 저는 현재 『성도의 실천적인 삶』이라는 제목으로 비슷한 종류의 책을 출판할 계획입니다. 또한 공산주의와 그리스도인에 관한 간단한 책자를 만들 수 있다면 공산주의의 실제적인 목표와 기독교에 대한 타협할 수 없는 모든 종류의 적대감과 반대를 젊은이들에게 지적해 주는데 도움이 될 수 있을 것입니다. 제가 쓴 한 기사가 World Dominion(세계정복)이라는 책자에 그리고 저의 서신 한 통이 "International Quarterly Review of Missions"(국제계간선교회보)에 각각 실렸습니다.

한국 총회의 후원으로 진행 중인 새 성경주석 발간과 관련하여 좀 도움을 요청 받았습니다. 시간이 허락하기만 한다면 기여하고자 합니다.

• 1935 - 1936

여름에는 『그리스도를 믿는 바른 길』이라는 소책자를 썼고 총회의

13) 조선성서공회인 듯함

전진위원회가 이 책을 오는 겨울에 전국에서 열릴 성경 컨퍼런스들에서 사용할 교재로 채택하기로 결정하였습니다. 그 후 컨퍼런스 준비 작업으로서 이 책이 인쇄 중입니다. 또한 선교회 전도위원회의 지시에 따라 이 책을 교재로 사용하기 원하는 선교사들을 위해 영어 번역본을 여러 권 인쇄하였습니다.

저의 요나서 주석 집필도 마무리되었고, 이 요나서 주석은 현재 총회의 임명을 받은 특별 편집위원회가 만들고 있는 『표준성경주석』의 일부로서 사용될 것입니다. 또한 사도행전과 에스더 주석 집필도 요청 받아서 사도행전 주석을 쓰기 시작했으나 완성 하려면 아직 멀었고 많은 작업이 필요합니다. 한국 교회가 매우 필요로 하고 있으며 완성되면 많은 사람들에게 큰 도움이 될 이 작업을 위한 비용으로서 저는 감사하게도 친구들로부터 1,000엔 이상을 받았습니다.

팩슨 양의 책 『가장 높은 수준의 삶』 제2권이 출판되었고 제3권이 현재 출판 준비가 되었으며 곧 판매될 예정입니다. 한편 제가 약 2년 전에 새신자들을 위해 쓴 2권의 입문서들과 비슷한 때에 번역한 소책자 『성취된 예언』이 기독문학협회의 연례 보고서에서 2년 연속 베스트셀러 10권 중에 포함된 것을 알게 되어 매우 감사했습니다.

5. 메리 솔토 (Mary Soltau, Mrs. T. S. Soltau)

메리 솔토는 소열도(T.S. Soltau) 선교사의 배우자로서 그레이스 솔토와 마찬가지로 음악 사역에 힘썼다. 메리 솔토는 외국인 교회에서 어린이들을 지도하고 오르간 연주자, 독창자, 반주자, 지휘자, 성가대원 등 다양한 역할을 감당하였으며 주일학교 소녀들에게 성가를 가르치고 구약 인물들에 대한 수업을 진행하였으며 중년과 노년의 여성을 대상으로 요한1서를 해설하는 성경 공부 인도자가 되었다.

메리 솔토는 소열도 선교사의 보고에서도 나타나 있듯이 한국에서 4명의 아이들을 낳고 양육하느라 특정한 사역을 지속하는 데에는 어려움이 있었으나 음악사역과 더불어 YWCA의 고문으로 조직 활동을 하면서 교회의 젊은 부인들과 유익한 만남을 갖거나 전도에 매진하였다.

• Mary Soltau, Mrs. T. S. Soltau, 1915

이 (선교)지부에 있은 지 6개월 반 밖에 안 되었고 주어진 임무는 언어 학습뿐이어서 저의 보고서는 매우 간단합니다. 12월 1일경부터 저는 대부분의 시간을 언어 학습에 사용했고 나머지 시간에는 이 낯선 나라에서의 새로운 생활과 교통, 가사일 등을 익혔습니다. 곤란한 상황에 처하지 않기 위해 이러한 일들로 분주했고 모든 면에서 다소 나아졌습니다.

또한 선천 외국인교회에서 주일학교 담당으로 외국 어린이들을 지도하는 한편 오르간 연주자, 피아노 연주자, 독창자, 반주자, 성가대 지휘자, 성가대원 등 많은 노력을 요하는 다양한 역할을 하였습니다(처음에는 샤록스 박사(Dr. Sharrocks)가 공식적으로 이 역할들을 하면서 저를 잘 도와주었습니다).

이 프로그램의 일부로서 저는 국가 간호사 자격증을 따려고 준비하는 샌데러 양(Miss Sandere)를 격려하고 지원하기 위해 의주의 휴양원(rest house)에 이틀간 머물렀습니다. 이 때 잠시 시간을 내어 자비로 한 관광은 흥미롭고 배울 것이 있었습니다.

• Mary Soltau, Mrs. T. S. Soltau, 1916-1917

"작은 말은 금방 빗질 할 수 있다 (작은 일은 금방 끝난다)"는 말이 있는데 저를 통해 이루어진 현대 역사의 한 작은 부분은 이루는데 1년이 걸렸지만 보고하는 데는 몇 분밖에 걸리지 않을 것입니다.

저는 선천 지부에서 뿌리를 깊게 내리고 있었기 때문에 금년이 이 지부에서의 마지막 해가 될 수도 있다는 생각이 기쁜 것은 아니었습니다. 비록 주께서 주의 지혜를 따라 우리에게 길을 여시는 대로 만주의 한국인들 속에서 우리 나름의 사역을 시작하고자 하는 간절함과 열정을 가지고 있었지만 말입니다.

지난 8월 엘리놀 애니(Eleanor Anne)가 태어나면서 기쁨과 함께 돌보는 일과 책임이 크게 늘어났고 따라서 저는 아기에게 문제가 없도록 하는 가운데 일들을 해야 했습니다. 그러나 노력하여 11월에 2년차 언어 시험을 치러 합격하였고(이는 연례 모임 당시에는 불가능했던 것입니다), 그 후 3년차를 위한 과제물을 매일 학습하며 6월에 있을 세 번째이자 마지막인 시험에 합격하고자 노력하고 있습니다.

추수감사절 몇 주 전부터는 교사 두 분의 도움을 받으며 주일학교 소녀들에게 추수감사절 특별예배를 위한 성가를 지도하였는데(저에게는 만족스럽지 않았지만) 한국인들에게 만족스럽게 그 찬양을 하였습니다. 그 후 성탄절을 위한 성가를 준비하게 되었고 스티븐스 양(Miss Stevens)과 저는 이를 위해 오랜 기간 열심을 기울였습니다. 그 작은 성가대는 곡조나 가사를 틀리는 일이 많았지만 결과는 청중들을 기쁘게 하였고 여하튼 그러한 결과가 가장 중요한 것이었습니다.

저는 남쪽 교회의 어린이 주일학교에서 몇 명의 큰 소녀들 교실을 담당하게 되었는데 매우 곤혹스러웠습니다. 그것은 한국어로 가르치는 첫 시도였을 뿐 아니라 그 소녀들은 한국 여성의 성장 과정에 있어서

숙녀다운 예절과 정숙함을 보여야 하고 그로 인해 타인으로 하여금 화나게 할 수 있는 나이의 소녀들이었기 때문입니다. 그 소녀들에게 질문을 해도 전혀 대답을 하지 않았고 자신의 가슴 또는 다른 사람의 얼굴을 이상한 동물을 보듯 무표정하게 바라보곤 하였습니다. 그러나 새해에 그 소녀들이 나이가 한 살 더 들어 졸업하면서 여성 주일학교로 들어가게 되었고 저는 매우 영리하고 대답도 빠른 더 어린 소녀들이 9-10명 모인 새로운 교실을 맡게 되어 즐겁게 지도하였습니다. 그러나 이 어린 소녀들 교실은 상황이 허락하지 않아 4월에 포기할 수밖에 없어서 매우 서운했습니다.

겨울에는 스티븐스 양의 짐을 약간 덜어 주기 위해 학교에서 구약 인물들에 대한 수업을 일주일에 세 번 지도하였습니다. 이를 통해 저는 한국어 사용에 있어 큰 유익을 얻었지만 그 젊은 여성들이 저의 노력으로 말미암아 많은 지식을 얻었는지는 확신할 수 없습니다. 다만 어려운 언어를 사용하고자 애쓰는 사람이 나 뿐만이 아니라는 것을 알게 되어 위안이 되었습니다.

금년 봄에 저는 처음으로 장성한 여성들 교실을 가르치는 경험을 하였습니다. 40-70세의 세례 받은 여성 100명에게 요한1서 해설을 시도했는데 저에게는 매우 즐겁고 유익했으며 그 분들 역시 관심과 감사한 마음을 가졌던 것 같습니다.

보고자: Mary C. C. Saltau

• Mary Soltau, Mrs. T. S. Soltau, 1917-1918

작년의 활동에 대하여 기록할 만한 것이 많지 않습니다. 몇 가지 이유가 있습니다. 세 지부들(선천, 평양, 강계)에서 시간을 보낸 후 짐을 싸서 이사를 해야 했는데, 그 사이 시간에 일을 시작하기에는 무리가 있었습니다. 한편 또 한 명의 여아가 우리와 함께 지내게 되어(두 번째 딸이 태어나) 한국 여성들을 위한 사역에 사용될 수 있었던 시간과 힘이 투자되었습니다.

선교회 모임에서 돌아온 후 곧 우리는 이사를 위해 세상 소유물들을 싸기 시작해야 한다는 것을 깨달았습니다. 저의 남편이 하계 노회에 참석하기 위해 2주간의 여행을 하도록 되어 있었기 때문입니다. 저희 가구들 중 일부는 선천에 보관하고 일부는 포장하여 압록강을 거슬러 강계로 보내야 했는데, 강계까지는 1개월 내지 6주가 걸립니다.

남편이 선천에 돌아온 후 3일 만에 우리는 평양으로 떠났고, 평양에서 한 달을 지내었습니다. 그 한 달 동안 남편은 대학에서 임시로 빈 강사 자리를 채우기 위해 가르쳤습니다.

감리교 선교회 소속 웨치스(Mr. Wachs)의 호의로 어린 엘리놀 애니(Eleanor Anne)와 라이너 양(Miss Reiner)과 저는 하루 약간 넘는 짧은 시간에 강계로 갈 수 있었고, 남편은 자전거를 타고 따라 왔습니다.

조랑말을 타거나 하면 5-6일 걸리는 거리였지만 웨치스의 오토바이와 사이드카 덕분에 우리는 날아가다시피 갔습니다.

우리는 저의 형제 캠벨(Mr. Campbell)과 그의 부인 및 젖먹이 아들과 함께 지냈는데, 그 집 2층에서 매우 편안했습니다.

유익한 일을 하려고 저는 호프만 부인(Mrs. Hoffman)이 주일학교 소녀들에게 성탄절 찬양 준비시킬 때 도왔고 성탄주일에는 연례 성경 교실에서 젊은 여성들 반을 맡아 요한1서를 가르쳤습니다. 3월 5일에는 작은 딸 메리 엘리자베스(Mary Elizabeth)가 태어났고, 그 때부터 딸 자매를 위해 저의 대부분의 시간을 할애하였습니다. 딸과 저는 친절하게 의술을 제공하신 비글 박사(Dr. Bigger)가 우리를 편안하도록 보살피기 위해 진심으로 친절과 노력을 아끼지 않으신 우리 지부 간호사 라이너 양께 많은 감사를 드립니다.

보고자: Mary Soltau, 1916년 6월

• Mary C. Soltau, 1922 - 1923

건강이 나빴던 한 해였지만 지부에서의 일을 보고하는데 큰 어려움은 없습니다. 작년에는 수술을 기다리고 수술 후 회복하면서 가정과 가족을 돌보는 일상적인 일에 모든 힘과 시간이 사용되었습니다. 한편 저의 장녀가 분별력을 가지는 연령대에 이르렀기에 저는 학교 교사가 되어 매일 그녀를 훈육할 필요가 있었습니다. 다만 봄에는 여성성경학교에서 하루에 1시간씩 가르치고 지역 교회에서 가끔 찬양을 도울 수 있었습니다.

보고자: Mary Soltau

• Mrs. T. S. Soltau, 1932 - 1933

새해가 되면 하고 싶은 일들을 할 시간과 기회가 많이 있어 보이지만 그 시간과 기회들이 어느새 사라져 버린 후에는 다 어디로 가버렸는지 성취한 것이 무엇인지 의아해지게 됩니다. 저의 경우에는 작은 일들이지만 그날 그날 해야만 하는 일들의 연속이었던 것 같습니다.

집안일을 하고 가족을 돌보는 일상적인 일들 중 가장 중요한 것은 가족들 옷을 잘 준비하는 일인데 이것이 끝이 없고 결코 작은 일이 아닌 이유는 4명의 아이들이 빠르게 성장하고 있고 그 중 2명은 집을 떠나 학교를 다니고 있기 때문입니다. 시간의 소비는 자금의 소비와 반비례하는 것 같습니다. 사려 깊은 친지들과 친구들로부터 받은 '값싼 기성

복'을 고치려면 많은 생각과 연구를 해야 하기 때문입니다. 그러나 선교사 월급으로 간신히 수지를 맞추려면 그렇게 할 필요가 있습니다. 옷들을 안과 밖과 사방으로 짜서 고쳐야하고 한편 쉴 새 없이 다니는 어린 아들 둘도 매일 훈육하여야 합니다. 방해가 되는 일들이 너무나 많아 무언가를 참으로 철저히 잘 한다는 것이 매우 어렵습니다.

한국인들과의 만남을 위한 시간이나 힘이 거의 남아 있지 않은 것 같습니다. 다만 주일 예배 시간에 특별 찬양을 하는 젊은 여성들로 구성된 성가대를 훈련시키기 위해 매주 수요일 시간을 낼 수는 있습니다 (연습을 위해 모일 수 있다면). 그리고 저는 지역 YWCA. 그룹에서 '고문'(번역하면 일종의 조언자라는 의미)을 맡고 있는데, 이 그룹에서는 교회의 젊은 부인들이 서로에게 유익하고 좋은 만남을 가질 수 있습니다. 이 모임은 참으로 전도에 힘쓰는 모임입니다. 모이는 여성들이 아이 어머니들이라 여유 시간이 많지 않지만 매달 때때로 시간을 내어 가까운 마을들로 전도하러 가고 주일에는 마을의 연장 주일학교들을 위해 교사로서 활동합니다.

(일주일에 몇 시간씩 내어 여성주일교실과 성경학교에서 찬양 지도하는 일이 현재 저의 활동입니다.)

개인 보고서

• Mrs. T. S. Soltau, 1933-1934

정원을 위한 가장 이상적인 날씨는 해만 나는 날씨도 아니고 비만 내리는 날씨도 아니며 해와 비가 번갈아 있는 날씨입니다. 그러므로 "주의 말씀을 심고 기르는" 우리가 땅을 부드럽게 할 폭풍우가 없는 맑은 하늘만 기대하거나 심지어 바란다면 매우 어리석을 것입니다.

지나간 한 해는 오래 동안 기다리던 어머니가 오셔서 매우 기뻤고 잊을 수 없는 성탄절을 포함하여 3개월 동안 우리와 함께 지내시다가 저의 형제들을 만나러 가셨습니다. 그러나 한편 우리 가족은 지난 한 해 동안 병으로 인해 거의 대부분의 시간을 격리 상태에서 또는 특별한 식이요법을 하면서 또는 격리 상태에서 특별한 식이요법을 하면서 보낸 것 같습니다.

(8월에 해안 지역에서 돌아왔을 때) 저의 교회 성가대는 증발한 것 같았고 회생시키기 어려워 보였습니다. 더 어린 소녀들을 모아 시작해보려고 한 시도도 안 되었고 저 자신이 회원으로 있는 기혼 부인 선교회도 죽어가는 상황이었습니다. 기혼 부인 선교회는 최근 다시 살아나는 듯이 보였으나 저는 건강 악화로 인해 당분간 일을 할 수 없었습니다.

금년에는 첫째 어린 새가 우리 가정의 둥지를 떠나게 됩니다. 우리 장녀 엘리놀 애니(Eleanor Anne)가 한국에서 학교를 졸업하고 미국에서 교육을 마무리하려 하기 때문입니다. 그러나 매일 작은 두 아들들을 훈육하는 일이 여전히 있고 때로 병으로 인해 지장을 받기도 하지만, 그렇게 한 해가 빠르게 지나갔습니다.

• Mrs. T. S. Soltau, 1934 - 1935

금년도 지난 많은 해들과 마찬가지로 매일 해야 하는 일들을 하면서 다른 일을 위한 여유 시간과 힘은 없었습니다. 작은 두 아들을 매일 훈육하고 가족들을 위한 옷을 수선하며 가사 일들에 문제가 없도록 하는 것이 저의 모든 것을 흡수했습니다. 다만 성경학교 여학생들에게 두 달 동안 일주일에 한 시간씩 찬양을 지도하면서 이 여성들과 반가운 만남들이 있었습니다.

금년에는 우리 가정의 둥지에서 처음으로 가족이 떠났습니다. 우리 장녀 엘리놀이 평양의 외국인 학교를 졸업하고 미국으로 가서 지금은 휘튼 대학교를 다니고 있습니다.

개인 보고서

• Mary C. Soltau, 1935-1936

또 한 해가 지나갔지만 글로 쓰는 저의 활동 보고는 작년과 매우 비슷해 보일 것입니다.

학년이 다른 두 아들을 매일 훈육하는 일은 사실상 저의 모든 시간과 힘을 들여야 하는 일입니다. 그러나 가사 일이 있고 또한 바느질을 할 줄 아는 여성이 한 분 있지만 도움을 받기는 어려운 상황이라 가족의 옷들을 입을 수 있는 상태로 유지하려고 노력하다 보면 항상 불가피하게 지장을 받게 됩니다.

본 지부의 다른 인원들이 휴가 중이라 선교위원회 일이 평소보다 많아져서 금년에는 저의 남편의 업무가 거의 두 배로 늘었고 이에 따라 저의 업무도 많아졌습니다. 남편의 자주 있는 시골 및 다른 지부 방문들, 그리고 도쿄까지 가는 여행도 문제가 없도록 짐을 꾸려 떠나보내는 일 등이 그러합니다.

남편이 전주에 있는 남장로교 선교지부를 방문할 때 저희 가족이 동행하여 한 주일 동안 다른 경치를 보는 즐거움이 있었습니다. 거기서 그는 선교사들을 위한 성경 컨퍼런스를 인도하였고 우리는 귀한 대접을 받았습니다.

저의 어머니가 방문하여 함께 계셔서 행복했는데 금년에 미국으로 돌아가셨습니다. 우리 둘째 딸 메리가 평양 고등학교를 졸업하고 미국으로 가서 교육을 마무리하려고 합니다. 우리 가족 중에서 두 번째로 (일시적이 아니라) 완전히 떨어져 나가는 것입니다.

봄 학기에는 여성 성경학교에서 음악을 돕는 시간을 약간 가질 수 있어서 좋았고 다만 그러한 일을 더 많이 맡을 수 없어 미안한 마음입니다.

보고자: Mary C. Soltau

• Mary C. Soltau, 1929 - 1930

지난 한 해 동안 성취한 일들을 기록하는 것이 마치 동화에서 끝날 수 없는 이야기를 요구하는 왕에게 한 재치 있는 신하가 곡물 창고 이야기를 하는 것 같습니다. 밀알이 산더미 같이 쌓여있는 창고 속으로 어느 날 한 개미가 작은 틈을 통해 들어가서 밀알 한 알을 가져가고 그 다음 날 또 하나를 가져가고 하는 식으로 그 신하가 이야기를 끝없이 하자 왕은 그 신하에게 선물을 주어 돌아가게 했다고 합니다. 저는 성장하는 소녀들을 위해 만든 많은 옷들과 옷단을 늘인 많은 일들, 그리고 집안 가득하게 모인 홍역 앓는 사람들에게 소다수 목욕을 시키고 증기 흡입을 시킨 일을 다 기록해야 합니다. 저는 대부분의 낮 시간을 이러한 일들로 보내었고 때로는 밤을 새우기도 하였습니다. 그러니 그 일들을 다 기록하려면 곡물 창고 이야기를 하는 것과 비슷합니다.

우리 작은 딸이 진단이 불가능해 보이는 병이 있어 성탄절 즈음에 평양 외국인 학교를 중단하고 사실상 네 달 동안 누워 있었습니다. 이로 인해 저는 훈련 받은 간호사로서의 역할을 더 하여야 했습니다.

이러한 일들이 있었지만, 한편 저는 로위 박사(Dr. Lowe)와 로위 부인(Mrs. Lowe)에게 약 4개월간 안식처와 집을 제공할 수 있었습니다. 이 부부는 집에 필요한 부엌 스토브조차 없는 외지의 외인들이었는데 그 후 자신들의 둥지를 덮을 깃털들을 모아 떠나셨습니다.

성탄절을 위해 젊은이들 성가대를 훈련시키는 일은 많은 시간과 노력을 필요로 하였습니다. 그러나 그 결과는 최고의 음악적 수준은 아니었지만 성가대원 자신들과 예배 참석자들에게는 만족스러웠던 것이 분명해 보입니다. 여하튼 그것이 주된 목적입니다.

6. 한국에서의 사역을 마무리하며

소열도 선교사의 한국 사역의 후반부에는 성경 학교를 운영하고 노회 관련 규정을 마련하였으며 전국을 순회하며 시골 사역에도 힘썼다. 특히 소열도 선교사는 집회 사역에도 큰 역할을 하였다. 평양에서 시내 25개 교회의 임원들을 위해 3일간의 집회를 인도하였는데, 하루에 두 번 새벽과 저녁 집회가 250명으로 시작하여 그 숫자는 1,000명 이상으로 늘었으며, 주일 저녁 숭실대학 체육관에서는 5,000명이 넘는 신자들이 연합예배를 드렸다.

이 시기는 일제 강점기였기 때문에 소열도 선교사의 한국 사역에 있어서 신사 참배 문제 또한 중요한 부분이었다. 신사 참배는 1934년 선교 50주년 희년 행사에서도 논의 되었으며 소열도 선교사는 선교회 실행위원회 위원으로서 신사참배 문제를 정부와 협의하기 위한 특별위원회의 위원으로 활동 하였다. 특히 신사참배 문제는 매우 심각하며 선교회의 교육 사역에 광범위한 영향을 주고 있었다. 소열도 선교사는 약 50일간 이 문제가 매우 민감한 사안이므로 양쪽 모두 만족할 수 있을 해결책을 찾기 위해 실행위원회를 대표하여 위원회 차원의 회의에 참석하였고 또 다양한 정부 관료들과의 만남을 가졌지만 큰 실효를 거두지 못하고 낙담하였다.

소열도 선교사는 마지막 임기의 후반에 결정 되지 않은 거취에 대하여 고민하였다. 15년간 지냈던 청주에서 머무르거나 본국의 신학교로 돌아가는 갈림길에서 "청주에서의 사역이 한국 교회를 위해 최선인지" 아니면 "교회의 변화하는 내적 및 외적 상황이 우리를 본국 신학교로 가도록 부르고 있으며, 우리가 하나님의 섭리 속에서 본국 신학교에 가서 장차 교회를 이끌 젊은이들을 양성하는 것이 더 유익한 사역이 될 수 있을지" 성령님의 분명하신 인도하심만을 따름을 고백하였다.

1936년 Korean Mission Field에 기고한 글에서 소열도 선교사는 하나님의 섭리 속에서 한국 교회를 위한 선교회의 지속적이고 새로운 형태의 지원을 강조하였다.

• 1934 - 1935

지난 한 해는 특별히 중요한 한 해로서 다양한 새로운 경험과 새로운 형태의 활동이 있었는데 그 중 일부는 저 개인적으로 많은 축복이 되었고 저의 눈을 열어 한국 교회의 새로운 성장과 발전 가능성을 볼 수 있게 해 주었습니다. 이 보고서는 내용이 다양하여 저의 활동들을 시간 순으로 열거하기보다 여러 가지 제목으로 분류하여 기록하였습니다.

선교회 사역

지난봄의 사역은 본 선교회의 연례 모임 후 곧 이어진 본 선교회의 희년 기념식에서 정점에 달했습니다. 기념식에 대해서는 이미 많은 보고를 하였으므로 여기에 다시 쓸 필요는 없지만 다른 선교회들이 신실한 반응을 보이며 많은 대표들을 임명하여 보낸 것, 총독부에서 일부 지도자들을 대표로서 보내고 초대받은 모든 선교회의 대표들을 총독부 관저에서 특별 환영회를 열어 환대한 것, 그리고 기념회의 각 모임에 참석한 많은 분들이 큰 관심을 보였던 것은 담당했던 위원회와 그 위원회의 비서였던 저에게 큰 감사의 원천이 되었습니다.

소위 '신사참배 문제'에 관한 일과, 우리 선교의사들의 의료면허를 확보하는 일, 그리고 새 선교사 지도위원회의 의장직에 관하여는 특별히 보고할 만한 것이 사실상 없습니다. 그러나 약간의 시간과 상당한 생각을 요하는 일들이었습니다.

한 해 동안 저는 평양에서 연합기독대학교의 정규 이사회 모임에 두 번 참석하였는데, 이 대학교의 재정 상태와 학문적 기준과 한국 교회 및 한국인들에 대한 유용성이 지속적으로 좋아지고 있어 고무적이었습니다.

지역 사역

성경 컨퍼런스와 성경학교 일들이 지역 사역에 포함되어야 할지 노회 사역에 포함되어야 할지 다소 불분명하나 그것은 중요하지 않습니다. 9월의 지도자 교실에는 참석자들이 많았고 관심도와 받은 축복의 관점에서 볼 때 가장 좋았던 모임들 중 하나였습니다. 안동(경북 안동)의 크레덜스(Mr. Crethers)가 사역과 책임에 관하여 유용한 제안들을 우리 전도사들과 장로들에게 하였고 그의 메시지로부터 모두 큰 유익을 얻었습니다.

신년 설 기간 중에 있었던 남성 일반 교실에서도 우리는 또 한 번 매우 유익한 모임을 또 가졌습니다. 저는 루스 팩슨 양(Miss Ruth Paxon)의 책『가장 높은 수준의 삶』제3권에 대한 수업을 마무리 하였습니다. 몇 년 전 장로들과 전도사들에게 제1권을 가르치기 시작하여 나머지도 연속해 지도자 교실과 일반 교실을 통해 가르쳐왔습니다. 참석자들은 모두 도움을 받았고 기쁘게 수업을 받았습니다.

남성 성경학교는 다섯 번째 교실(두 명의 청년으로 구성)을 졸업시켰습니다. 그 달의 수업은 평소와 같이 매우 큰 즐거움이었습니다. 해가 갈수록 더 젊은 층의 학생들이 오는 것 같았는데 저는 성숙하고 경험 있는 사람들을 모아 균형을 잡을 수 있기를 바라고 있습니다. 한편 성경학교 사역의 가치는 노회에서 점점 인정을 받고 있으며 장차 등록자 수가 더 많아질 것으로 확신하고 있습니다.

노회 사역

노회와 관련하여 가장 중요한 일은 새로운 교회 규정을 마련하고 인쇄하여 이 영역 전체에서 사용되도록 한 일일 것입니다. 우리는 내용을 총회의 요구 사항들에 맞춘 한 세트의 교회 규정집 책들을 만들었으며 각 교회마다 한 세트씩 비치하는 중입니다. 교회들은 이 책들을 받고 매우 만족하고 있으며 제가 아는 한 모두 큰 관심을 갖고 책 구매를 위해 비용을 지출하였습니다. 노회의 지시는 없었지만 저는 세례지원자로서 등록하고 세례를 받을 사람들에게 수여할 증명서를 만들어 인쇄하였습니다. 이 증명서는 세례를 받기 위한 절차의 의미와 그와 관련된 자신의 의무들을 더 잘 이해할 수 있도록 도움이 될 것입니다.

지난 한 해 동안 있었던 또 하나의 발전은 본 노회의 세 개 교구에서 '교회임원협회"들을 조직한 것입니다. 사실상 저의 모든 사역이 걸려 있는 남부 교구의 협회는 매우 활동적이었으며 이미 상당한 성과를 거두어 교회들을 연결시키고 그들 속에 새로운 열심을 일으키며 담당 전도사의 월급을 올려야 할 책임을 그들이 새롭게 인식하도록 하였습니다. 약 1년 전부터 우리는 노회의 임명을 받은 분들과 협의하면서 해외로부터 오는 전도사 월급 보조금(선교회로부터의 보조금이건 개인 자금으로부터의 보조금이건)을 노회 전역에서 월 23원으로 줄였고 이번 4월에 한 번 더 그 정도의 금액을 줄였습니다. 교회들은 재정을 거의 자체 충당하고 있으며 어느 때보다 더 교회 재정에 관심을 갖고 있습니다. 영동교회는 이제 자신의 전도사 지원 비용을 완전히 자체 충당하고 있으며 2-3년 내에 전담 목회자를 초빙할 수 있게 될 것입니다. 교회임원협회는 보조금을 줄이려는 계획을 수행하는데 큰 도움이 되고 있으며 2-3년 내에 보조금이 사실상 없어질 것으로 예상됩니다.

가을에는 3일 동안 남부교구협회를 조직한 일 외에 특별희년기념회를 열어서 여러 교회들의 대표들에게 자체적으로 희년 예배를 인도하는 방법과 희년 기념식을 위해 총회가 마련한 희년 책자들을 보급하는 방법을 알려주었습니다. 이 협회는 초봄에도 연례 모임을 갖고 그 모임과 연계하여 일주일 동안 성경 컨퍼런스를 가졌으며 참석한 모든 사람은 도움과 축복을 받았습니다. 당시 여러 가지 현실적인 교회 문제들을 논의하였는데 내려진 결정들 중 하나는 교구 전역에서 성경통신과정 시행을 추진하는 것이었습니다. 그 이후 제가 관할하는 3개 구역에서 약 50명의 학생이 등록하였으며, 믿음을 견고하게 하고 성장시키는데 장차 크게 기여할 것으로 우리는 믿고 있습니다. 현재 우리 앞에 놓인 가장 중요한 과제는 젊은 새 성도들을 영적으로 성장하도록 양육하는 일이라고 저는 믿습니다. 그런데 이 일은 가장 중요하면서도 가장 어려운데, 그 이유는 1년 2회의 교회 방문만으로는 교회 성도들과 접촉을 유지하는 것이 거의 불가능하기 때문입니다. 그러나 통신과정이 시행되면 이를 통하여 지속적으로 강조하고 격려함으로써 상당한 성과를 거둘 수 있을 것으로 저는 믿고 있습니다.

전국 사역

지난 한 해도 통상적인 순회 설교를 하면서 100일 정도를 시골에서 사역할 수 있었습니다. 여기에는 정규적인 교회 방문이 포함되며, 이 교회들에서 나타나는 새로운 생명과 성장의 징조들은 매우 고무적입니다. 옥천(충북)은 새로운 교회를 마련했는데, "양철지붕(부유한)" 성도를 가진 최초의 참 '시골' 교회들 중 하나가 될 것입니다. 이 교회는 M***(?)에 있을 때 다소 부진한 상태였는데 근처의 더 큰 마을로 이사한 후 성도 수가 크게 늘었고, 가까운 장래에 매우 힘 있는 교회가 될 것으로 충분히 보여집니다. Kai*im에 있는 새로운 그룹은 지난 한 해 동안 매우 건실한 성장을 보였고 그 지역에서 뿌리를 견고히 내리고 있습니다. 대양리(보은군 탄부면)과 정방리(옥천군 안내면)에서는 지난 가을 데비양(Miss Davie)과 한 전도부인이 성경 컨퍼런스를 인도한 이후 괄목할만한 성장이 있었습니다. 이번 봄 3일간 Kwa***(?)에 있는 동안 매우 고무적인 결과를 보았습니다. 그곳에는 수년 전 한 약한 그룹이 있었는데 1-2년 정도만 지속되다가 그 지역 담당 전도사와 지도자들이 이사하여 떠나자 사라졌었습니다. 그런데 다른 곳에서 믿음을 갖게 되었지만 공무원 남편을 따라 그곳으로 이사해 온 여성들이 여럿 있음을 우리가 이번 봄 3일간 그곳에서 지내는 동안 알게 되었습니다. 그들은 매우 충성스러웠으며, 제가 떠나던 날 아침에 헌금이 드려졌고 한 달 내에 교회 건물 건축을 시작하기로 결정되었습니다. 그러므로 여름에는 그곳에서 활기 있는 작은 그룹이 시작될 것으로 보입니다. 저의 관할에 속한 시골 구역들에서 지난 12개월 동안 매우 뚜렷한 성장이 있었습니다. 적어도 지난 5년과 비교할 때 세례 받거나 세례를 지원한 성도 수가 2-3배로 늘었으며 내년에는 그보다도 훨씬 많아지리라 믿을 수 있는 많은 이유들이 있습니다. 이러한 성장은 외국의 재정 지원을 받는 특별한 운동이나 전도사에 의한 것이 아니라 전적으로 교회들이 자발적으로 성취하였으므로 더욱 건실하고 신뢰할 수 있습니다.

교회임원협회와 연계하여 청산(청주)에서 일주일간의 성경 컨퍼런스를 가진 외에 옥천(Okock-chon)과 영동에서도 성경 컨퍼런스를 가졌는데 모든 곳에서 관심도가 높았고 축복이 있었습니다.

지방 사역

지난해는 이 지역 교회 및 학교와 관련하여 유난히 바쁜 한 해였습니다. 도심에서 더 떨어진 변두리에 있는 두 번째 교회의 건축이 진행되고 있습니다. 그 건물이 크지 않고 수수하지만 거의 200명을 수용할 수 있습니다.그 건물 부지를 선택하고 매입하며 건축 계획을 세우기 위한 의논에 상당한 시간이 걸렸습니다. 그러나 그러한 노력은 매우 가치 있었으며 내년 중 약 100명 성도가 모이는 새로운 교회가 시작되면 모교회도 크게 고무되어 영적인 활력을 얻고 성장할 것으로 저는 믿고 있습니다.

영광스럽게도 어느 누구 보다 오래 동안 제가 교장으로 있는 이 교회 초등학교가 이번 봄에 30주년 기념식을 가졌습니다. 기념식이 상당히 잘 알려져서 지역 공무원 등이 많이 참석하였습니다. 학교를 영구적으로 운영할 수 있는 기반을 마련하기 위해 기부금 모금을 시작했는데 첫 기부금으로서 1,000엔 약간 넘는 금액이 약정되었습니다. 현재 학생 수는 학교가 세워진 이래 가장 많은 180명이며 학교가 더 알려지고 학생 수가 늘어나서 1-2년 내에 학교 건물을 개축하고 교사들을 더 받을 수 있게 되기를 우리는 바라고 있습니다.

겨울 학기 초에 5일 동안 박학천 목사의 인도로 가졌던 복음 집회를 여기에 언급하지 않을 수 없습니다. 이 집회는 어린이들과 교사들 모두에게 큰 축복이었으며 학교 전체 분위기를 크게 바꾸어 놓았습니다. 우리는 앞으로 그러한 집회를 학교 정규프로그램의 일부로 만들기를 희망하고 있습니다. 현재 한국 장로교에서는 우리 선교회만 그러한 집회를 가졌는데 한국 장로교에 소속된 어린 학생들이 17,000명이고 한국 장로교가 그들을 위한 복음 사역에 있어 좋은 기회들 중 하나를 소홀히 하고 있다는 확신을 갖게 되었습니다.

특별 사역

배정된 정규 사역 임무 외에 저는 특권적인 다른 일들이 있었습니다. 가족과 함께 순천에 일주일 동안 머물면서 그 지역 남장로교 지부의 선교사들을 대상으로 성경 컨퍼런스를 인도하였던 기억이 언제나 좋은 기억으로 남을 것입니다. 그곳에서의 환대와 교제도 특별하게 좋았지만 그 근처에 있는 큰 미션 나환자 수용소에서의 사역을 볼 기회들이 있었고 저도 600명 이상의 나환자들이 모인 집회에서 말씀을 전하는 경험을 하였습니다.

우리 노회의 보냄을 받아 위원으로서 한국 총회에 참석하였는데 한국 장로교 남부파와 북부파 간의 해 묵은 갈등이 최근 7-8년 동안 심화되다가 서울에서 있었던 그 총회 마지막 모임에서 중대한 국면에 들어가게 되었고 한국 장로교가 양분될 수도 있다는 매우 심각한 분위기가 만들어졌습니다. 총회 모임 중 화해 시도가 있었고 마펫 박사(Dr. Moffett)가 모든 전 총회의장들을 한 자리에 소집하여 기도하였지만 소용이 없었습니다. 상황이 너무 심각하여 특별한 노력이 필요해 보였고, 홀드크로프트 박사(Dr. Holdcroft, 허대전)를 포함하여 여러 분들과 상의한 후 우리는 청주에서 수련회를 갖기로 하였습니다. 이 수련회에 대표적인 한국인 목회자들과 선교사들이 초청되어 여러 날 동안 함께 성경공부와 기도와 모든 문제에 관한 회의를 하였습니다. 약 40명이 초청에 응하여 참석하였고 모두가 큰 축복을 받았습니다. 어떤 분들은 가장 도움이 되는 경험이었다고 하였고 사실상 모든 참석자들이 한결같이 막연한 마음과 형제들에 대한 씁쓸한 마음을 가지고 왔으나 모임을 갖는 동안 그러한 감정들이 사라지고 받은 은혜에 대한 감사와 교회를 위해 기도하겠다는 결단으로 심령이 가득하여 집에 돌아가게 되었다고 하였습니다. 또한 사역을 다소 줄이는 한이 있더라도 모든 장로교 목사들을 모아 가능하다면 봄에 그와 비슷한 집회를 또 갖고 함께 기도하며 회의를 갖도록 주관하는 것보다 이 시점에서 외국인 선교사들이 한국 교회를 위해 할 수 있는 더 큰 일은 없다는 말도 덧붙였습니다.

그 후 몇 달 동안 참석했던 분들과 서신을 주고받으면서 청주에서 받은 축복이 일시적인 것이 아니라 지속적으로 그들의 삶을 풍요하게 하고 있음을 알게 되었습니다. 한편 서울 총회에서 있었던 상황은 나아지지 않았으며, 우리가 순천을 왕래하는 길에 전주와 광주 지부들을 방문하면서 알게 된 것은 전라 노회들이 매우 깊은 영향을 받아서 많은 지도적인 목사들이 총회의 분열이 불가피하다는 의견을 보였다는 것이었습니다. 홀드크로프트 박사 및 불 박사(Dr. Bul, 불 박사는 남장로교 지부 소속이며 청주 모임에서 중요한 역할을 하였음)과 함께 많이 기도하고 의논한 후 전주의 남장로교 선교 지부에서 더 큰 수련회를 갖기 위한 계획을 반드시 세워야겠다는 느낌을 우리는 갖게 되었습니다. 다만 일부 지도자 격인 선교사들과 한국인 목사들은 그렇게 하는 것에 회의를 갖고 있음을 공개적으로 표현하며 강하게 반대하였습니다. 우리는 모든 장로교 선교 단체들에게 편지들을 보내어 상황의 심각성을 알리면서 경비를 충당하기 위한 헌금과 기도를 요청하였습니다. 반응은 매우 만족스러웠고 이에 우리는 한국의 모든 장로교 목사들 350분에게 초청장을 보내면서 모임에서의 비용은 우리가 지불하겠으니 여비만 자비로 하여 오시라고 요청하였습니다. 모임의 순서를 맡은 분들은 하루 일찍 오시도록 요청하여 하루 동안 함께 의논하며 기도하였습니다. 10명이 그렇게 하루 일찍 모여서 주께서 그 모임을 주의 이름의 영광을 위하여 사용하시고 회의를 인간이 아니라 성령께서 주관해 주실 것을 간구하였습니다. 우리 기도는 풍성하게 응답받아 한국인 목사 132명과 선교사 13명이 참석하였습니다. 개회 모임부터 폐회 모임까지 5일 동안 심각성을 강하게 느끼면서 스스로 깊이 심령을 살피고 모두가 함께 책임져야 할 죄를 고백하며 성령의 부으심을 매우 갈급하게 간구하였습니다. 양 쪽 진영의 지도자들이 모두 죄를 고백하며 통회하고 한국 전역을 휩쓸 큰 부흥을 위해 매일 기도하겠다고 약속하였습니다. 폐회 모임에서 모든 사람들이 각자 자신을 주께 재헌신하며 사용해 주실 것을 간구하였습니다. 우리는 이 모임의 결실이 널리 확산되고 지속되리라 믿으며 또한 시간이 지남에 따라 한국 전역에 크게 확산되어 교회 전체에 부흥을 가져오리라 믿습니다. 총회 문제는 아직 완전히 해결되지 않았지만 해결책을 찾을 수 있는 분위기가 조성되었고, 올바른 해결책을 찾고자 하는 간절함이 현재 분명히 보이고 있습니다. 그 후 서울 노회와 전북 노회는 자체 모임들이 있었는데 그 모임들에서 전주 수련회의 효과가 잘 나타났고 또 전주 수련회가 자주 언급되었습니다. 그러한 운동과 연결된 것은 저의 생애에 있어서 큰 특권들 중 하나였습니다. 장차 선이 주도적이 될 수도 있고 악이 주도적이 될 수도 있는 갈림길에 서 있는 이때에 기도의 힘과 기도를 통해 성령의 인도하심을 받음에 대하여 우리 모두가 더 알아야 한다고 저는 확신합니다.

저의 가족에 관한 간단한 소식으로 보고서를 마칩니다. 지난여름 우리는 장녀인 엘리놀 애니(Eleanor Anne)와 작별 인사를 하였고 장녀는 휘튼 대학교에 입학하여 매우 잘 정착하였습니다. 장녀가 떠나는 것을 보면서 매우 마음이 힘들었는데 앞으로 몇 년 동안 있을 여러 작별들 중 첫 작별이었기 때문에 더욱 그러했습니다. 그러나 그것은 선교사의 삶의 일부이며 우리는 불평할 수 없습니다. 한편 지난해의 많은 시간을 장모님과 함께 지낼 수 있게 되어 우리는 매우 행복했으며 당분간 더 함께 계실 것입니다.

• 1935 - 1936

금년 사역의 끝을 바라보면서 안도의 한숨을 쉽니다. 한국에 와서 보낸 28년 중 가장 힘들고 어려웠던 해였기 때문입니다. 우리의 세 번째 임기가 끝나가는 한편 한국에 마지막으로 들어온 후 7년이 되어가고 있어 우리는 몸과 마음이 상당히 지쳐있음을 느끼며 다음 번 휴가를 떠나는 것이 가능하다면 매우 감사한 일일 것입니다.

간결함과 명확함을 위해, 이야기 형식으로 쓰지 않고 저의 여러 활동들을 몇 가지 제목 하에 보고합니다.

지부 사역

로웬(Lowen)과 헌트(Hunt)가 휴가 중이라 지부의 인력이 부족하여 우리는 모두 평소보다 많은 책무를 수행하게 되었습니다. 가을에 있었던 지도자 교실은 매우 성공적이었고 감사하게도 미국에서 오신 캐리 박사(Dr. Karry)가 하루에 두 번 말씀을 전하였고 저는 그와 참석자들을 위해 통역을 하였습니다. 저는 또한 청년 교실을 매일 한 시간씩 가르치며 소선지서들 중 몇 권을 소개하였습니다. 신년 설 기간에 일주일 동안 있었던 남성성경컨퍼런스는 우리가 희망하고 기대했던 것만큼 참석자들이 많지는 않았지만 관심도가 높았습니다. 지난 2-3년 동안 본 노회가 주관하는 성경 컨퍼런스들 참석자 총 수가 매우 크게 증가했는데, 아마도 이것이 청주에서 열린 연례 남성 및 임원 컨퍼런스들 참석자 수가 더 많이 증가하지 않은 주된 이유일 수 있습니다. 이미 다른 컨퍼런스들에 참석한 사람들은 또 하나의 컨퍼런스에 참석하기 위해 청주에 올 만한 경제적 및 시간적 여유가 없다고 느끼기 때문입니다. 이곳 남성성경학교는 과거를 돌이켜 볼 때 사역의 질과 참석자들의 열심에 있어서 이번이 가장 좋았습니다. 30명이 약간 넘는 청년들이 참석했는데, 교실에서의 수업뿐 아니라 그들의 믿음과 관련된 중요한 문제들에 대한 몇 번의 추가 강의에도 매우 뜨거운 관심을 보였습니다. 그 기간 동안 공부와 교제를 통해 받은 축복과 기쁨을 이야기 하며 크게 감사의 편지들을 몇 명의 참석자들로부터 받았습니다. 저는 1년차 참석자들에게는 그리스도의 생애를, 3년차 참석자들 교실에서는 로마서를 가르치는 특권을 가졌고 그 사역을 하면서 저 자신이 많은 은혜와 축복을 받았습니다.

지난 한 해 동안 저의 순회 설교는 선교회의 다른 임무들로 인해 심한 지장을 받았습니다. 때문에 순회 설교를 떠나지 못한 경우들도 있었고 세 번은 떠나기는 했으나 도중에 서울로 소집하는 전보를 받았습니다. 특히 안타까웠던 것은 금년에 헌트(Mr. Hunt)의 두 노회들을 책임지도록 노회의 지시를 받았으나 금년 봄에는 그 노회들을 방문하지 못하고 한국인 목사들에게 대신 방문해 달라고 요청해야 했습니다. 이 두 노회들에서는 겨울에 전도사들이 바뀌었는데 이로 인해 일들이 더

쉬워지지는 않았습니다. 지금까지 전도사 자리 하나가 비어있는데 우리는 우리 신학교 학생들 중 한 명을 임시로 여름 동안 그 자리를 채우도록 하여 그 학생은 경험을 얻고 그 노회 사람들은 그와 그의 역량과 그의 헌신을 알 수 있는 기회를 갖도록 하고자 합니다. 이곳 시골 교회들의 상황을 보면 겨울 사역은 전체적으로 특별하게 고무적이었습니다. 약 25개 그룹이 있는 저의 교구에서 5개의 새로운 교회 건물들이 지어졌고 현재 여섯 번째 교회 건물의 건축이 시작되고 있습니다. 또 다른 큰 건물에는 철로 된 지붕을 설치하였습니다. 저는 현재 본 노회와 총회의 연간 통계를 작성하고 있는데, 통계가 완성되면 교회들이 과거 어느 때보다도 훨씬 더 많은 자금을 지출하였음이 확인될 것으로 확신합니다. 그 모든 자금은 성도들 스스로 모았으며, 한편 선교회 보조금은 200엔 정도 줄었습니다. 내년에도 그 정도의 보조금을 줄이기로 이미 결정되었으므로 우리는 수년 동안 바랐던 진정한 자립에 빠르게 다가가고 있음을 느낍니다. 시골 그룹들의 영적 상태 역시 꾸준한 성장을 보이고 있습니다. 특히 저의 담당인 남 교구에서는 거의 모든 교회들이 실로 건실한 기반 위에 있으므로 장차 지속적인 성장과 증가를 기대할 수 있습니다. 약 2년 전에 구성된 교구교회임원협회는 물질적인 도움을 주면서 관할 지역 내의 모든 교회들 사이에 새로운 협력과 교제의 분위기를 만들어 가고 있습니다. 이 협회의 연례 모임에서 보고된 바에 따르면 63명이 통신 성경공부과정에 등록하였고 451명이 여덟 개의 여름방학성경학교에 등록하였으며, 약 600명이 여러 교회에서 열리는 스물 두 개의 성경 컨퍼런스에 등록하였습니다. 저는 지난 한 해 동안 적어도 100일을 시골 순회 설교에 사용하겠다고 스스로에게 약속하였지만 70일만을 사용할 수 있었습니다.

우리 지부 구내에 5,000그루의 묘목을 심는 일을 도왔는데 그 묘목들이 장차 지부의 아름다운 울타리가 되기를 기대하고 있습니다. 그러나 그 묘목들의 품질이 좋지 않아서 상당수는 죽을 것으로 우려됩니다.

지역 교회

지난봄에 4년간 우리와 함께 하던 목사님이 갑자기 사임하고 평양으로 떠났습니다. 그는 여기 있는 동안 훌륭한 사역을 하였고 교회는 그 어느 때보다도 더 건실해졌으며 설비도 더 갖추게 되었습니다. 갑자기 떠나시므로 모든 성도들이 사랑과 축하 속에 보내드리면서도 매우 아쉽고 섭섭해 하였는데, 이곳에서 사역했던 어떤 목사님과도 그렇게까지 서운하게 떨어졌던 적은 없었습니다. 몇 주 후에 새로운 분이 확보되어 현재까지 훌륭한 사역을 하고 있으며 장차 매우 좋은 후임이 될 것이 분명합니다. 이 분은 최근 신학교를 졸업하였으나 아직 목사 안수를 받지 않았으므로 그의 안수식이 있을 차기 노회 모임 때까지는 제가 그 교회를 전적으로 책임지게 됩니다. 한편 겨울에 두 번째 청주 교회가 모교회로부터 분리되어 설립되므로 저의 책임은 두 배가 됩니다. 두 번째 교회 부지와 건물은 지난봄에 있었던 창립기념일특별헌금을 통해 마련되었고 기존 성도들 중 약 50명이 두 번째 교회의 핵심 멤버들이 되어 떠나게 됩니다. 신실한 장로 한 분이 두 번째 교회 담당 전도사로 임명되었고, 저는 며칠 후 참석자들 중 몇 명을 점검한 후 세례를 줄 예정입니다. 첫 번째 교회는 두 번째 교회 즉 자교회 전도사 월급의 2/3를 담당하고, 또한 자교회가 완전히 자립할 때까지 필요한 대로 계속 도울 것입니다.

초등학교

제가 명목상 교장인 초등학교는 몇 달 전 14명을 졸업시켰습니다. 이 학교 개교 이래 가장 많은 졸업생 수였고, 현재 등록 학생 수가 처음으로 200명을 넘어섰습니다. 1,000엔 이상이 모금되어 기부금으로서 학교에 투자되었으며 학교 건물과 장비에 상당한 개선이 이루어졌고 교사 한 명도 영입되었습니다. 우리는 이 학교가 사역을 계속하도록 허락되기를 간절히 바랄 뿐입니다. 이번 봄에 약 20명의 어린이들이 교사의 개입 없이 스스로 학기 시작 전에 찾아와서 세례를 받기 위해 또는 세례 지원자가 되기 위해 시험을 치렀습니다. 이는 성령께서 그들의 심령 속에서 실제로 역사하고 계심을 보여줍니다.

선교회 임무

선교회 실행위원회 위원으로서 저는 신사참배 문제를 정부와 협의하기 위한 특별위원회의 위원으로 선택되어서 상당한 시간을 다른 일 대신 신사참배 문제에 사용하였습니다. 이 문제는 매우 심각하며 우리 선교회의 교육 사역에 광범위한 영향을 주고 있습니다. 저는 매우 복잡한 이 문제에 대하여 양쪽 모두 만족할 수 있을 해결책을 찾기 위해 실행위원회를 대표하여 위원회 차원의 회의에 참석하고 또 다양한 정부 관료들과 만나면서 총 46일을 소모하였습니다. 안타깝게도 아직까지는 성공적이지 않으며 이 나라에서 우리 교육 사역의 미래가 현재로서는 불투명합니다.

새 선교사 지도위원회의 의장으로서 저는 젊은 선교사들에게 설문서를 보내고 그들 중 추수감사절 기간에 청주에 있을 수 있는 분들을 가능한 많이 모아서 짧은 컨퍼런스를 가질 수 있도록 준비하였습니다. 우리는 2시간씩 여러 번 모여서 설문서에 대한 그들의 답변 서신에 나타난 언어 및 적응과 관련된 다양한 문제들을 이야기 하였습니다. 그 시간들이 우리 모두에게 유익하였다고 생각합니다. 기독문학협회의 신탁위원회 모임들과 연합기독대학 위원회 모임들에도 참석하였습니다.

총회

지난 9월에는 한국 총회에 참석하여 성찬식 직전에 설교를 하는 특권을 가졌습니다. 그 모임들은 예전과 같이 매우 뜨거웠는데, 이로 인해 무릎에 심한 종기가 자라서 저는 연합위원회에서 이틀간 특별 모임들을 인도하기로 약속했었지만 그 대신 병원에서 수술을 받고 10일간 휴식하였습니다. 해외선교위원회 실행위원회의 위원과 전진위원회 실행위원회의 위원으로 선출되었기 때문에 관련된 일로 총회 기간 중에 그리고 그 후에도 연중 계속하여 상당한 양의 일을 추가로 하게 되었습니다. 우리들 중 일부가 청주에서 1년 동안 준비했던 장로교 목사들을 위한 수련회에서는 큰 축복이 있었습니다. 이에 총회의 지시에 따라 총회의 전진위원회가 그와 비슷한 모임을 이번 봄에 금강산에서 갖도록 준비하였습니다. 저는 준비위원회와 본 수련회의 의장으로서 상당한 시간을 프로그램을 준비하고 강사를 확보하는 등의 일에 사용하였으며 그 일의 대부분은 서신을 통해 이루어졌으므로 상당한 노동이 필요했습니다. 그 모임에는 거의 200명의 목사들이 참석하였고 대부분 많은 축복과 도움을 받았습니다. 그러므로 이러한 수련회를 정규적인 연례행사로 만들기 위해 다음 총회에서 특별한 노력을 하기로 모두 열심을 갖고 표결을 통해 결정하였습니다.

전진위원회에서는 우리가 내년에 모든 공무원들에게 요한복음을 증정하여 그리스도의 복음의 핵심을 알릴 수 있도록 하려는 계획을 세우고 있습니다. 이 계획을 오는 총회에서 제시하려고 하며 채택된다면 오는 겨울에 실행될 것입니다. 한국에는 분명 3-4만 명의 공무원들이 있을 것이고, 그러한 계획이 실행될 수 있다면 그들 모두에게 적어도 기독교와 복음의 의미에 관해 조금이라도 알 수 있는 기회를 주게 되므로 좋은 결과가 많이 있을 수밖에 없을 것입니다.

집회 사역

지난 한 해 동안 맡은 여러 임무들이 있었지만 그 외에 인도 요청을 받은 2개의 컨퍼런스와 관련하여 특별한 기회가 있었습니다. 첫 집회는 평양에서 있었는데 큰 복음 운동을 준비하기 위해 연합하여 모인 평양 시내 25개 교회의 임원들을 위해 3일간의 컨퍼런스를 인도해 달라는 초청을 받았습니다. 하루에 두 번, 즉 새벽과 저녁에 집회를 가지는 중 참석자 수가 250명에서 1,000명 이상으로 늘어났습니다. 그들은 모두 교회 임원들이거나 주일학교 교사들이었습니다. 주일 저녁 집회에는 대학교 체육관에 5,000명이 넘는 참석자들이 연합예배로 모였습니다. 그러한 집회에서 말씀을 전하는 것은 흔하지 않고 쉽게 잊지 못할 특권이었습니다. 다른 한 집회는 전주에서 일주일간 있었는데 그곳의 남장로교 선교사들을 위한 것이었습니다. 저는 "십자가의 의미"와 빌립보서에 관하여 하루에 두 번 말씀을 전하였습니다. 가족이 모두 저와 함께 가서 좋은 교제의 시간이 있었고 그곳의 친절한 형제들로부터 진심 어린 환대를 받았습니다.

보고서를 마무리하면서 저희 가족의 생활과 경험에 대하여 간단히 씁니다. 사실상 2년간 저희 가족과 함께 지내셨던 저의 장모님이 2월에 미국으로 떠나셨고 저는 도쿄까지 동행하였습니다. 도쿄에 간 기회에 저는 영향력이 있는 일본인 성도들과 선교사들을 만나 우리 학교들이 직면하고 있는 어려운 상황을 해결할 수 있는 최선의 방법을 찾고자 의논하였습니다.

우리 가족의 다음 휴식은 이번 여름 8월에 가질 것인데 이 때 우리 둘째 딸과 작별을 해야 합니다. 둘째 딸 메리(Mary)는 우리를 떠나 휘튼 대학교에 입학하게 되며 현재 그 대학교에는 메리의 언니가 이제 2학년 학업을 마무리하고 있습니다. 우리는 휴가를 받게 되면 메리와 함께 미국에 가기를 매우 희망하고 기대했었지만 모든 휴가를 1년 미루어 달라는 위원회의 요청이 있어 또 한 해를 열심으로 사역하며 8년을 채우게 될 것으로 생각하고 있습니다.

우리의 장래에 관해서도 우리는 다소 불확실한 상황입니다. 위원회에서 갑자기 본국 신학교 교직원을 선출하게 되었는데 이는 선교회 모임에서 다루어질 것입니다. 선교회 모임에서는 지난 15년 동안 매우 행복하게 지냈던 이곳 청주에 우리가 계속 머무르는 것이 조선 교회를 위해 최선인지 아니면 교회의 변화하는 내적 및 외적 상황이 우리를 본국 신학교로 가도록 부르고 있으며 우리가 하나님의 섭리 속에서 본국 신학교에 가서 장차 교회를 이끌 젊은이들을 양성하는 것이 더 유익한 사역이 될 수 있을 지에 관해 결정을 내리게 될 것입니다. 그 결정이 우리 자신이 아닌 선교회에 의해 내려질 것이라는 점은 심히 감사한 일입니다. 우리는 성령님의 분명한 인도하심을 위해 기도합니다.

제3부

신앙과 신학 기억하기

1.『신자 생활의 첩경』을 통해 본 초기 한국 기독교 윤리관

『신자 생활의 첩경』[14]은 초기 기독교인들을 교육하는 것을 목적으로 쓰여 진 책으로 조선예수교 서회에서 발행되었다. 솔토는 서문에서 이 책의 목적을 다음과 같이 쓰고 있다.

> 예수 그리스도를 믿기로 작정하고 교회에 입교하기는 비교적 쉬운 일이나 날마다 하나님의 참 자녀로 생활하며 범사에 복음의 권능을 드러내기는 매우 어려운 일이다. 여러 번 믿는다고 함으로 교인된 사람들이 주님의 요구하시는 대로 하지 아니함으로 교회를 방해하는 것이 되고 믿는다고 하며 참 신앙이 무엇인지 알아보고자 하는 자에게 오히려 낙심하게 한다. 이 책은 참 신자의 생활에 필요한 요소를 간단히 알게 해 드리기 위하여 쓴 것이나 노형도 이 책을 읽고 공부하시면서 마

14) 기독교대백과사전편찬위원회(편) "신자생활의 첩경"『기독교대백과사전』전10권 (서울: 기독교문사, 1983), 413 참조

음속에 주님께 기도하기를 임의 성공을 얻지 못한 까닭을 알게 하시며 새 은혜와 힘을 주심으로 이 앞으로 과연 주님께 영광을 돌리며 많은 사람에게 복을 끼칠 만한 생활을 하게 하시기를 간구할 것이다.[15]

이 책은 7장[16]으로 구성되어 있는데 사경회에서 공부할 때 적합하다고 저자는 이야기하고 있다. 그리고 한 장씩 공부하지 못할 경우 반드시 7장은 읽고 익혀달라고 당부한다.[17]

전체 7장으로 구성된 이 책의 전반부는 교리에 대해 후반부는 신자들의 실생활에 대해 구체적으로 제시하고 있다. 이 책은 당시 한국 교회가 신앙의 경건성과 윤리에 대해 고민하던 바를 초신자들 뿐 아니라 기독교인 모두와 함께 고민한 흔적이 담겨있는 소중한 자료이다.

우선 1장은 기독교의 기초가 되는 하나님에 대한 신앙을 강조하면서 성신의 위격과 성신이란 각 신자에게 선물로 주신 것이라는 점을 말한다. 그리고 성신의 하시는 역사와 성신을 충만하게 받게 하셨다는 점을 강조한다. 그리고 마지막으로 성신에 대한 죄를 언급하면서 하나님에 대한 신앙, 성경의 기초를 정리했다.

2장은 신자와 성경에 대한 것으로, 하나님의 권세 있는 말씀으로서의 성경, 신자가 성경을 자기 생활의 표준으로 받아야 함을 이야기한다.

15) 본 글에 인용된『신자 생활의 첩경』의 대목들은 필요한 단어들 중 중요한 개념은 출판 당시의 표기를 그대로 살리되, 내용은 의미 전달상 불편함을 줄이기 위해 현대어로 풀어 적었다.『신자생활의 첩경』서론 1면.

16)『신자생활의 첩경』에 대한 연구자 중, 이장형은 본서가 7장으로 구성된 이유를 사경회 7일에 맞추었기 때문이라고 보면서 신입 교인들을 위한 연구 지침서의 성격을 지녔다고 한다.『기독교사회윤리』제 26권. 한국기독교사회윤리학회 편 (서울: 선학사, 2015), 426.

17) 서론, 1.

3장과 4장은 개인 윤리 차원의 가르침으로 주일 성수와 가정에 대한 문제를 언급하고 있다. 특히 안식일의 기원부터 안식일에 대한 명령, 안식일을 지키는 방법과 안식일을 지키는 자들이 받게 될 복에 대해 상세히 언급한다. 그리고 가정에 대한 부분에서는 가정을 단체, 하나의 공동체로 본 점이 이채로우며 남편과 아내의 관계부터 자녀의 혼인과 가정 기도회까지 다루고 있다.

5장과 6장은 신자와 오락, 신자와 청지기라는 부분으로 일종의 사회윤리 차원의 논의이다. 이는 쾌락과 청지기직을 통한 재물의 문제를 다루면서 오락의 기준은 오직 하나님께 영광을 돌릴 때 의미가 있음을 강조하고 청지기의 책임과 재물의 사용, 헌금에 대해 말하고 있다.

7장은 솔토 자신이 가장 강조하고 싶었던 부분이라고 언급되는데 여기서는 신자의 경건한 생활을 다룬다. 이 장에서는 '경건한 생활'이라는 주제를 통해 신앙과 교리와 실제 생활의 구분을 극복할 수 있는 방안을 모색한다.

아래에 『신자 생활의 첩경』 전반적인 내용을 구체적인 목차와 내용을 현대어로 풀어 놓고 필요한 부분에 덧글을 적었다.[18] 당시 한국 교회 선교 역사를 가늠하기 위한 자료로 활용될 수 있을 것이다.

> 예수 그리스도를 믿기로 작정하고 교회에 입교하기는 비교적 쉬운 일이나 날마다 하나님의 참 자녀로 생활하며 범사에 복음의 권능을 드러내기는 매우 어려운 일이다. 여러 번 믿는다고 함으로 교인된 사람들이 주님의 요구하시는 대로 하지 아니함으로 교회를 방해하는 것이

---

18) 『신자생활의 첩경』 1-장은 교리적인 부분을 상세하게 성경 말씀을 근거로 들면서 설명하고 있다. 이에 대한 내용은 본문 그대로 현대어로 옮겼다. 그리고 실제 생활의 모습을 들어 기독교 윤리의 방향을 제시한 5-7장 은 본문과 더불어 필요한 부분에 해제를 담았다.

되고 믿는다고 하며 참 신앙이 무엇인지 알아보고자 하는 자에게 오히려 낙심하게 한다. 이 책은 참 신자의 생활에 필요한 요소를 간단히 알게 해 드리기 위하여 쓴 것이나 노형도 이 책을 읽고 공부하시면서 마음 속에 주님께 기도하기를 임의 성공을 얻지 못한 까닭을 알게 하시며 새 은혜와 힘을 주심으로 이 앞으로 과연 주님께 영광을 돌리며 많은 사람에게 복을 끼칠 만한 생활을 하게 하시기를 간구할 것이다. 본서는 모두 7장으로 되었는데, 사경회에서 공부할 때에 하루 한 장씩 마치면 좋을 것이다. 그러나 시간상 관계로 다 하지 못하게 되는 경우에는 반드시 제7장을 공부하기를 바란다. 여러분의 신앙생활에 만분의 일이라도 도움이 있기를 바라는 바이다.

一九三五. 九. 四日

저자 소열도 씀

『신자 생활의 첩경』 목차

4. 성신을 충만하게 받게 하심

1) 각 신자의 특권

2) 각 신자의 받은 명령

3) 성신을 충만하게 받을 방침

5. 성신에 대한 죄

1) 성신을 훼방하는 죄

2) 성신을 거스르는 죄

3) 성신을 근심하게 하는 죄

4) 성신을 소멸시키는 죄

제2장 신자와 성경

1. 하나님의 권세 있는 말씀

1) 하나님의 말씀의 뜻

하나님의 일하시는 역사

하나님이 성경을 관계하신 것

2) 성경이 하나님의 말씀된 증거

성경에 있는 증거

성경에 있는 교훈

예언과 응험

그리스도의 위와 역사

사람의 요구를 만족케 함

2. 신자가 자기 생활의 표준으로 받음

1) 성경을 순종할 것

2) 성경을 귀중히 여길 것

3) 성경을 공부할 것

4) 성경의 그림자

제6장 신자와 청지기

1. 청지기의 책임
2. 청지기의 직분의 범위
    1) 하나님의 오묘한 도
    2) 우리의 육체
    3) 우리의 시간
    4) 우리의 재정
3. 연보의 원리

제7장 신자와 경건한 생활

1. 경건한 생활의 필요
2. 규칙적으로 할 것
3. 경건한 생활
    1) 매일 성경을 읽을 것
    2) 매일 기도할 것
    3) 매일 성신을 의지할 것
4. 참 경건한 생활의 결과
    1) 하나님의 임재를 깨닫게 됨
    2) 매일 지도하심을 받게 됨
    3) 신앙이 항상 발전하게 됨
    4) 하나님의 말씀을 더욱 깨닫게 됨
    5) 하나님의 초자연적 역사

『신자 생활의 첩경』 제1장 : 신자와 성신

솔토 선교사는 기독교 교리 강의 첫 머리를 '성령'(당시 성신으로 표현됨)에 대한 설명으로 시작한다. 성령의 역할과 기독교인 개개인이 모두 받게 된 선물로서의 성령에 대해 신구약을 망라하며 구체적으로 논한다. 다음으로는 성령을 받게 된 기독교인의 변화에 대해 설명하는데, 성령은 각각 기독교인을 거듭나게 하고 동시에 거룩하게 하는 존재임을 말한다. 주목할 만한 것은 이러한 성령을 단 한번 받는 것으로 끝나는 것이 아니라 성령을 언제나 늘 '충만하게 받아야 함'을 주장한다. 성신을 충만하게 받을 방법은 단 한가지인데, 우리가 가진 것을 다 하나님께 바치고 아버지의 허락하심을 믿음으로 일정하게 붙잡아야 가능하다. 기독교인들이 제각기 자신을 성령에게 모두 드릴 때 성령을 더욱 충만하게 받는다는 것이다. 자신과 교만과 세상의 자랑을 내 마음에서 내어 좇아야 성령이 들어오셔서 주관하실 수 있다는 것을 강조하고 있다. 마지막으로 사람들은 성령에게 죄를 지을 수 있는데, 그 죄는 ▲ 성신을 훼방하는 죄 ▲ 성신을 거스르는 죄 ▲ 성신을 근심하게 하는 죄 ▲ 성신을 소멸시키는 죄이다.

참 신자의 생활을 하려면 먼저 성신을 확실히 알아야 할 것이다. 성신과 나와 상관된 것과 내안에서 하시는 역사와 나로 하여금 하게 하시려는 것이 무엇인지 알아야 할 것이다.

1. 성신의 위

삼위일체 중 성신도 한 위인데 영원 전부터 성부와 성자와 함께 계셨으나 직분과 사람에게 관계하시는 것은 따로 있다. 주님이 말씀하신 바와 같이 (요 十六장 十, 十一) 성신께서 믿는 사람가운데 역사하시며 그들로 하여금 마음속에 세 가지 문제에 대하야 정죄함을 받게 하신 것이 있으니

- 주님을 믿지 않는 것이 모든 죄의 근원이다.
- 의는 그리스도님 외에는 의가 없는 것이다.
- 심판은 백성들이 거룩하시고 의로우신 하나님께 받을 것이다.

2. 성신은 각 신자에게 주신 선물

하나님 아버지께서 선물로 주신 것 두 가지가 있으니

- 세상에 당신의 아들을 주심 (요 三장 十六)
  (一) 아버지를 나타내기 위함이니 (마 十一장 二十七) 우리가 그리스도 없이는 하나님을 알지 못함이다. (눅 十二十二)
  (二) 우리 죄를 구속하시고 사하시기 위하야 (요 一二十九)
- 교회에 성신을 주심 (요 十四장 十六)
  하나님께서 성신을 선물로 주셨으니 (롬 八상 九) 성신이 주 예수님의 십자가에서 역사하신 결과를 하나님의 자녀의 마음에 주심이다.

3. 성신의 하시는 역사

하나님의 자녀의 마음속에 성신께서 성경 말씀대로 여러 가지로 역사하심

1) 거듭나게 하심

요한 三장 三. 五절에 있는 말씀대로 사람은 물과 성신으로 거듭나지 아니하면 하나님 나라를 볼수없다 하셨다. 성신께서 신자의 마음속에 역사하사 그로 하여금 자기 죄와 하나님 앞에 소망이 없는 것을 깨달아 알고 믿음으로 주를 붙잡게 하신다. 아모 사람이던지 하나님만이 주시는 생명을 받음으로 거듭나 하나님의 참 자녀가 되고 그 시간부터 새롭고 끝없는 생활을 시작하게 된다. (벳후 一장 四)

2) 거룩하게 하심

사람은 제 뜻으로 거듭나지 못하고 (요 一장 十二 - 十三) 오직 성신의 권능으로 거듭나게 된것과 같이 역시 성신이 계속 하시는 역사로 사람은 거룩한 생활로 지내며 주님의 거룩하신 형상으로 지내게 된다. (고후 三장 十八) 하나님의 자녀가 알던지 모르던지 성신께서 그 마음가온데 거하신다. (요 十四장 十六) 고전 三장 十六절에 너희가 하나님의 성전이 된 것과 하나님의 성신이 너희 마음에 거하심을 알지 못하나니 하였다 우리의 감정은 어떠하던지 우리가 거듭난 후에 성신이 우리 안에 항상 거하신다.

(一) 우리를 가르치시기 위하여

진리의 신으로 우리를 모든 진리 가운데 인도하심이다. (요 十六장 十四) 우리에게 모든 것을 가르치시고 주님의 말씀을 기억케 하시고 (요 十四장 二十六) 하나님의 신령한 뜻을 우리에게 나타내실 것이다. (요일 二장 二十七)

(二) 우리를 인도하시기 위하여

거듭나게 하신 하나님의 신으로 우리를 인도하시고 우리의 생활을 주관하시려고 하며 (갈 五장 二十五) 또한 우리로 하여금 하나님의 자녀로서 그의 거룩하신 뜻대로 깨끗한 생활을 하게하시려고 한다. (롬 八장 十四)

(三) 우리를 보호하시기 위하여

우리 연약한 것을 도우시나니 성신이 말할수 없는 탄식으로 우리를 위하야 친히 기도하시며 (롬 八장 二六) 또 친히 우리 신으로 더불어 우리가 그의 자녀된 것을 증거하심으로 보호하시나니라 (롬 八장 十六)

(四) 강건하게 하시기 위하여

주 예수를 죽은 자 가운데서 다시 살리신 능력은 (엡 一장 十九. 二十一) 우리를 강건하게 하시려고 마음 속에 역사하시며 (엡 三장 十六-二十) 또 하나님께 영광을 돌리기 위하여 날마다 생활하는 가운데 우리로 하여금 결실을 맺게 하며 (갈 五장 二十二-二十三) 또 우리 성품을 그리스도와 같이 되게 함으로써 우리를 거룩하게 하려고 항상 역사하신다. (고전 六장 十一)

4. 성신을 충만하게 받게 하심

성경 가운데 성신을 받는 것과 충만하게 받는 것은 분별하여 말하였다. 임의 본 바와 같이 참신자마다 거듭날 때부터 성신을 밧고 그날부터 성신이 항상 그 마음에 거하신다. 그러나 이 밖에는 사도들과 다른 교인들이 성신 충만히 받기를 한번 만 한 것이 아니라 여러번 받았다. 예를 들어 말하면「베드로」가 오순절에 성신을 충만히 받았고 (행 二장 四) 며칠 지난 후 여러 관속들 앞에서 또 받았고 (행 四장 八) 또『예루살렘』에서 기도회로 모일 때도 충만하게 받았다고 한다.

1) 각 신자의 특권

성신을 충만하게 받는것은 각신자의 특권이다. 성신을 충만히 받는것은 하나님의 자녀들이 예수그리스도 안에서 받은 기업의 일부분이다. 이것은 아버지 허락에 (행 一장 四) 포함된 것으로서 신자가 이것을 받은 후에야 그의 영화로우신 주님을 온전히 증거할 만 하게 된다 (행 一장 八)

2) 각 신자의 받은 명령

선신의 충만함을 받으라 (엡 五장 十八) 이 말씀은 우리에게 내리신 명령이다. 성신께서 우리의 주인 되시고 우리를 완전히 주관하사 그의 거룩하신 뜻대로 우리를 사용하시며 우리로 하여금 주 예수 그리스도의 영화로우시고 거룩하신 형상으로 화하게 하여야 우리가 주님의 계획을 이룰 것이며 우리가 참으로 하나님 앞에 기뻐하실 만한 열매를 맺을 것이다.

3) 성신을 충만하게 받을 방침

성신을 충만하게 받을 방침은 하나밖에 없으니 곧 우리 있는 것을 다 그에게 바치고 아버지의 허락하심을 믿음으로 일정하게 붙잡아야 할 것이다. 우리가 우리 자신을 성신에게 더욱더 바칠 수록 성신을 더욱더 충만히 받을 것이다. 자신과 교만과 세상의 자랑을 내 마음에서 내어 쫓아야 성신이 들어오셔서 주관하실 것이다. 사도「바울」이 이뜻으로 롬 十二장 一 - 二에 말씀하시기를 그런고로 그리스도 예수의 크신 사랑과 구원을 인하야「몸으로 산제사를 드리라 이는 거룩하고 하나님을 기쁘시게 하는 것이니 너희의 당연한 예법이라. 너희가 이 세대를 본받지말고 오직 변하야 새 마음을 받으라」하였다. 하나님에게 드리는 뜻은 드린 물건은 그때부터 나의 소유가 아니고 하나님의 소유로 알고서 (고전 六장 十九-二十) 하나님의 뜻대로 사용하게 될 줄로 아는 것이다. 만일 나의 자신과 육신을 이 뜻으로 겸손하고 충성되게 하나님께 바치면 성신이 나를 충만케 하사 하나님의 거룩하신 뜻을 이루기 위하여 사용할 것으로 알아야 할 것이다. 이 충만하게 되는 것은 한번만 받고 말 것이 아니고 항상 계속하야 될 것이다. 예를 들어 말하면 샘이나 강에 새 물이 항상 들어 와서 물이 그대로 새 물로 있는 것과 같이 우리도 새로 삶을 얻어 행하려고 하면 (롬 六장 四) 매일 성신의 들어오심을 받아야 주님의 허락하신 풍성한 생명이 우리 마음에 넘쳐 있을 것이다 (요 十장 十. 四장 十四)

5. 성신에 대한 죄

성신에 대한 죄는 여러 가지가 있는데 그중에 몇 가지를 기록하면 아래와 같다.

1) 성신을 훼방하는 죄 (막 三장 二十二-三十)

이 죄는 하나님의 아들의 거룩하고 영화로우신 생명의 결과를 더러운 마귀의 능력으로 되었다고 하는 것이다. 그대에 이죄를 범하는 사람들에게 사실을 명백하게 보였으니 그들의 마음들이 은혜를 져버리고 하나님을 심히 대적함으로 영원한 죄를 범했고 죄 사함 받을 소망이 없어졌다. (막 三장 二九)

2) 성신을 거스르는 죄 (행 七장 五四)

무리가 「스데반」의 말을 듣고 그의 전한 진리로 마음에 찔림을 받았다. 그 말이 참 인줄 알고 자기 죄를 깨달았으나 마음 가운데 성신의 뜻을 거사리며 하나님을 배척하는 가운데 「스데반」을 돌로 쳐 죽인 것이다.

3) 성신을 근심하게 하는 죄 (엡 四장 三十)

하나님의 성신을 근심하게 하지 말라 (히 三장 十六. 시 七十八편 四十) 우리가 이미 본 바와 같이 신자의 육신은 성신의 전이니 그의 림재(臨在)를 모르는 체하고 그의 뜻을 알면서 순종치 아니하며 그의 명백한 계명을 불복하는 것은 성신을 거사리는 것이며 그뿐만 아니라 그 능력이 드러나는 것을 막는 것이다.

4) 성신을 소멸시키는 죄 (살전 五장 十九)

우리 마음에서 성신을 내어 쫓는다는 것보다도 그의 사랑과 권능을 나타내지 못하도록 멸하는 것이다. 성신을 이와 같이 대접함으로 그의 거하시는 것이 우리 생활 가운데 다시 보이지 아니하며 따라서 능력이나 기쁨이나 평안함이나 하나님과 사귀는 것이 다 없어지고 만다. 구약 시대에 「솔로몬」이 성전을 하나님께 드릴 때에 하나님께서 영광을 모든 사람에게 내리사 성전 안에 거하게 되였다. 그리하여 백성들이 하나님의 계명을 순종하는 동안에는 나라가 왕성하며 하나님의 임재를 보게 되였으나 백성들이 죄를 범하고 우상을 섬기는 때에는 하나님의 영광은 지성소에 거하야 나타나 보이지 않고 나라는 원수에게 패하야 큰 환난을 당하기를 백성들이 참으로 회개하고 성전에서 다시 하나님을 공경할 때까지 계속하였다.

불을 소멸식히는 방침 셋이 있으니

一. 불을 돌아보지 않음

二. 불에 물을 붓는 것

三. 타지 않는 물건을 불 위에 두는 것.

이와 같이 성신을 소멸시키는 방침 셋이 있으니

一. 모르는 체하여 성신을 상관치 않고 하나님 말씀을 보지도 않고 기

도하지 않는 것이오

二. 알고도 죄를 범하며 하나님의 슬퍼하시는 일을 행함이오

三. 세상을 사랑함과 자의(自意)로 온 마음을 주관하야 성신의 감화를 소멸시키는 것이다.

이상과 같은 경우의 결과는 다 일반이니 내 마음과 생활에서 성신의 역사를 막음으로 그가 주관하시고 인도하시지 못하게 하는 것이다.

『신자 생활의 첩경』 제2장 신자와 성경

성령 다음으로 중요하게 소개한 교리가 '성경'이다. 하나님의 권세 있는 말씀으로서의 성경이 어떻게 사람들에게 전해졌으며, '유일하고 실수 없이 기록된 책'임을 주장한다. 또한 성경은 과연 하나님의 계시하신 것이 확실하게 증명된 책으로 그 증거는 영혼을 먹이시고 사람들의 요구와 위안과 은혜와 능력을 받게 한다고 말한다. 솔토는 단순히 성경의 능력을 나열하는 데 그치지 않고 반드시 성경을 공부해야 한다고 말한다. 이를 통해 사람들은 ▲ 거울 - 사람의 참 상태를 드러내는 능력 ▲ 물 - 깨끗하고 시원하게 하는 능력 ▲ 양식 - 어린 아이의 젖, 어른의 굳은 양식, 병자를 위한 꿀로서의 능력 ▲ 등불 - 길을 비추는 능력 ▲ 검 - 악과 마귀를 대적하는 것 ▲ 불 - 죄악을 소멸시키는 능력 ▲ 방망이 - 사람의 완고한 마음을 깨뜨리는 능력 ▲ 씨 - 각 사람 마음 가운데 심기울 수 있는 능력을 받게 된다고 설명하고 있다.

신자생활 중에 중요한 것 두 가지가 있으니 성신과 성경이다. 이 둘이 연학하여 우리에게 하나님의 뜻과 우리를 위하야 경영하신 것을

나타낸다. 성경은 나를 위하야 하나님의 뜻의 나타냄을 지시한다. 성신이 나의 마음눈을 밝히셔야 하나님의 말씀에 있는 오묘하고 신령한 이치를 내가 깨달을 수가 있다.

1. 하나님의 권세있는 말씀

성경은 유일하고 실수없이 기록한 책이며 다른 책에 없고 다른 방법으로 알아 볼 수 없는 진리를 포함하였는데 즉 사람에게 하나님이 나타내시고저 하시는 것이다.

1) 하나님의 말씀의 뜻

하나님의 일하시는 역사

하나님께서 세상 사람 가운데 일하시는 역사이니 곳 초자연적 역사이다. 이 역사는 하나님이 자기의 예정대로 사람을 주고나하시는 일을 우리에게 나타내보이심이다.

하나님이 성경을 관계하신 것

성경 말씀을 기록하면서 하나님이 세 가지 관계하신 것이 있으니 다음과 같다.

(1) 二천년을 통하여 신구약 책을 기록케 하실 때에 하나님께서 특별이 각 책을 기록할 사람을 불렀으니 이 사람들이 여러 나라와 문화와 교육과 가정에서 나왔으니 이 특별한 일을 위하야 하나님께서 택하셨다.

(2) 하나님의 신은 모든 신자에게 허락하신 방법대로 초자연적으로 각 저술자에게 특별한 은혜를 주심으로 그로 하여금 마음 가운데 신

령한 감동을 받게 하셨다.

(3) 그럴뿐만 아니라 하나님의 감동은 성신의 역사하심으로 인하야 특별히 임하셨는데 성경 저술자들이 자기 성품과 특성을 드러낼 만하게 기록하였다. 성신이 그들을 이처럼 주관하심으로 실수없이 기록했고 하나님이 나타내시고저 하시는 것만을 기록하게 되었다. 그럼으로 그 기록한 말은 곳 하나님의 말씀이다.

2) 성경이 하나님의 말씀된 증거

성경에 있는 증거

성경은 과연 하나님의 말씀된 증거가 많으니 이 아래 몇가지를 기록한다. 딤후 三장 十六. 벳전 一장 十二. 벳후 一장 二十一절에 있는 말씀에 자기에 대한 세 가지 솔직하고 명백한 증거가 있다.

(一) 모든 성경은 하나님의 묵시 하신 바니 교훈과 책망과 바르게 함과 의로 교육하기에 유익하다.

(二) 이 모든 것을 자기를 위하야 베푸는 것이 아니요 너희를 위하야 베푸는 줄을 묵시로 알게 하셨으니 이것은 하늘로 부터 보내신 성신을 힘입어 복음을 전하는 자가 이제 너희게 고한 것이고 천사들도 또한 살펴보기를 원하시는 것이라

(三) 대개 예언은 언제든지 사람의 뜻으로 낸 것이 아니요 오직 사람이 성신의 감동하심을 입어 하나님께 받아 말한 것이니라

이 세가지 말씀 중에는 매우 필요한 뜻이 있으니 이것을 보고서 우리가 기억할 것은 다음과 같다.

(一) 모든 성경은 근원되신 하나님의 계시하신 바요.

(二) 저술자들이 자기의 힘으로 연구하야 말하지 않고 오직 자기가 기록한 것은 하나님의 신이 나타낸 것이며 또는 특별히 선지자로 된 저술자 가운데 자기가 기록한 그 말씀의 뜻을 완전히 깨닫지 못한 것이 많이 있다.

(三) 이 사람들이 저술한 문제는 너무도 깊고 오묘하니 사람들이 자기 지혜로 연구할 수 없을뿐만 아니라 무죄한 천사까지라도 깨닫지 못한 것이 있다. 우리가 구약 말씀을 찾아 볼 것 같으면 과연 이 말은 알 수 있다. 본문대로 말하면 선지자의 원뜻은 하나님의 입을 대신 하는 자이며 (출 四장 十六) 또 하나님의 말씀을 모든 백성에게 전하는 자이다. 그런고로 자연히 성경 가운데 「주의 입이 말씀하엿다」(렘 三十장 四. 사 八장 十一. 삼하 二十三장 一-二)고 하였다. 구약은 온전히 하나님의 나타내심의 역사와 하나님이 사람을 관계하심의 역사이며 그 어떤 부분은 주예수의 오실 계획과 준비이다. 또 신약에도 주님과 사도들이 구약 말씀의 권위를 세웠고. (마 一장 二三. 二장 十五. 행 四장 二五. 히 三장 七) 또 자기의 말슴의 권세도 세웠다. (고전 二장 十三. 十一장 二三. 엡 三장 三) 그러므로 이 세절만 보아도 성경은 신구약 전부가 근본적으로나 성질상으로나 일반적이며 포함된 모든 말씀은 과연 하나님의 말씀이며 하나님의 권세는 그 안에 자연히 계시는 줄을 확실히 알 것이다.

성경에 있는 교훈

온 세계에 잇는 책 가운데 성경에 기록한 하나님에게 대한 교훈처럼 명백하고 솔직하게 말한 교훈이 없다. 하나님의 존재나 특성이나 사람에게 관계된 것이나 인류를 위하는 경영을 오직 성경에만 분명하게 나타낸 것이다. 간단하게 이것을 소개하면

(一) 하나님의 존재에 대하여

홀로 계신 하나님 사 四十五장 五

보이지 않는 영원하신 하나님 딤후 六장 十五-十六)

전능하고 영생하신 하나님 사 四十장 二二. 二五. 二六. 二八

천지만물을 창조하신 하나님 창 一장 一

만물을 주관하시는 하나님 시 百五편 三. 행 四장 二六-二八

(二) 하나님의 특성에 대하여

거룩하심 사 六장 三-四

지혜로우심 단 二장 二十. 二十二

권능이 있음 딤전 一장 十七. 시 百四편 一-五

영광이 있음 묵 二十一장 二十三. 요일 一장 五

사랑이 있음 요일 四장 八

자비하심 벳후 三장 九. 딤전 二장 四. 마 十一장 二八-三十

권세가 있음 마 二十四장 三十五

(三) 인류에 대한 신의 경영

사랑과 구원 요 三장 十六. 요일 四장 十

죄사함과 은혜 시 百三편 一-五

공의로우심 행 十七장 三十一

예언과 응험

성경 말씀 중에 가장 이상한 것은 장래에 대한 예언과 그 예언이 명백하게 응한 것이다. 이 예언의 대부분은 그리스도의 첫 번 오실 것과 재림하실 것과 하나님이 택하신 백성의 장래를 말한 것이다. 그러나 그밖에도 다른 나라와 다른 성들에 대하야 관계된 말도 많이 있다.

1. 「바벨론」에 대하여 사 十三장 十九-二十二

2. 「두로」에 대하여 겔 二十六장 二-六

3. 「시돈」에 대하여 겔 二十八장 二十二. 二十三

4. 「암몬」에 대하여 겔 二十五장 三四

또는 개인에게 관계된 예언도 있는데 그중에 『파사』 왕 「고레스」는 이방 사람이라도 나기 전 一백 五十년 전에 그의 이름과 할 역사까지 명백하게 말하였다 (사 四十五장 一-七) 그리고 이 예언 중에 이미 응한 것도 있고 요 사이 응하는 중에 있는 것도 있다. 예수에게 대한 예언 가운데 몇 가지를 소개하면 아래와 같다.

- 그가 「하와」의 후손으로 사람이 되어나서 「사단」을 이기길 첫 허락 창 三장 四-五
- 「아브라함」의 자손으로 모든 인류의 복이 될 것 창 十二0一-三
- 왕 노릇 할 것 민 二十四장 十七
- 「유다」 지파에서 날 것 창 四十九장 八-十
- 선지자로 일하실 것 신 十八장 十九
- 「다윗」의 자손이 되실 것 삼하 七장 十四-十六. 사 十一장 一-二
- 五백년 안으로 나실 것 단 九장 二十五-二十六
- 처녀에게서 나실 것 사 七장 十三. 十四
- 『베들레헴』에서 나실 것 미 五장 二
- 능한 일을 많이 행하실 것 사 九장 六. 七
- 죄 업는 이로 죄인 위하여 고생하실 것 사 五十三장 四-六
- 은 三十량에 팔리실 것 섹 十一장 十二
- 십자가에 못박힐 것을 명백하게 예언하는 중에 옷 제비 뽑는 것까지 말한 것 시 二十二편
- 죄인과 같이 죽어 부자 무덤 가온데 장사할 것 사 五十三장 九

그리스도의 위와 역사

여러분께서 이미 본 바와 같이 구약 말씀 가운데 어떠한 분이 오실 것에 대하여 이상하고도 세밀한 예언이 많이 있는데 근 二천년 동안 여러 번 여러 모양으로 말씀하셨다. 구약 성경은 이 소망스러운 뜻으로 끝이 났다. (말 四장 二-三) 신약 성경에 들어 가 보면 마 一장 一절부터 그리스도 예수의 역사를 말씀 하셨는데 신약 저술자들이 말한 바와 같이 예수의 나신 것과 죽는 것까지 모두 다 하나님의 영원하신 경영으로서 여러 백년 전에 말한 구약의 예언대로 세밀하게 응하였다. 신약전편에 중심 문제는 그리스도 예수이다. 복음은 예수께서 살아계실 때에 행하신 역사와 죽은 후 부활을 가르쳤고 사도행전은 그의 승천하신 후에 어떻게 된 것과 교회 설립과 발전을 말하고 모든 편지들은 주님이 세상에 첫 번 오신 것과 다시 오실 허락을 설명하였다. 처음부터 끝까지 예수 그리스도는 유일하시고 초자연적 인물이 신인 (神人)으로 나타나신 것은 하나님의 허락대로 동정녀에게 나시고 (마 一장 十八. 二十. 二十一) 완전하신 신과 완전하신 사람으로 계시사 (요 一장 十四. 二十장 三十一. 마 三장 十七) 많은 이적을 행하시며 그의 권세있는 말씀은 다른 선생의 말과 같지 않다. (마 七장 二八-二九. 十三장 五四. 누 四장 三十二. 요 四장 四二) 그 죽으신 것은 예언을 응하였고 삼일 만에 죽은 자 가운데서 다시 살아나셨다. 이 사실이 그처럼 명백하게 됨으로 다시 예수를 보지 못할 줄 알던 사람까지라도 의심을 풀고 완전히 믿게 되였으며 (누 二十四장 四十一. 요 二十장 二七. 二八. 행 九장 一. 五. 六) 그리고 큰 무리들 앞에서 승천하셨다. (누 二十四장 五十-五十一. 행 一장 九-十一)

이 말씀을 읽어볼 때에 과연 제대로 알고『나사렛』예수는 과연 하나님의 아들이시고 (마 十六장 十六) 세상의 구주시며 (요 四장 四十二) 우리를 위하여 죽으신 줄로 믿지 않을 수 없다. 그뿐 아니라 이 모든 말씀을 기록한 이유는 우리로 하여금 주님을 알고 믿음으로 구원을 받게 하기 위함이다. 이럼으로 성경은 나에게 하나님의 말씀이 된 것이 확실하다.

사람의 요구를 만족케 함

성경은 과연 하나님의 계시하신 바 된 확실한 증거는 나의 영혼을 먹이시고 나로 하여금 나의 요구와 위안과 은혜와 능력을 받게 하는 것이다. 그럴뿐더러 지나간 一千九백년동안 각 나라에 있는 많은 사람에게 이러한 역사가 임했는데 성경은 벌서 八백 방언으로 번역하게 되었으며 가는 곳마다 소망과 평강과 빗과 구원을 일으키었다. 성경 외에는 이러한 사업을 일군 책은 없다. 성경 말씀 외에는 다 세인의 말뿐이니 참으로 하나님의 말씀이라야 이대로 할 수있는 것이다.

2. 신자가 자기 생활의 표준으로 받음

신자가 성경을 읽을 때에 그 가운데서 하나님이 저희에게 말씀하시고 저희에게 구원을 주시는줄로 알고 그 말로 말미암에 하나님의 요구하시는 것과 자기가 어떻게 생활하여야 하나님께 영광을 드릴 수 있는 것을 드러내는 것으로 알 것이다. 그럼으로 우리는 아래 기록한 것을 기억할 것이다.

1) 성경을 순종할 것

성경은 하나님의 거룩하시고 의로우신 법률을 포함한고로 세상 사람의 습관이나 핍박이나 기타 어떤 의견이던지 불구하고 우리 신자들은 성경을 순종하여야 한다.

2) 성경을 귀중히 여길 것

성경을 귀중히 여길 이유가 여러 가지 있으니

(一) 그 근원은 하나님이시오

(二) 그 사명은 구원이기 때문이오 (롬 一장 十六)

(三) 복음 외에는 죄인에게 소망이 없으며 (행 四장 十二)

(四) 그 무한한 이유는 하나님의 아들의 죽었기 때문이다.

3) 성경을 공부할 것

(一) 공부할 목적은 하나님의 아들을 친히 알기 위하여 (요 二十장 三十一)

(二) 공부할 태도

(1) 겸손하고 믿는 마음으로 할 것 (히 十一장 六)

(2) 사랑으로 공부하여야 할 것 (시 百十九편 一0三. 一二七)

(3) 순종하고자 하는 마음으로 공부할 것 (신 六장 一. 수 一장 八. 요 十四장 二十三)

어떠한 분이 말한 바와 같이 신자가 성경에 관계된 것은 다음과 같이 네 마디로 표시할 수가 있다.

(1) 알 것-하나님의 뜻을 알 것

(2) 복종할 것-하나님의 뜻을 복종할 것

(3) 바칠 것-하나님의 뜻대로 몸을 드릴 것

(4) 넘길 것-이미 받은 은혜와 복을 다른 사람에게 줄 것

4) 성경의 그림자

성경의 가치와 적당하게 사용할 것을 가르치기 위하야 여러 가지 례를 들어 말하는 가운데 이아래 두어 가지만 기록한다.

(1) 거울 - 사람의 참 상태를 드러내는 것 약 一장 二三-二五

(2) 물 - 깨끗하고 시원하게 하는 것 엡 五장 二五-二六. 요 十五장 三

(3) 양식 - 어린 아이의 젖 벳전 二장 二, 어른의 굳은 양식 히 五장 十四, 병자를 위한 꿀(약) 시 十九편 十

(4) 등불 - 길을 비추는 것 시 百十九편 百五

(5) 검 - 악과 마귀를 대적하는 것 엡 六장 十七

(6) 불 - 죄악을 소멸시키는 것 렘 二十장 九

(7) 방망이 - 사람의 완고한 마음을 깨뜨리는 것 렘 二十三장 二十九

(8) 씨 - 각 사람 마음 가운데 심을 것 눅 八장 十一. 벳전 一장 二十三

『신자 생활의 첩경』 제3장 신자와 주일

3장과 4장은 현대 신학적인 개념으로 개인 윤리에 속하는 내용이다. 우선 3장에서는 주일 성수에 대한 중요성을 강조한다. 솔토는 안식일은 하나님의 창조에서 비롯된 개념으로 일곱째 날에 대한 근거를 제시한다. 또한 안식일을 지키는 방침으로 소극적인 방법과 적극적인 방법을 구분하고 있는데, 전자는 신자들 개인의 차원에서 해석할 수 있는 것으로 보통 쉬는 날과의 차이에 대해 언급하고 후자는 하나님을 기쁘게 하는 역할을 하기 때문에 반드시 주일 성수를 할 것을 주장한다. 사실 이러한 안식에 대한 이야기는 구약 유대인에게 명한 것이지만 오늘날에도 주일을 지키는 것은 반드시 필요하다고 주장한다. 그리스도께서 율법을 완성하셨지만, 신자들은 거듭난 후에도 하나님의 율법을 지킬 책임이 있는데, 이는 하나님께 영광을 돌리기 위함이라고 솔토는 설명한다.

매일 생활에 대하야 신자의 지도하심을 받을 두 가지 큰 근원을 생각해본 즉 이제는 하나님께 영광을 드리고 세상 사람 앞에 확실한 증거를 내기 위하야 실행적 필요한 문제를 몇 가지로 공부할 것이다. 그 중에 첫째 문제는 주일이다. 불행은 주일을 지키는 것을 점점 어려워하고 따라서 많은 신자들이 전보다 주일을 덜 지킴으로 온 교회가 손해를 입게 되었다. 주일 지키는 것을 보면 흔히 개인적으로나 교회 단체적으로나 신앙이 앞으로 진보하는 여부를 잘 알 수가 있다.

1. 안식일의 근원

주일 문제의 필요함을 알아보려면 근본부터 알아볼 것인데 흔히 생각하기를 주일 지키는 것은 교회서 세운 규칙으로 인정하지만 사실은 교회를 세우기 오래 전부터 생긴 것이다. 창 二장 二절과 三절 말씀대로 일곱째 날은 하나님께서 임의 만드신 일을 마치신지라 그 만드시던 일은 그치시고 일곱째 날에 쉬셨다. 이날에 하나님이 만드시던 모든 일을 그치시고 쉬신 고로 일곱째 날은 복을 주사 거룩하게 하셨다 그런즉 안식일이나 주일은 세상 창조시부터 생긴 것이며 하나님이 자기 창조하심을 인하여 직접으로 세우신 것이니 마땅히 모든 인간들이 지킬 것이다.

2. 안식일에 대한 명령

하나님께서「모세」를 통하여 택하신『이스라엘』백성들에게 十계명을 주실 때에 사람으로서 하나님과 사람에게 반드시 해야 할 일을 총괄적으로 가르치사 모든 국제상 도덕과 개인의 도덕의 기초를 세워 주셨다. 그 중 제 사계명은 (출 二十장 八-十一)「안식일을 기억하야 그날을 거룩하게 하라 엿새 동안에 힘써 네 모든 일을 하고 7째 날은 너희 하나님 여호와의 안식일인즉 아무 일이던지 하지 말지니 네 아들이나 딸이나 네 남종이나 여종이나 네 육축이나 네 문 안에 거하는 객이라도 일하지 말나 대개 엿새 동안에 여호와께서 하늘과 땅과 바다와 그 가운데 만물을 만드시고 7째 되는 날에 쉬셧나니 그런고로 여호와께서 안식일을 복주어 거룩하게 하셧나니라 하시니라.

우리가 이와에 례 二十三장 三절. 겔 四十六장 三절. 출 三十一장 十二절-十七절을 보면 이하와 같이 알 수가 있다.

(一) 안식일은 하나님께서 정하신 날이다.

(二) 안식일은 육신의 안식과 원기 회복의 날이다.

(三) 안식일은 하나님 앞에 거룩하게 모여 예배하는 날이다.

(四) 안식일은 하나님이 당신의 창조하신 것을 생각하고 기뻐하는 날이다.

(五) 안식일은 하나님이 『이스라엘』 백성을 『애굽에서』 구속하심을 기억하는 날이다. (신 五0十五)

(六) 안식일에 대하여 특별한 복을 허락하신 일이 있음

(七) 계명을 주신 후에 처음으로 안식일을 범하는 때에 그 범하는 사람에게 사형선고를 하였다. (민 十五장 三十二-三十六)

3. 안식일을 지키는 방침

이사야 五十六장과 五十八장 말씀 중에 안식일을 지킬 것에 대하야 세밀한 말씀도 있다. 그중에 백성들에게 부탁하기를

1) 소극적으로

(1) 자기 일을 하지 말 것은 하나님을 기쁘시게 하기 위하여

(2) 자기의 오락을 그만둘 것은 그날을 거룩하게 지키고 보통 쉬는 날로 여지부 않게 하기 위하여

(3) 자기의 사담을 하지 말 것은 자기 소원과 욕심에 대한 일을 생각지 않게하기 위하여

2) 적극적으로

(1) 행동은 그날에 하나님께 영광을 돌니며 하나님을 기쁘시게 할 것 (요리문답 一문)

(2) 태도는 하나님의 기뻐하시는 일을 택할 것인데 하나님을 기쁘시게 하는 일은 신약에 주님이 가르치신 것과 같이 자비한 일이니 병자와 슬펴하는 자를 심방하야 주님의 이름으로 도와주는 것과 하나님의 사랑과 자비를 드러낼만한 개인 전도나 역사를 포함한 것이다.

(3) 정신에 대하여는 특별히 주일을 지키는데 대하여 주의 이름을 사랑할 것을 말하였다. 온 성경 안에 하나님의 이름이 특별한 의미가 있는 것은 그의 이름으로 하나님의 특성이 나타남이다. 이럼으로 특별히 성일에 백성들의 입술로 하나님의 이름을 부를 뿐만 아니라 마음과 생각 가운데 그의 이름을 귀중히 여겨야 할 것이다.

4. 안식일 지키는 자에게 허락하신 복

이 말슴 중에 안식일을 지키는 사람에게 여러 가지 귀한 복을 허락하셨으니

신령적 풍부 (사 五十六장 七) (깃븜)

하나님께 참 예배를 드리며 하나님을 교제함으로 다른데서 도저히 받을 수 없는 안심과 참 기쁨을 언을 것이다. (중략) 거듭나고 그리스도와

같이 하나님의 후사가 됨으로 그의 자녀가 된 자는 (롬 八장 十七) 영원토록 하나님의 영화로운 기업을 얻을 뿐 아니라 이 세상에 있을 동안이라도 기업을 받아 사용할 것이다. 육신적 요구와 신령적 요구에 대한 허락은 성경에 많이 있으나 하나님을 순종하고 날마다 행실과 말로써 하나님을 영화롭게 하는 자라야 이것을 받아 사용할 수가 있다.

5. 신자의 안식일은 주일이다

위에 말한 교훈과 허락들은 구약 시대 『유대』인에게 준 것이다. 그리고 오늘날 주일을 지킴에 대하여 같은 원리와 같은 허락이 신자에게 있는 것은 주 예수께서 부활하신 후 성신의 인도대로 주일은 신자의 안식일로 인정하고 지키게 됨으로써이다. 우리의 행실로는 구원을 얻을 수 없고 안식교인들이 주장하는 바와 같이 안식일이나 주일을 지킴으로 구원을 얻지 못하고 오직 그리스도의 완성하신 일을 인하야 하나님의 은혜로 구원을 받을 것뿐이다. 그러나 거듭난 후에라도 하나님의 율법을 지킬 큰 책임이 있어 범사에 하나님께 영광을 드릴만한 생각으로 계명을 지켜야 할 것이다. 여기 대하여 한 가지 큰 문제가 있으니 구약 율법 대로는 어찌하여 일곱째 날을 안식일로 지켰고 오늘날은 첫째날, 즉 주일을 안식일로 지켰는가 하는 것이다. 신약을 보니 주님이 부활하실 때부터 초대 교회가 주일에 모이기를 시작하였는데 (행 二장 七. 고전 十六장 二) 성신이 시키시는 대로 부활하심을 기억하기 위하여 한 듯하다. 어찌하여 이와 같이 변경하였는지 성경 말씀 중에 확실한 말이 없으나 우리가 대강 짐작은 할 수가 있다. 안식일의 네 가지 목적은 첫째 육체적 쉼이오 둘째는 신령한 복이오 셋째는 기억하게 하는 것 (하나님의 쉬신 것을) 넷째는 예언적 그림자 (쉬는데 드러감) 이다.
둘째 조건이 적당하다. 그러나 셋째와 넷째 조건을 보고서 구약 시대에 일곱째 날을 지킨 것과 신약 시대에 첫째 날을 지킨 까닭을 알 수가 있다. 구약에서는 안식일은 하나님의 창조하신 역사의 완성함을 기념하는 것이다. 그러나 하나님의 둘째의 더 크신 역사는 구속하심인데 이것은 첫째 날에 완성하셨다. 예수는 우리를 의롭다하심을 인하야 살아나셨고 (롬 四장 二五) 또는 부활하심으로 하나님의 아들 되신 것을 권능으로 나타내셨으니 (롬 一장 四) 최후에 멸망받을 원수는 사망이다. (고전 十五장 二六) 그런고로 창조하심의 완성하심을 기념하는 것보다 구속하심의 완성하심을 기념하는 것이 더 적당할 뿐만 아니라 안식일은 하나님과 함께 쉬심, 즉 영생의 그림자가 된다. (히 四장. 요 十七장 三) 일곱째 날은 율법의 세대를 표시하는데 율법이 말하기를 「이것을 행한즉 네가 살니라」 하였으나 율법으로 말미암아 구원 얻은 자가 없다. (갈 二장 十六) 첫째 날은 은혜의 새 세대를 표시하는데 이 세대는 그리스도의 죽으시고 부활하심으로 말미암아 생긴 것이다. 또 이 가온데 있는 순서가 바뀌었는데 우리가 먼저 영생을 얻은 후에야 그 다음에 하나님의 뜻대로 행하는 것이다. (엡 二장 十) 구약의 정신은 「행한즉 살리라」 하였고 신약의 정신은 살게 되었으니 행하여라 하였다. 만일 우리가 일곱째 날을 지키면 다시 구원을 얻을 방침으로 율법 아래 들어가 온전한 율법을 마땅히 행할 자가 된다. (갈 五장 三-四)

또한 하나님이 자신으로 날을 변경하셨다고 할 수가 있는데 말씀으로 행하신 것이 아니고 행하심으로 하신 것인데 다음과 같다.

- 그날에 그리스도께서 부활하시고
- 그리스도께서 부활하신 후 첫 번 나타나신 날은 주일로 신약에 기록되었다.
- 오순절 날이 항상 첫째 날에 되었으니 성신께서도 역시 그날에 임하셨다.

『신자 생활의 첩경』 제4장 신자와 그의 가정

4장은 신자와 가정에 대해서 설명하고 있다. 우선 가정의 근본을 창세기 아담과 하와에게 명하신 하나님의 말씀으로 들고 있다. 그리고 남편과 아내의 관계를 설명하면서 나눌 수 없고 가장 가까운 존재임을 설명한다. 이 부분에서 이혼에 대해 언급하고 있는데, 당시 어떤 사유를 들더라도 이혼은 불가함을 강조한다. 또한 조혼 금지도 구체적으로 언급한다. 자녀와 부모의 관계 중에서 솔토는 자녀가 결혼하게 되는 때, 그 배우자의 조건도 자세하게 들어 설명한다. 특히 결혼할 때, 신앙을 가지고 있는 사람이 그렇지 않은 사람과 결혼하는 것을 반대하고 있는 점이 주목할 만하다. 신앙의 유무 외에 기독교인들은 부모들에게 받은 가정교육이 또 한 가지 중요한 요소로 등장하고 그 외에 외적인 조건은 그다지 중요하지 않다고 한다. 또한 솔토는 가족들 간의 '가족 기도회'의 중요성을 강조한다. 부모와 자녀들이 매일 하나님 앞에 모여 성경을 보며 하나님께 찬송을 부르며 자기의 죄를 자복하여 개인이나 가정이 자신을 하나님께 드리면 성신께서 그의 맘 가운데 역사 하셔서 사랑과 동정으로 연합을 시키시며 피차에 책임을 깨닫게 하신다는 것이다. 그리고 그 가족 기도회에서 받은 영향은 하루 종일 영향을 끼치며 평생토록 사람을 만날 때 마다 그들이 하는 말을 들으면서 어렸을 때에 부모와 함께 하나님께 예배를 드릴 때에 받은 영향이 드러나며 이것은 죽을 때 까지 없어지지 않고 큰 감동이 된다고 말한다.

> 태초부터 하나님께서 항상 개인을 관계하시며 구원도 항상 개인의 믿음으로 받게 되었으나 항상 가정을 특별한 단체로 인정하시고 가정생활과 가족들이 서로 상관된 것에 대하여 특별한 교육과 특별한 허락을 주셨다.

1. 가정의 근본

창2장 18절 말씀에 아담을 창조하신 후에 여호와 하나님이 말씀하시기를 "사람이 홀로 처하는 것이 좋지 못하니 그를 위하여 도와주는 짝을 만들겠다 하시고 하와를 지으신 후에 아담에게 데리고 가시니 아담이 가라대, 이는 내 뼈 중에 뼈요 살 중에 살이라 남자에게서 취하여 내었으니 여자라 칭하리라 하였다. 그럼으로 남자가 부모를 떠나 아내와 연합하여 둘이 한 몸이 되는 것이다. (창세기 2장 23절~24절) 그러므로 첫 가정이 생기며 인류의 시작으로 하나님이 가정의 법을 세워주었다. 가정은 단체로 보전하고 가정 생활은 든든히 세워야 하나님의 계획을 이를 수 있으며 가족 중에 어른이나 아이들이나 제일 귀하고 거룩한 영향을 받을 수 있다.

2. 가정은 단체

구약과 신약에 복과 벌을 주실 때에 하나님이 가정을 단체로 인정하신 증거가 많이 있다. 예를 들어 말하면 아래와 같다.

복 : 노아와 그 가정 (창 6장 18절), 아브라함과 그 자손 9 (창 16장 6~8절)
비누하스와 그 자손 (렘 25장 13절)

벌 : 고라와 그 가족 (민 16장 25절~34절) 아간과 그 가족 (수 7장 24절~26절)
여고니아와 그 가정 (렘 22장 30)

하나님이 허락하신 복은 온 가족을 포함한 것은 할례하는 예식이 표시하였으니 이 예는 모든 남자에게 난지 8일 만에 주는 것이다. 신약에 여러 번 온 가족들이 같이 세례를 받았었는데 그중에 그리스도를 믿는 뜻을 깨닫지 못한 어린 아이도 있었다. 요한복음 4장 53절, 사도행전 10장 2절, 11장 14절, 16장 15절에 있는 말씀을 찾아보니 가정의 모든 가족들이 하나님 앞에 한 단체가 되어 믿는 부모가 그 자녀를 위하여 하나님의 복주실 언약을 구할 수 있고 (그 자녀를 위하여 그들을 하나님께 의탁하며 하나님이 그들로 하여금 온전히 믿도록 인도하실 줄 확실히 믿는 것이다. 또는 고린도 전서 7장 14절에 있는 말씀대로 믿는 남편이나 아내나 믿지 않는 아내나 남편을 위하여 일정하게 구원을 요구하여 믿지 않는 자를 믿음으로 인도할 확신을 얻을 수가 있다.

3. 남편과 아내

1) 제일 밀접한 관계

하나님 앞에 남편과 아내가 서로 관계된 것은 제일 친밀한 것이나 이 관계를 세우는 혼인례는 제일 거룩한 것이다. 창세기 2장 24절에 부부되는 데 대하여 하나님이 세우신 계획과 찬동하시는 것을 말씀하였는데, 그 계획대로는 아내는 남편의 동무가 되며 위로자가 될 것이고 24절에 있는 명령에서 하나님의 찬성을 볼 수 있는 것이다.

2) 나눌 수 없는 관계

이 이치는 신약에도 말씀하였는데 마태복음 19장 5~6졀에 주께서 이 말씀을 인용하여 혼인함으로 두 사람 사이에 나눌 수 없는 관계가 생긴 것을 말씀하셨다. 이 관계는 하나님의 작정하신 사망으로만 나눌 수 있는 것이다. 주께서 말씀하신 바와 같이 백성들의 맘이 완악한 것과 하나님의 법을 무시하는 간음죄로 인하여 모세가 이혼을 허락하였으나 성경말씀 대로 간음 외에는 순종치 않는 것이나 연합하지 못하는 형편이 있을지라도 도저히 이혼할 이유가 되지 못한다.

3) 거룩한 관계

에베소서 5장 22~23절과 베드로전서 3장 7절을 보니 하나님 앞에 남편과 아내된 관계는 과연 거룩한 것으로 보인다. 이 관계는 하나님이 세우시며 허락하실 뿐 아니라 그리스도께서 교회에 상관된 것으로 말하면 하나님의 무한하시고 거룩하신 사랑을 나태내시는 관계인데, 성신께서 이 관계를 가르치실 때에 부부간에 상관된 것으로 표시하셨다. 그런고로 그리스도께서 교회를 사랑한 것처럼 남편은 아내를 사랑할 것인데, 자기를 사랑하는 것 만큼 사랑할 것이다.

그뿐 아니라 이 관계를 보전하도록 주의하여야 우리 신령상 생활이 자라날 수가 있는 것이다. 남편은 깨끗하며 거룩하게 자기 아내를 사랑하며 신력적으로 그와 연합하여야 자기의 신력적 생활이 하나님의 계획대로 최고의 발달을 얻을 수 있다. 또한 성경 말씀대로 아내가 자기 남편을 사랑함으로 그의 사랑을 받고 계속하여 항상 그에게 위로를 주며 힘을 나게 하도록 할 책임이 있는 것이다.

4. 부모와 자녀

밀접한 관계로는 부부관계 다음으로 부모와 자녀의 관계이다. 이 관계에 대하여도 피차에 책임과 본분을 이루어야 하나님의 뜻대로 그 관계를 유지해 나갈 수 있다.

1) 자녀들이 부모를 순종할 것

하나님의 율법대로 자녀들은 반드시 부모를 순종할 것이며 불법하고 고집하는 자녀는 법대로 무서운 형벌을 받는 것이다.

제5계명은 사람에게 대한 첫 계명이다. 국민적 도덕과 부요함을 기초로 부모를 공경하는 것을 요구하였는데, 이것을 지키면 너희 하나님 여호와께서 네게 주신 땅에서 오래 살리라 하셨다.

자기 부모를 경솔하게 여기는 자는 저주를 받았다. 사형 선고를 받을 사람은 자기 부모를 치는 자이지만 부모를 저주하는 자나 패역하여 자기 부모의 말을 순종하지 않고 듣지 않는 자다.

2) 부모의 책임

자녀 교육은 부모의 책임이나 아무 것이던지 가정 교훈과 연단을 대신할 수 없다. 사무엘상 3장 13절 말씀을 보면 대제사장의 아들의 죄악으로 인하여 그들과 그 아버지까지 무서운 형벌을 받은 것을 볼 수 있다. 이로 인하여 온 가족이 다 멸망을 당하여 엘리까지 하나님 앞에서 큰 심판을 받은 것은 엘 리가 그 죄악을 알고도 자기 아들의 잘못을 금하지 않았기 때문이다. 가정 교육은 그저 자녀를 사랑하며 모든 잘못을 용서하는 것이 아니라 지혜롭게 벌 주는 것까지 포함하였다. 노한 마음으로 벌 줄 것이 아니라 적당하게 벌을 줌으로 죄를 범한 아이로 하여금 자기 잘 못된 것을 깨닫고 회개하게 할 것이다.

5. 자녀의 혼인

하나님 앞에 있어서 혼인의 거룩한 특성과 또 가정이 한 단체가 된 것으로 보아서 사위와 며느리를 정할 때에 특별히 주의할 것이다. 이 문제에 대하여 이 아래 기록한 몇 가지 조건을 이행하면 유익이 있을 것이다.

1) 성경 말씀과 교회 규칙일 따라서 절대로 신자는 불신자와 혼인하지

말 것이다. (고린도 후서 14장)

2) 언제든지 조혼하지 말 것은 혼인할 마임이 있기 전에나 혼인 약조의 취지를 깨닫기 전에는 하지 말 것이다. 교회의 규칙대로 남자는 만 18세와 여자는 16세라야 혼인할 수 있다는 것을 엄히 지켜야 한다.
3) 사위와 며느리를 구할 때 첫째는 그의 영적 생활과 둘째는 가정 교육 받은 것을 볼 것이다. 이밖에 계급이나 재산이나 다른 조건을 구비했다 할지라도 참 신앙 대신 할 수 없고 두 사람으로 하여금 주 안에서 하나 되게 할 능력이 없다.
4) 청년들이 오늘날 자유를 많이 얻는 중에 언제든지 강제로 허락없이 혼인하지 말 것이다. 부모는 약혼 전부터 특히 권고하고 기도함으로 자기 자녀들이 주님을 확실히 믿도록 인도할 것이다. 이대로 하여야 청년들이 혼인할 때에 주 안에서 참으로 연합하여 참 기쁨을 얻을 수가 있다.

6. 가정 기도회

가족들의 연합을 위해 가장 좋은 방법은 가족 기도회다. 부모와 자녀들이 매일 하나님 앞에 모여 성경을 보며 하나님께 찬송을 부르며 자기의 죄를 자복하여 개인이나 가정이 자신을 하나님께 드리면 성신께서 그의 맘 가운데 역사 하셔서 사랑과 동정으로 연합을 시키시며 피차에 책임을 깨닫게 하신다. 가족 기도회로 받은 영향은 종일토록 남아 있을 뿐 아니라 여러 사람이 증거하는 말을 들으면 어렸을 때에 부모와 함께 하나님께 예배를 드릴 때에 받은 영향은 죽기까지 없어지지 않고 큰 감동이 된다.

『신자 생활의 첩경』 제 5, 6, 7장

다음은 솔토가 강조한 7장을 중심으로 5장과 6장의 내용을 살펴보려고 한다. 우선 5장에서는 노동에 대한 기존의 연구뿐 아니라 '오락'에 대해 적극적으로 설명하고 있는 점이 돋보인다. 솔토는 오락을 단순한 쉼이 아니라 기쁨을 얻게 되는 행위라고 본다. 특히 테니스, 베이스볼 등 구체적인 운동을 언급하면서 자기를 이기며 다른 사람과의 합동을 가르치며 주님을 증거하는 기회가 된다고 말한다. 이러한 해석은 기존의 유교 전통 속에서 육체적 활동을 저급하게 생각하던 시대적 정서와 대조된다. 사실, 이러한 운동이 선교사나 외국인들을 중심으로 일부 계층만이 누리던 오락이라는 비판은 제기될 가능성이 있다. 하지만 모든 일이 하나님을 향한 감사와 예수의 이름 안에서 할 때, 다른 사람에게 덕을 쌓을 수 있다는 지적은 지금, 한국교회에도 유효한 지적이라고 여겨진다.

> 오락은 신자 생활 가운데 마땅히 있을 것인데 적당한 오락은 필요한 것이며 많은 유익이 있다.
>
> 1. 기쁜 마음은 하나님께 영광을 돌리는 것이다. 슬프고 답답한 신자는 영화를 하나님께 들리지 않으며 다른 사람에게 좋은 영향을 주지 못한다. 신자는 마음 가운데 소멸시킬 수 없는 기쁨이 있음으로 남의 즐거운 가운데 참석하며 다른 사람에게 더욱 기쁨을 끼칠만한 일을 할 것이다. (베드로 전서 1장 8절, 잠언 15장 13절, 15, 17장 22절) 테니스와 베이스볼과 기타 운동은 몸을 강건케 하면서 자기를 이기며 다른 사람과 합동함을 가르치는 데 매우 유익하며 이러한데 참가하는 중에 주님을 증거하는 기회를 많이 얻을 수가 있다. 집에

서 아이들과 부모 사이에 적당한 유희를 할 것이며 또한 장려함으로 가정 생활도 발전이 되며 부모와 자녀 사이에 동정과 신임이 생기게 된다. 유년과 청년들이 집에서 부모의 인도로 유희를 할 것 같으며 많은 시험을 면하고 밖에 있는 불신자와 놀므로 말미암에 여러 가지로 해 받는 것을 면하게 된다.

2. 신자 오락의 표준 : 어떠한 오락이 적당한지 옳게 분별하기 위하여 성경 말씀 중에서 어떠한 표준을 세우고 따라갈 것이다.

1) 골로새서 3장 17절 말씀에 "무엇을 하든지 말에나 일에나 다 주 예수의 일을 행하고 저를 힘입어 하나님 아버지께 감사하라" 하셨다. 무슨 오락이든지 하나님을 향하여 감사한 마음과 주 예수님의 이름 안에서 할 수만 있으면 적당하다고 할 것이다.
2) 로마서 14장 17절 말씀대로 우리가 사람으로 더불어 화평하는 것과 서로 덕을 세우기를 힘쓸 것이다. 우리 모든 행실의 표준은 다른 사람에게 덕을 세우고 세우지 못하는 것이다. 어떤 것은 마땅하지만 과히 행하여 시간과 재산과 힘을 소비함으로 덕을 세우지 못하게 된다. 또는 어떤 것은 적당한 것이라도 그것을 함으로 인하여 더욱 높은 직분이나 주님을 위하여 봉사하는 것이나 그 밖에 다른 일을 방해시킴으로 오히려 손해가 될 수 있는데, 예를 들어 말하면 주일에 고기를 잡으러 다니는 것이나 베이스볼을 하는 것이나 뱃놀이를 다니는 것들은 다 좋지 못한 일이다.
3) 이 위에 기록된 두 표준과 청지기 직분의 이치를 의지하면 모든 오락에 대한 문제를 옳게 해결할 수 있다.[19)]

19) 『신자생활의 첩경』, 39-41.

6장에서는 청지기 직에 대한 가르침이 나온다. 청지기는 자신의 몸뿐 아니라 재물과 시간을 바치는 사람이라고 언급한다.

1. 청지기의 책임

이 문제와 정식 연보에 대하여 여러 책이 출간되었으니 간단하게 말하기로 한다. 사도 바울의 말과 같이 우리가 세상에 올 때에 가지고 온 것이 없으며 세상을 떠날 때에도 또한 아무 것도 갖지 못하리라 하였다. 신자가 알기를 세상 사람이 자랑하는 것은 재물, 토지, 권세인데 이런 것은 자기 마음대로 사용할 것이 아니고 하나님의 영광을 위하여 하나님께 맡은 것이다. 이것은 아주 모거운 책임이 되는 것이나 시편 24편 1절 말씀 같이 이 모든 것에 대하여 하나님께서 소유권을 가지신 것이다.

2. 청지기 직분의 범위

1) 하나님의 오묘한 도(고린도 전서 4장 1절)

자기만을 위하여 사용할 것이 아니라 다른 사람까지 복과 구원을 받기 위하여 사용할 것이다.

2) 우리의 육체 (고린도 전서 6장 19~20절, 고린도 후서 8장 5절, 로마서 12장 1절)

우리 육체는 우리 것이 아니라 하나님의 것이다. 만일 우리가 이 뜻을 확실히 알면 우리의 몸과 영혼으로 하나님께 참 영광을 드리려고 힘쓸 것이다.(로마서 12장 1절) 이러함으로 우리는 하나님의 소유된 것을 증거하며 하나님을 기뻐하시게 할 것이다. 우리가 먼저 우리 자신을 드린 후에야 우리에게 맡기신 모든 것을 지혜롭게 사용할 은혜를 받을 것이다.

3) 우리의 시간(에베소서 5장 6절)

세월이 속히 지나감에 따라서 봉사하고 증거할 기회도 그러하다.

4) 우리의 재정

우리 자신과 모든 재물은 주님의 소유가 되고 하나님의 영광을 위하여 자기에게 맡기신 것 뿐인줄로 알며 자기 재정을 옳게 사용하기 위하여 성신에게 특별한 지도를 받을 줄로 각오하여야 할 것이다.

- 구약 시대에 하나님이 율법을 세우신 대로는 유대인들은 하나님이 사용하시기 위하여 십일조를 드렸다. (레위기 27장 30~333절, 신명기 14장 22~28절) 이러함으로 자기네들이 하나님의 택하신 백성이고 하나님의 소유된 것을 표시하였다. 이 모든 일과 하나님께 드린 제사를 계산하면 수입에 대하여는 십이조를 하나님께 드렸다.
- 신약에도 재정에 대한 태도와 마땅히 사용할 것에 대하여 여러 가지 교훈이 있다. ▲ 태도_ 디모데전서 6장 17~18절에 재물 가진 자들에 대한 세 가지 경계를 주었는데, △ 마음을 높이지 말라 (부자에게 특별한 시험) △ 정함이 없는 재물에 소망을 두지 말 것이나 재물은 잃기도 쉽고 그것을 얻음으로 기쁨을 받는 것 보다 걱정과 근심이 생기기 더 쉬울 뿐 아니라 재물이 있음으로 사람의 마음은 하나님을 떠나기 쉬운 것이다. △하나님께 소망을 둘 것은 하나님만 변함이 없으시고 하나님만 소망을 주시며(베드로전서 1장 21절) 하나님만이 모든 참 은혜의 근원이 되심이다.(야고보서 1장 17절) ▲ 연보드리는 것 _ 고린도 후서 9장 7절에 있는 말씀대로 우리가 인색한 마음으

로 하지 말 것은 즐겨 내는 사람은 하나님이 사랑하시는 연고이다.

3. 연보 드리는 원리

1) 신자의 자신이나 있는 것을 다 주님의 영광을 위하여 사용할 것으로 하나님께 맡은 것이다.
2) 이 뜻을 표시하기 위하여 수입 중에 일정한 부분(십일조 이상)을 성신이 시키시는 대로 주님의 사업을 위하여 따로 두고 쓸 것이다.
3) 예배당에서 하나님께 연보를 드리는 것은 엄한 책임이 될 뿐만 아니라 귀한 특권이니 각 신자가 주님의 풍성하신 은혜와 자비하심을 감사한 마음으로 생각하여 기쁜 마음으로 이 특권을 이용할 것이다.
4) 모든 연보는 교회 사업을 위하여 하나님께 바치는 것으로 알고 주님에게 드릴 것인데 교역자의 봉급으로나 다른 뜻으로 사용할지라도 다 하나님께 드리는 것이다.
5) 주님께서 연보의 크고 적은 것을 보시는 것보다 그 드리는 마음과 드리고 남은 것의 많고 적은 것을 보신다. (마태복음 6장 1~4절, 누가복음 21장 1~3절)
6) 하나님에게 향하는 사람의 믿음과 사랑에 대하여는 하나님께 연보를 드리는 비례(퍼센트)와 드리고 남은 돈을 쓰는 정신으로 말미암아 확실한 표시를 나타낸다.[20]

이 장에서는 청지기로서의 책임과 자세에 대해 구체적으로 말한다. 청지기는 기독교 경제관을 가장 잘 보여주는 용어로 그 말 속에는 재물, 토지, 권력 등은 마음대로 사용해서는 안 되고 하나님께서 맡긴 것

20) 윗글, 41-46.

이라는 의미가 담겨 있다.

또한 청지기 직분이 미치는 범위를 언급하면서 우리 자신과 모든 재물은 "주님의 소유이며, 하나님 영광을 위해 각자에게 맡기신 것이므로 옳게 사용하기 위해 성신의 특별한 지도를 받아야 한다"고 강조한다. 특히 '드리고 남은 것의 많고 적음을 보고 연보의 온전함을 판단해야 한다'는 점을 언급한 점은 미루어 당시 헌금에 대한 논란이 있었음을 가늠할 수 있다.

마지막 7장은 신자와 경건한 생활에 대한 내용이다.

1. 경건한 생활의 필요

이 문제는 모든 그리스도인의 생활에 있어서 근본적으로 실행할 것으로서 어떤 형식의 행위나 어떤 특별한 방침에 있는 것이 아니고 다만 주로 더불어 관계를 유지하는 가운데 있는 것이다. 그런고로 경건한 생활을 말하지 않고는 참 신자의 생활을 의논할 수가 없다. 육체적 생활을 위하여 양식이 있어야 할처럼 날마다 신령한 양식을 받아야 신령한 생활을 유지해 나갈 수가 있다.

2. 경건한 생활은 규칙적으로 할 것

과학으로나 우리의 당한 경험으로나 우리가 아는 것은 우리의 몸을 강건하게 하려면 먹고 자고 마시는 것 까지 규칙적으로 하여야 한다. 누구든지 규칙없이 먹고 자면 활발하고 강건하게 될 수 없는 것이다. 그와 같이 경건한 생호라도 규칙적으로 하지 않으면 우리의 신앙은 단단하여지고 발달하지 못하고 근심과 걱정까지 생길 수 밖에 없다.

3. 경건한 생활의 세 가지 부분

1) 매일 성경을 읽을 것

어떠한 분이 말한 바와 같이 매일 생활하는 가운데 제일 좋은 부분을 하나님께 바칠 것이다. 제2장에서 우리가 본 바와 같이 하나님의 말씀은 신자에게 양식과 약도 되고 하나님께서 직접으로 말씀하신 것이다. 날마다 성경을 읽고 공부하는 습관으로 말미암에 귀는 하나님의 음성을 향하야 열게 되고 맘은 성신의 감동하심에 대해 예민하게 됩니다. 날마다 계속해야 첫장부터 끝장까지 한 장씩이라도 읽으면 큰 은혜와 능력을 받을 것이다.

2) 매일 기도할 것

우리 신자의 생활은 성경을 읽는 것으로는 불만족하다. 진실되고 기도하는 마음으로 읽은 후에 계속해서 간절한 마음으로 기도할 것이다. 기도는 무소불능하신 하나님 즉 사랑하는 아버지와 교제하는 것이다. 기도함으로 우리가 우리 자신과 연약한 것과 우리의 모든 문제를 하나님께 바치며 주님의 허락하신 것과 능력을 취하는 것이다. 기도가 없이는 신령한 편으로 자라날 수 없고 기도가 없이는 하나님께서 우리 안에서와 우리로 말미암아서 역사하시기를 바랄 수가 없고 기도가 없이는 성신의 지도하심을 받지 못하고 주님께 영광을 돌릴 수가 없다. 날마다 잠깐만이라도 하나님 앞에서 기다리면 모든 문제를 하나님의 관찰로 우리가 볼 수도 있으며 하나님의 거룩하신 뜻대로 간구하게 되며 굳건한 마음과 힘 있는 마음으로 하나님 앞에 기도하게 된다. 날마다 제일 필요한 시간은 조용히 지키는 시간인데, 편리한 형편대로 이 시간을 정할 것이다.

3) 매일 성신을 의지할 것

매일 습관적으로 성경을 읽고 기도하면서 성신의 지도하심을 받기를 기다리는 가운데 경건한 생활은 큰 영향을 주며 많은 기쁨을 얻는다. 시험이나 어려운 일을 당할 때 마다 곧 믿은 마음으로 하나님께 의탁함으로 근심을 면하고 하나님의 역사하실 기회가 된다. 과연 하나님의 말씀은 각 형편에 적당한 말이 있는 줄 깨달아 알고서 바울과 같이 모든 일이 하나님을 사랑하는 자에게 유익하게 된다고 증거하게 된다.(로마서 8장 28절)[21]

솔토는 신자들의 규칙적인 말씀 읽기와 기도, 그로 인한 성신과의 교통을 이야기한 다음, 그 결과 삶의 변화가 생길 것이라고 말한다. 솔토가 말한 삶의 변화는 다음과 같다.

- 하나님의 임재를 깨닫게 됨
- 매일 지도하심을 받게 됨
- 신앙이 항상 발전하게 됨
- 하나님의 말씀을 더욱 확실히 깨닫게 됨
- 하나님의 초자연적 역사가 보이게 됨

그리고 결과적으로 이러한 능력은 하나님의 자녀에게 허락하신 기업이며 하나님의 영광을 위해 쓰여야 하는 것이다. 하지만 신자들이 이런 능력을 받지 못했다면 성신을 충만하게 받지 못했기 때문이다. 성신을 충만하게 받기 위해서 모든 신자들은 주님과 친히 교제하는

21) 윗글, 46-49.

생활인데 이것은 하나님의 거룩한 뜻으로 바친 생활이고 성신의 능력을 입은 생활이다. 그리고 모든 신자들은 이 생활을 위해 하나님의 무한하신 권능을 나타내사 영원토록 열매를 맺게 될 것이다.

솔토는 『신자생활의 첩경』 마지막 구절을 이렇게 마무리 한다.

> 이 생활을 위하여 하나님의 무한하신 권능을 많이 나타내사 많고 영원토록 있을 열매를 맺게 할 것이다.(요한복음 15장 2절, 16장) 나의 힘 있는데 까지 잘 되는 생활뿐만 아니라 그보다 몇 배가 더 아름다운 것은 자기의 거룩하신 뜻을 하나님이 친히 일구게 하시는 생활이다. 이것이 곧 신자의 참 생활이다.[22)]

『신자생활의 첩경』은 선교 초기 선교사들에 의해 번역, 출간된 기독교 생활 지침서라고 볼 수 있다. 특히 개인 윤리적 차원에서 개인, 가정, 교회, 일터에서 생길 수 있는 문제들을 구체적으로 연결한 지침서 역할을 하고 있다. 즉 선교사들의 눈으로 보기에 한국 사회에서 절실하게 필요하다고 생각한 문제들을 선별하여 이슈화 했다는 점에서 이 문헌은 그 시대 교회의 문제들을 가늠해 볼 수 있는 좋은 단초가 될 수 있다.

다만 아쉬운 점은 개인 생활에 대해서는 매우 세부적으로 지침을 나열하고 있지만 국가, 사회의식 등 사회윤리 차원의 논의는 찾아 볼 수 없다. 일제 강점기라는 시대적 배경을 충분히 고려할 수 있지만, 현재 한국 교회들이 놓치고 있는 점들이 그 시대의 산물로 이어져 온 듯한 인상은 지울 수 없다.

---

22) 윗글, 52.

2. 「신학지남」에 남긴 기독교의 기본 원리들 '교회론'을 중심으로

1918년 평양 장로회 신학교는 「신학지남」이라는 정기 간행물을 발행하기 시작한다. 이 책을 통해 당시 외국인 선교사들은 기독교 교리의 기초가 되는 교회론, 성령론 등을 정기적으로 발표한다. 솔토(Stanley T. Soltau) 또한 몇 개의 중요한 글들을 연재했다.

그는 성령께서 주시는 봉사의 능력은 특히 복음증거의 능력이라고 보았다. 그는 "성신의 하시는 일"(1926. 4)의 8장 '성신의 세례'에서 "성신의 세례를 받으려고 많이 공부도 하고 기도하며 기다렸으나 받지 못하였다 하는 사람은 성신의 세례를 받아야 하는 것이 아니라 단지 성신으로 세례 받았다고 하는 의미와 세례를 받아 그리스도의 죽으심과 함께 세례 받았다는 말의 의미를 깨달아야 한다"고 주장했다. 즉 성신의 세례가 제2차적 축복이 아니라 이미 중생한 자에게 주어진 은혜라는 것을 말하고자 한 것이다. 그래서 "신자가 새롭게 성신세례를 받으려 할 것이 아니요, 거듭난 자가 그리스도와 합하여 연합되었다는 의미를 잘 깨우침이 곧 성신세례 은총을 적용하는 일이라"고 본 것이다. 특히 솔토는 내주하시는 성령과의 인격적인 교제에 크게 강조점을 두고 있다.

또한 솔토는 성령을 근심케 함으로 성령의 사역을 소멸할 수 있다고 설명하였다. 즉 성령을 근심시켜 드리면 성령이 떠나가는 것은 아니라 마치 '떠나가신 것처럼 잠잠하게 될 수 있다'고 설명하였다.

이에 대해 배본철 교수는 "해방 이전 「신학지남」에 나타난 성령론 연구" 라는 논문을 통해 솔토의 성령론을 "오해하기 쉬운 두 가지 점을 개혁주의신학적인 관점에서 잘 설명하였으니, 즉 성령의 내주와 성령충만의 관계, 그리고 범죄함으로 성령이 떠나갈 수 있는가 하는 문제를 다루었다. 그리고 신자와 성령과의 관계를 무엇보다도 인격적인 교제와 복종의 관계로 정리하였다"[23]고 말한다.

또한 솔토 선교사가 관심을 둔 주제는 '교회론' 이다. 「신학지남」 "그리스도의 몸된 교회"(1935. 7)의 전문을 소개한다.

약속의 예언자 연구에 있어서 저들이 예언자로서의 소명을 받을 때의 특수한 현상을 살펴보면 아래와 같은 다섯가지 가장 중요한 제목에 관한 가장 명백한 환상(비전)을 본 사실을 발견할 수 있습니다. (1) 하나님 (2) 저들 자신 (3) 저들의 사명 (4) 저들의 사업 (5) 이 사업을 준행하기 위한 명확한 성신의 세례, 그것입니다. 오늘에 있어서도 중요한 명제에 당면한 우리는 예언자들과 같은 새로운 비전을 요구하는 것입니다. 오늘 우리의 명제는 무엇입니까? 우리의 사업, 즉 교회에 관한 것입니다. 교회는 무엇인가? 교회에 대한 하나님의 경륜經綸은 어떠하신가? 교회에 관련된 나의 임무는 무엇인가? 하는 것들입니다.

헬라말로 교회는"에클레시아"라 하는 것이니 하나님께 부름받은 자들을 이름이외다. 요한복음 1장 12절에"대접하는 자는 그 이름을 믿는 자라 권세를 주사 하나님의 자녀가 되게 하시나니 이는 혈기로 난 것도 아니오 정욕으로 난 것도 아니오 사람의 뜻으로 난 것도 아니오 하나님께로서 난 것이라"하였습니다. 이 말씀에서 본다면 교회에 참여할 특권은 전통도 아니오 문벌이나 교양도 아님과 동시에 각 개인이 자기 임의대로 선택 결정할 것도 아니며 아모리 신성한 법정이라 할지라도 그것이"사람의 뜻으로 난 것"인 이상 교회법정에서 결정할 것도 아니다. 이 일은 순연히 하나님의 일이며 그의 초자연적 세력이 직접

23) 배본철, "배본철의 한국교회와 성령운동(12)", 2003. 10. 23, "해방 이전 「신학지남」의 성령론"

행사하심에 의한 것입니다. 그러므로 참 교회란 것은 거룩한 영적 단체로서 하나님의 직접행사로 말미암아 발생된 것이며 이 거룩한 공회에 참여하는 것도 각 사람의 영혼에 하나님께서 직접 기적을 나타내셔서 이 기룩한 공회에 적합하도록 한 후에 가능한 것입니다.

1. 교회의 기원

예수 그리스도께서 성신으로 잉태하신 것과 같이 오순절 날 교회도 또한 성신으로 잉태하였다 할 수 있습니다. 그러나 그 근본으로 말하면 멀리 영원한 하나님의 마음 가운데 영원 전부터 품겨 있었습니다.

에베소서 1장 4절에 각개의 예언에 관하여 바울 사도가 말하기를 “세상을 청조하시기 전에 그리스도 안에서 우리를 택하셨다” 하였으며 에베소서 3장 1절에는 교회에 관하여 “만세전부터 정하신 뜻대로 우리 주 그리스도 예수 안에서 이루게 한 것이라” 하였습니다.

신약을 자세히 연구하여 보면 십자가가 전역사와 우주의 중심인 것을 발견할 것입니다. 인류의 첫 시작부터 역사의 과정은 십자가를 그 목표로 하고 서서히 꾸준히 움직여 왔습니다. 동시에 하나님의 창조행동을 시작하실 때에도 역시 십자가가 있음 다음에라야 비로소 인류가 만물의 영장이 되어 하나님과 교통하며 친교를 맺을 수 있는 까닭이외다. 십자가에서 교회도 발생되었으니 이는 하나님의 경륜의 일부로서 그 기이하심이 그 영광과 함께 이 세상에서는 도저히 측량할 수 없으며 사람의 생각에 넘치는 것입니다. 오직 끝날이 올때에 비로소 우리도 완전히 이해할 만큼 충족히 나타날 것입니다.

이태리에 그 구조의 기이함으로써 유명한 교회당 하나가 있습니다. 처음 문에 들어설 때에는 그저 아무 계획이나 고안도 없이 되는 대로 지은 것 같습니다. 여러 가지 물재가 그저 그 건축사의 손에 쥐이는 대로 사용된 것 같습니다. 색깔도 보지 않고 바탕도 보지 않고 함부로 주어 놓은 것 같습니다. 이윽고 안내자는 손님을 인도하야 어느 지점까지 도착하게 한 다음에 거기서 다시 그 회당을 두루 보게 합니다. 그때 우리는 비로소 이 회당이 결코 고안없이 된 것이 아니라는 것을 명백히 알 수 있음은 물론이고 한 개의 벽돌이나 돌이다 경이할 만한 조화비로 그 있어야 할 곳에 놓여 있음을 발견합니다. 이 방문객이 서 있는 지점은 곧 그 집 마루에 돛힌 십자가 머리위 올시다. 이 교회당 건축한 이의 고안의 중심은 즉 정직한 교회란 것은 예수 그리스도의 십자가 위에서만 그 미와 영광을 이해할 수 있다는 것이었습니다. 교회는 참으로 거룩한 개체로서 사람의 생각으로가 아니라 하나님 자신의 영원한 계획 하에서 오직 그의 권능으로 말미암아 건설된 것입니다.

2. 교회의 성질

에베소서 1장 23절에 "교회는 곧 몸이라 이는 만물에 충만하신 주의 충만한 것이 되었나니라" 하였습니다. 몸인 매 교회는 산 것입니다. 수년 전에 나는 "교회가 조직체 Organization 냐 유기체 Organism 냐"하는 문제를 논한 논문을 읽은 일이 있습니다. 이것이 전자에 속한 것일진대, 사람의 계획에 의하야 각양각색의 기호를 따라 건축할 수 있을 것이나 생명은 그 가운데 없을 것입니가. 그러나 교회는 후자, 즉 유기체라는 것이 성경에 가르친 것입니다. 우리는 다 '산 돌' 이나 그 중에 생명이 있으며 따라서 성장하며 또한 자기표현을 요하는 것입니다. 그러므로 누구나 이것의 어떤 부분을 임의로 제거하거나 다른 것을 마음대로 가져다 부치거나 할 수 없으며 어느 한 부분이 고통을 당하면 전부가 그 고통을 느끼게 되는 것입니다.

교회는 산 것이라는 것 뿐 아니라 그 생명 전부가 그 머리되는 그리스도로부터 온다고 했습니다. 생명과 그 생장은 전연 그 머리되시는 예수 그리스도와의 유기적 연합에서만 얻을 수 있는 것입니다. 근일 교계의 혼란과 곤란(困難)을 초래한 중요 원인은 소위 교회의 지도자들이 너무나 교회와 일반 사회와의 관계 또는 교회와 사회 덕과의 관계 등을 논하기에 급급하야 교회의 머리되는 예수 그리스도와의 생명적 연합을 잊어버린 데 있는 것입니다. 이 위대한 연합을 잊거나 등안시하면 하는 것만큼 교회의 생명은 약해질 것이 명백한 사실입니다.

3. 교회의 연합

오늘 교계에서는 너무 많이 '교회의 조직적 연합 Church union'에 대하여 논하고 그 보다도 더욱 필요한 제목인 '교회의 정신적 연합 Church Unity'에 대해서는 거의 무관심한 면이 있습니다. 본고의 본문으로 쓰여진 에베소서 3장에 교회의 정신적 연합에 대한 두 가지 요점 밑 두 가지 의무를 기록하였습니다. 그것은

1) 성신으로 말미암아 연합함 - 에베소서 4장 3절 "화평으로 연합한 중에서 성신이 하나되게 하신 것을 힘써 지키라"하였습니다. 거기에 이어서 다음 절에 기록된 것은 성신의 작용으로 말미암에 도래한 일곱 겹으로 된 연합입니다. 모든 신자를 주님의 한 몸 안에 묶어 놓은 일곱 줄을 말하였습니다. 기억에 편케 하기 위해 둘씩 쌍을 지어 기록하면 아래와 같습니다.

한 주와 한 몸 (그의 신비한 몸인 교회)

한 하나님과 한 부름 (하나님 아버지의 소명이나 에베소서 1장 8절에 기록된 것)

한 성신과 한 세례 (성신의 시례니 곧 그리스도 안에서의 새 생명의 시작)

한 믿음 (이상 여섯 가지 요소가 포함되어 각 개체자의 충족한 소득이 된 것)

2) 하나님 아들을 아는 지식으로 말미암에 연합됨 - 에베소서 4장 13절에 "우리가 다 하나님의 아들을 믿는 것과 아는 일에 하나이 되어"하였습니다. 우리가 그리스도의 거룩한 형상을 이루는 것은 오직 그를 아는 일과 그를 믿음과 그의 생명을 얻음으로 말미암에서만 가능한 것입니다. 그리고 이것을 성취하는 때 하나님의 거룩한 계획이신 교회의 참 연합을 맛볼 수 있을 것입니다.

그러면 참 두가지 의무는

1) "힘써 지키라" 에베소서 4장 3절 우리는 교회를 만들어 내거나 생성시킬 능력은 없습니다. 그것은 오직 성신의 능력이십니다. 그러나 우리 각 개인의 이기적 욕망이나 탐욕이나 교만으로 말미암에 이 교회의 거룩한 정신적 연합을 깨트려 지는 일이 없어야 할 것입니다.

2) "이루라" 에베소서 4장 13절 성신이 우리를 하나님께로 더 가까이 인도하심과 동시에 우리는 자연히 우리끼리의 신정한 친교도 더 가까이 맺게 되는 것입니다. 처음 시작할 때에는 우리가 다 각기 다른 의견, 다른 기질, 다른 환경, 다른 의식을 갖고 시작하였으나 결국은 그리스도 안에서 변화하야 한 몸 한 마음 될 것입니다. 이는 그리스도와 같은 형상이 우리 안에 이루어지는 때 비로소 가능한 것입니다.

4. 교회의 기능

그리스도의 몸된 교회는 오직 한 가지 기능 밖에 없으니 이는 곧 그의 머리되는 이에게 복종하며 어디서나 어느 때나 만세에 오직 그의 뜻을 준행 성취 하는 것입니다. 그는 그 몸의 전체적 계획과 목적을 확립한 바 있습니다. 그러므로 만일 누구나 개인으로서 이 전체적 경륜(經綸)에 역행하야 평화와 조화를 깨트리면 재난과 혼돈이 필연적으로 오는 것 밖에 다른 결과를 얻지 못할 것입니다.

만일 어떤 이가 질병이나 음주로 인하여 자기 자신을 통제하지 못한다면 그는 가련한 존재올시다. 만일 누구나 그의 저열(低劣)한 본성을 통제하지 못하고 도로 그 본성에 통제를 받으면 그 결과는 더욱 악하여 질 것입니다. 그런 까닭에 성경전체를 통하여 영적 음란(淫亂)을 극히 경계 하였습니다. 다시 말하면 하나님의 은혜를 입어 주와 연합하고 서로 육신의 정욕을 통제하지 못하고 세상을 사랑하며 영적 생활을 등한시 하는 것이 곧 영적 음란의 죄입니다. 에베소서 3장에 바울은 자기 자신의 세가지 목적을 말하였으니 이는 그대로 교회의 세가지 목적도 되는 것입니다. 그것을

1. 3장 8절에서 "은혜를 주사 측량할 수 없는 그리스도의 풍부(豐富)한 것을 이방 사람에게 전하게 하시고"하였습니다. 교회는 이방세계에 하나님의 계시를 전하는 기관입니다. 즉 하나님과 접해본 것도 없고 하나님의 성성과 영광도 이해하지 못하는 자들에게 측량할 수 없는 그리스도의 풍부함을 전하게 하는 것이 그 목적입니다. 창조자이시며 구속자이시며 영원한 하나님의 아들이신 그리스도를 전하는 것입니다. 그리스도를 알지도 못하고 그의 말씀을 읽지도 않는 국외인(局外人)들께 교회 안에 있는 신도들은 생활을 통하야 쉬임 없이 말없이 전하는 것이 교회올시다.

2. 3장 9절에"모든 사람으로 하여금 신비한 정도의 직분을 알게 하였

으니" 하였습니다. 어떤 고 사본에서는 밝혔으니' 하였습니다. 교회의 직분은 유태인이나 이방인을 물론하고 모든 사람 앞에 지금까지 숨겨있던 세상 빛의 영광을 비추게 하는 것입니다. 하나님 안에 숨어 계셨으나 지금은 그리스도로 말미암아 구원과 화체(和體)와 영적 교통과 성화의 영광과 경이 가운데 나타났습니다. 이 모든 것은 그리스도 안에 있는 이에게 은혜로 주는 기업(基業)입니다.

3. 3장 10절에 "이로써 이제는 교회로 말미암에 하늘에서 정사잡은 자들과 권세 차지한 자들에게 하나님의 각종 지혜를 알게 하려 하셨으니"하였습니다. 베드로 전서 12장에 구속의 경이에 관하여 말씀하기를 '천사들도 또한 살펴 보기를 원하는 것'이라는 구절이 있으니 이는 곧 천자나 영계의 권세들에게도 계시하지 않으신 하나님의 깊은 경륜을 그리스도의 몸된 교회에게 알게 하셨다는 말씀입니다. 10절은 한 극적 장면을 말하는 것 같습니다. 말하자면 이 땅은 전 우주의 무대며 그 위에 있는 교회와 각 교역자들은 배우인데 죄 있는 영과 죄 없는 영은 물론하고 무수한 영물들 앞에서 하나님의 각종 지혜로 된 놀랄만한 극을 연출하는 것이리라 하겠습니다. 사실 비울을 고린도 전서에 말한 바와 같이 하나님께서는 세상에 약한 자와 세신받은 자를 택하여 강한 자와 지자(智者)를 부끄럽게 하시는 지혜를 교회로 말미암에 보여 주십니다. 참으로 교회는 십자가의 빛을 빌어서만 정지하야 이해할 수 있는 것입니다.

우리는 무능무력과 및 많은 죄과를 통감하게 됩니다. 그리하야 우리로서 이 중대한 교회의 책임을 이행할 가능성이 있는가를 의심합니다. 그러나 바울 당시의 교회는 사실에 있어서 지금 우리 교회 보다 내적 공히 약한 교회였습니다. 그러나 그 배후에는 하나님의 전능하신

손이 붙들고 있었던 것입니다. 지금 우리 조선 교회는 모든 영물들 앞에서 또는 일반 사회인들 앞에서 측량할 수 없는 그리스도의 양당함(量當)함을 보이며 그리스도의 숨은 신비를 드러내며 하나님의 각양 지혜를 알게 하는 교회인지요? 그리스도 자신만 안 보이고 사람의 사심과 대책이 자취를 감추인 교회인지요?

5. 교회의 영광

에베소서 4장 15절에 "범사에 감사하라 저에게까지 이를지라 저는 머리니 곧 그리스도시라"하였습니다. 교회의 영광은 그 건물에 있는 것도 아니며 그 기본금에 있는 것도 아니며 그 권세와 영화에 있는 것도 아니며 그 사업 기관에 있는 것도 아니며 그 인격적 발전에 있는 것도 아닙니다. 교회의 영광은 순연(純然)히 그 머리 되시는 이의 영광스러운 데 있는 것입니다. 주 예수 그리스도와 및 교회와 그이와의 관련 여하에 달린 것입니다. 교회가 그리스도와의 일치와 교통에서 끊어진다면 남는 것은 오직 사해(死骸) 뿐입니다. 고린도후서 3장 18절에 "우리가 다 얼굴에 수건을 벗고 거울을 보는 것 같이 주의 영광을 보고 저와 같은 성상으로 화하여 영광으로 말미암아 영광을 더하니 이는 주 곧 신으로 말미암음이니라"하였습니다.

고린도후서 4장 6절에 "예수 그리스도의 얼굴에 나타난 하나님의 영광을 아는 바 빛을 나타내게 하셨느니라"한 그 영광이 교회 안에 나타나야 하겠습니다. 이것이 우리의 현재의 영광임과 동시에 장차 올 무한한 영광의 소망입니다.

주님의 피로 사신 교회의 기원, 성질, 연합, 기능과 영광능(榮光能)을 우리가 다시 생각하는 때 우리는 그의 머리되시는 주님을 좀 더 충실하게 충성스럽게 섬겨서 교회에 대한 하나님의 영원하신 계획에 따라

쓸 데 있는 그릇들이 되어야 할 것이 아니겠습니까?

솔토는 교회의 기원을 오순절 날, 성신으로 잉태한 것이라고 하지만, 그 기원은 영원한 하나님의 뜻에 따라 영원 전부터 있었다고 말한다. 또한 교회가 조직체인지 유기체인지의 문제에 대해 언급하면서 조직체는 사람의 계획에 따라 원하는 대로 만들어 질 수 있지만 유기체는 그럴 수 없음을 주목하고 교회는 분명한 유기체라고 주장한다. 즉 교회의 구성원 모두는 산 돌이고 생명이 있으며 성장하고 자신을 드러내는 존재임을 말한다. 그런데 이러한 그리스도의 성장은 예수 그리스도와의 유기적인 연합을 통해서만 가능하다는 것을 잊어서는 안 된다고 한다.

또한 당시 교회들이 가지고 있었던 중요한 문제인 '교회의 연합'에 대해서도 언급한다. 이러한 연합은 성신으로 말미암아 하나님의 아들을 아는 지식으로 연합된다는 점을 강조한다.

이러한 교회의 기능은 1) 측량할 수 없는 그리스도의 풍부한 것을 이방 사람에게 전하게 하기 위해 2) 모든 사람에게 신비한 영광의 빛을 보이기 위해 3) 죄 있는 영혼 죄 없는 영혼뿐 아니라 온 생명들 앞에서 하나님의 놀라운 은혜를 보이기 위해서이다.

솔토는 교회는 현재 영광임과 동시에 장차 올 무한한 영광의 소망을 품고 주님을 충성스럽게 섬기는 그 소임을 위해 존재하고 있음을 고린도후서 4장 6절 말씀을 통해 전하고 있다. "예수 그리스도의 얼굴에 나타난 하나님의 영광을 아는 바 빛을 나타내게 하셨느니라."

3. 기로에 선 선교!『현대선교전략』을 통해 본 '토착교회'에 대한 편린과 남겨진 이야기들

『현대선교전략』[24)]첫 머리는 '기로에 선 선교!' 라는 탄식으로 시작된다. 솔토 선교사는 평생 삶을 통해 고민해 왔던 선교에 대한 깊은 단상을 이 책에 펼쳐 놓는다. 그는 이 책을 통해 1950년대까지 지배적으로 사용되어 오던 선교 방법론들이 획기적으로 전환되어야 한다고 주장하고 있다.

특히 솔토 선교사가 주목한 부분은 '토착 교회'에 대한 개념이다. 즉 그 이전까지 고수되어오던 일반적인 과거 선교 방법에서 '토착 교회' 라는 방법으로 전환되어야 한다는 것이다.

이 책의 서문을 쓴 콜롬비아 성서대 학장 알린 후리스는 "이 말(토착 교회)은 하나의 환상과 방법에 대한 결정적 표현"[25)]이라고 했다. 그는 한국에서의 미국장로교 선교부가 토착 교회에 대한 이러한 동향을 파악하고 있었고, 적실하게 적용했기 때문에 현재 '현대 선교의 이적'이라 불릴 만한 결과가 한국 땅에서 일어났다고 본다. 그리고 한국 선교의 중심에서 25년 동안 헌신했으며 신사 참배를 강요하던 일제의 명령 때문에 한국 선교의 역사에 위기가 닥쳐왔을 때, 그 어떤 것과도 타협하지 않았던 솔토 선교사가 쓴『현대선교전략』은 매우 의미있는 작업이라

---

24) 이 책은 솔토 선교사가 미국으로 돌아가서 1954년 Van Kampen Press 출판사를 통해 *Missions at the crossroads: The indigenous church-a solution for the unfinished tasks* 라는 제목으로 출판한 선교에 관한 깊은 통찰을 담고 있는 책이다. 국내에서는 Christian Vision House에서 신홍식에 의해 번역되어 1990년 출간되었다.

25) T. S. 솔토우,『현대선교전략』, 신홍식 옮김, (서울: 크리스찬비전하우스, 1990), 10.

고 본다. 또한 후리스는 이러한 토착 교회 설립은 민주주의의 발전, 서양인을 대하는 동양인의 자세, 경제와 정치의 새로운 사항, 공산주의의 흥기 등 내적 문제 등 많은 어려움이 있지만 바로 당시의 시점에서 반드시 논의되어야 한다고 했다.

> "기로에 선 선교! 그렇다. 선교는 지금 기로에 서 있다. 기독교 선교의 장래에 관한 문제는 오늘 식견 있는 모든 신자들의 관심거리가 아닐 수 없다. 중국에서는 공산주의자들이 급속도로 그 큰 제국을 통째로 삼켰으며 신자에 대한 억압과 제약이 홍수처럼 밀어 닥쳐 모든 선교 활동은 완전히 중단 상태에 놓이고 말았다. 한국의 북쪽 땅 역시 완전히 공산주의자들의 수중에 들어가고 말았으며, 동남아 전 지역도 그 거센 파도의 충돌을 촉감하고 있는가 하면 인도는 영국의 지배로부터 독립하여 인도인과 파키스탄인으로 나뉘었다고 하지만 아직도 수 없이 많은 복잡한 문제들을 내포하고 있으니 그 종말적인 결과에 대해서는 특히 외국인 선교사에 관한한 아직은 아무도 확실하게 말할 수 없는 형편이다."[26]

한국으로 부임하고 첫 선교사의 소임을 평안북도와 중국 만주 지역을 중심으로 시작했던 솔토 선교사는 북한과 중국이 공산주의의 치하에 들어가게 되면서 그 동안의 모든 기독교 선교의 흔적이 사라지는 것을 목도하면서 탄식과 함께 당시의 어려움을 토로한다.

이미 선교가 차단된 지역에서의 기독교 운동의 장래는 어떻게 될지, 공산주의 세력의 위협이 먹구름처럼 선교사들을 위협하고 있는 지역에

26) T. S. 솔토우,『현대선교전략』, 신홍식 옮김, (서울: 크리스찬비전하우스, 1990), 10. 13.

서는 무엇을 해야 할지. 모든 것이 불확실한 상황을 바라보면서, 솔토 선교사는 그 지역을 떠날 수밖에 없는 선교사들에 대한 안타까움과 더불어 그 지역에 남게 되는 본토 그리스도인들을 바라본다.

그 어떤 정치적 변동이 일어난다 해도 본토 기독교인들이 어떤 박해와 탄압을 받게 되어 지하로 들어가게 된다 해도 기독교 선교의 역사는 흘러갈 수 있다고 주장한다. 이는 분명히 보좌에 앉아 계시는 하나님께서 그 종들의 믿음과 함께 하신다는 확신 때문이다.

따라서 솔토 선교사는 정치적인 어려움에 맞서 후퇴하지 말고 이미 설립된 토착 교회를 강화하기 위해 '자전, 자치, 자급'[27]의 3중 작업에 대한 철저하고 특별한 조치가 필요하다고 강조한다.

그리고 솔토 선교사는 그 사례로 에티오피아와 중국, 한국을 들고 있다. 특히 한국에서는 공산주의 침략을 당한 가운데서도 본토 그리스도인들이 보여준 교회 부흥과 발전에 대한 여러 가지 방법들이야 말로 하나님께서 지도자들을 일으키신 특별한 방법이었다고 확신한다.

그래서 그는 『현대선교전략』 이 책을 통해 자신이 목도한 한국 토착 교회 정책에 대한 전반적인 윤곽을 설명하고 선교의 성서적 근거를 설명하고자 했다.

"소래 마을에 사는 한 젊은 상인 송씨라는 분이 사업차 만주에 갔다가 거기에서 심한 병에 걸려 쓰러지게 되었다. 우연 중 그는 하나님의 섭리로 스코틀랜드 장로교 선교부에서 경영하는 한 병원에 입원하게 되었고 그곳에서 수 주일간 치료를 받는 동안 건강을 회복했다. 이렇게 건강을 회복한 그는 의사에게 가서 어떻게 감사의 뜻을 표했으면 좋겠

27) T. S. 솔토우, 『현대선교전략』, 신홍식 옮김, (서울: 크리스찬비전하우스, 1990), 10. 15.

느냐고 물었을 때, 의사는 당신의 몸이 고침을 받은 것은 주님의 긍휼로 말미암은 것이므로 이제 당신은 영혼을 고쳐주실 그분의 아들 예수 그리스도를 구주로 영접하여야 할 것 이라고 대답해 주었다고 한다. 그 뒤 송씨는 그 말대로 예수를 영접하였고 한국으로 돌아 오는 길에 그는 짐과 함께 몇 권의 신약 성경과 기독교 서적을 감추어 가지고 왔다."

솔토 선교사는 19세기 초반, 1864년 한국 땅에서 있었던 일화를 소개한다. 당시는 가톨릭 신자들이 순교를 당하던 그 당시 왕명으로 기독교가 금지되고 있던 시절이었지만 소래에 살던 상인은 자신의 마을에 가서 신약 성경을 읽어주고 복음을 설명하면서 신앙을 전했다는 이야기에 주목한다. 그리고 1885년 선교사들이 서울에 왔을 때, 소래 상인은 언더우드 박사에게 편지를 썼고 선교사 언더우드는 그곳으로 달려가 신자들에게 세례를 주었던 이야기를 전한다. 그리고 그 교회가 현재까지 거둔 결실을 역사와 규모 등을 자세하게 나열하며 설명한다. 그는 한국은 전 세계 선교 지역 중에서 가장 결실이 많은 곳으로 그 이유는 바로 '관리와 지도의 책임이 처음부터 본토 교회에 주어졌던 방법과 정책'[28] 때문이었다고 한다.

본 글에서는『현대선교전략』가운데 솔토 선교사가 강조했던 '토착 교회' 개념을 소개하고자 한다.

"토착'indigeneous'라는 말은 '한 나라 지방에서 발생하여 성장하거나

28) T. S. 솔토우,『현대선교전략』, 신홍식 옮김, (서울: 크리스찬비전하우스, 1990), 10. 19.

자연스럽게 삶을 유지하는 자기 나라 산출의, 타고난' 이라는 뜻을 담고 있다. 즉 교회도 그것이 한 나라에서 시작되어 그 나라 백성의 한 부분처럼 자연스럽게 자라나야 토착화 되었다고 할 수 있는 것이다."[29]

솔토는 토착 교회란 "자치, 자급, 자전도 하는 교회"라고 정의한다.

우선 '자치'는 교회 조직의 중요성을 파악하는 데서 시작된다. 대체로 선교를 하면서 자치에 대해 생각할 때, 두 가지를 경계해야 하는데 하나는 "자기를 파송한 본국 교회와 똑같은 교회를 설립하려는" 생각이고 다른 하나는 "신앙 선교 단체로 알려진 초교파 종교단체들처럼 교차 배경을 달리하는 사역자들이 함께 하면서 교회 조직의 필요성과 가치를 과소평가하는" 경향이다. 따라서 외국인과 본토인을 포함하여 지도자들이 함께 적절한 지도자 훈련 계획과 교회 조직에 대한 통일된 정책을 채택하고 수행해 나가야 한다. 특히 그 문제를 결정하고 수행하기 위해서 솔토가 지적한 요소는 다음과 같다.

▲입회 기준 ▲그리스도인의 생활 표준 ▲회원의 교육과 훈련 ▲ 교회 전도의 방법 ▲조직과 정치의 형태와 행정 ▲ 교리적 표준

다음 '자급'의 경우는, 국민의 사회적 경제적 표준에 관계없이 시작할 때부터 도움 없이도 이 책임을 다할 수 있다는 것을 깨닫도록 강조해야 한다. 이를 위해 ▲본토 사역자에 대한 봉급 및 지원이 필요한데, 아무리 시작 단계인 교회라고 해도 급여에 대한 액수를 정해야 하며 매우 적은 금액이라 해도 이 금액이 꼭 현금으로만 지불되어야 하는 것

---

29) T. S. 솔토우, 『현대선교전략』, 신홍식 옮김, (서울: 크리스찬비전하우스, 1990), 10.

은 아니고 양식이나 경작할 토지를 마련해 주는 것도 방법이라고 제안한다. ▲교회 건물의 설립과 재산 관리 또한 매우 중요한데, 교회를 사람이 아니라 건물로 보는 유혹이 있지만 성경 어떤 곳에서도 교회 건물이나 교회 재산에 대해서 단 한 번의 언급도 없었고 언제나 여러 도시들 가운데 주동 교인들의 이름을 따라 '…의 집에 있는 교회' 라는 말이 수없이 나타나고 있다는 점을 주목하라고 강조한다. 그리고 교회 건물은 선교 단체의 요구가 아니라 지방 교인들의 요구에 따라 설립되어야만 토착 교회가 가능하다고 주장한다. ▲교회 기본 활동에 대한 경상비, 이것은 등화, 난로, 사찰, 전도 및 주일학교에 소모되는 비용 등으로 이 현행 예산이나 경비 중 어떤 항목이든 선교회나 외국 기관에 의존하게 된다면 그 교회는 자급 하는 것이 아니라고 한다.

솔토 선교사는 교회가 자급하는 단계에 이를 때까지는 엄밀한 의미에서 아직도 교회가 완전히 설립되었다고 볼 수 없고 선교가의 목적도 달성된 것이 아니라고 한다.

마지막으로 '자전도'이다. 한 사람을 신앙으로 이끌어 교회의 회원이 되도록 하는 것은 교회의 목적이다. 그런데 모든 교인들이 각기 한 부분씩 이 목적을 위해 책임을 분담해야 한다. 즉 교인들의 끊임없는 개인 전도를 통해 교회가 세워진다는 점이 매우 중요하며 이것은 선교지들에서 언제나 증명되어 온 것이라고 솔토는 주장한다.

> "내가 한국에서 25년간 있을 때는 그 수많은 세례 문답자들이 그들의 문답에서 한결같이 이 같은 개인 전도에 대한 간증을 하곤 했다. 그러므로 깨달을 것은 개인의 신앙이 다른 사람들에게 주님에 대해서나 또는 주님께로부터 받은 은혜에 대하여 증거하는 것을 중요하게 여기지 않는다면 아직도 교회의 안전한 회원으로서의 책임을 감당한다고 볼 수 없다"[30)]

솔토는 모든 신자들이 개인 전도에 참여하는 것이 평범한 일이 될 때, 교회는 견고하게 되고 성장할 뿐 아니라 본이 될 수 있다고 한다.

즉 이러한 3가지 기능이 각기 제 구실을 다하게 될 때 교회는 그 교인에 의해 건설적이며 효과적으로 유지되는 '운영 중인 교회'가 될 것이며 그때야 말로 선교사는 자신의 사역이 성공적으로 완성되었다고 생각해야 한다는 것이 솔토의 '토착 교회'에 대한 설명이다.

이어서 솔토는 이러한 토착 교회 정책을 수행하면서 현실적으로 당면하게 되는 문제들과 그 해결 방안을 제안한다.[31]

가장 먼저 고민하게 되는 것은 ▲주민들의 궁핍이다. 솔토가 한국에 있을 당시 대부분 지역에서 노동자들의 연 수입이 150달러 정도로, 이것은 5인 가족 기준이므로 일인당 의식주 비용이 1년에 30불 정도였다고 한다. 하지만 사람들이 이렇게 가난 하면서도 사찰에서 불공을 드리고 미신적 행위로 헌물을 바치고 있는데, 이러한 정서는 교회 헌금과 헌물에도 드러나고 있다. 예배나 교회 사업을 위해 끼마다 한두 숟갈씩 덜 먹고 교회에 성미를 바치는 것이나, 결혼반지를 헌물하는 것을 보면 그 정서를 알 수 있었다고 말한다. 주님의 사랑이 진정 사람들의 마음에 다가가서 그 관계를 위해 아끼지 않는 한국 사람들의 신앙은 평안하고 사치한 미국 사람들에게서 찾아 볼 수 없는 값진 기쁨으로 궁핍하다고 어렵다고 판단해서 시혜를 베푸는 선교는 지양되어야 한다고 주장한다.

다음은 ▲ 가장 수월한 방법을 택하면서 생겨날 수 있는 폐단이다.

30) T. S. 솔토우,『현대선교전략』, 신홍식 옮김, (서울: 크리스찬비전하우스, 1990), 10. 36.

31) T. S. 솔토우,『현대선교전략』, 신홍식 옮김, (서울: 크리스찬비전하우스, 1990), 10. 181-190.

동양 국가들에서는 서양의 개인주의를 발견할 수 없는데, 가족이나 공동체간에 상호 의존하면서 각양각색의 충고와 위로를 주고받는 것이 일상화 되어 살아 왔기 때문이다. 이러한 정서에 대해 선교사들이 충돌하는 경우가 있는데, 선교사들에게 다른 가족들에게 의존하는 정서를 보일 때 그 문제는 심각해진다. 따라서 자립과 주도 정신을 함께 교육하는 것이 필요하다는 것이 솔토의 지적이다. 하지만 선교지 사람들을 "내려다보는 선교사들의 태도"는 절대 경계되어야 한다고 주장한다.

그리고 ▲서구화가 아닌 전도의 모습을 고민해야 한다. 간혹 선교사들은 전도와 서구화의 차이를 망각하고 기독교를 서구 생활을 소개로 생각하는 경향을 보이는데, 절대 주의할 점이라고 솔토는 지적한다. 복음이 사람들의 생활 가운데 스며들게 되면 자연스럽게 관습에 변화가 생기는데 그것은 복음으로 인한 것이지 서양 선교사들 덕분이 아니라는 점을 언제나 각인해야 한다고 말한다.

그밖에 솔토는 선교사의 ▲부동산 소유의 문제에 대해서도 언급한다. 기본적인 선교관은 필요하지만 지나칠 경우 주민들과의 장벽을 만들 수 있다고 반드시 경계해야 한다고 말한다. 물론 단지 건물이나 재산만이 본토 사람들과 장벽을 만드는 것은 아니고 선교사의 삶 자체가 벽을 만드는 경우도 있는데 외적으로 내적으로 이러한 장벽은 선교에 장애가 된다는 지적이다.

이렇게 토착 교회를 중심으로 정립된 선교는 ▲보다 강하고 보다 진취적인 교회 ▲보다 신속하게 성장하는 교회 ▲선교사들과 본토인들 간의 보다 건전한 관계 ▲복음을 보다 효과적으로 제시하게 됨 ▲선교 범위가 넓어짐 ▲새로운 형태의 사업을 할 기회가 많아지는 교회를 자리매김 할 수 있게 되는 결과를 가져오게 된다는 것이 솔토의 주장이다.

솔토는 이러한 공적인 입장부터 선교사 개인들이 가져야 하는 자질들을 설명하면서 그 어려움도 토로하고 있다. 즉 선교사는 문화와 언어와 인종과 기후와 풍습이 다른 상황 속에서 주님께서 부탁하신 대위임령을 가지고 아직도 복음을 듣지 못한 미전도 종족에게 전하는 사람이며 동시에 선교사 역시 돌아보아야 할 가족을 가지고 있고 자녀들의 일반적인 필요- 훈계와 양육, 돌봄 등-를 충족시켜야 하는 이중, 삼중적인 부담을 가지고 있다. 또한 자녀 교육은 선교사역의 일부가 아니라 선교 사역의 가장 중요한 영역이다.

솔토는 기독교 가정을 통한 증거와 영향력을 때로 수치적으로 측정할 수 없을 때가 많은데 그럼에도 불구하고 잘 훈련되고 양육된 선교사 자녀들의 본은 어떠한 말보다도 더 강하고 실제적으로 선교지의 사람들에게 영향을 끼친다는 것을 중요하게 생각한다. 그는 선교지의 사람들은 선교사의 말보다도 선교사의 삶을 주시해 보고 있다는 것을 알고 있었던 것이다.

한국기독교인물 사전은 소열도 선교사에 대해 "신사참배를 반대한 미국 북장로교 소속 선교사. 청주 지역을 중심으로 활동함" 이라고 매우 간략하게 설명하고 있다. 하지만 그가 한국과 맺은 25년의 시간 그리고 그 이후 한국 선교를 위해 고민한 평생의 삶은 한국 교회 초기를 비롯해서 지금 세계 선교의 중심지가 된 한국 교회가 다시금 되새겨야 하는 소중한 첫 마음을 일깨워준다.

맺음말

소열도 선교사가 한국 땅을 떠나게 된 것은 '신사참배 반대'가 큰 이유가 되었다. 미국의 남, 북 장로교 선교회와 호주 장로교 선교회의 영향을 받아 보수적 입장을 취하던 평양 신학교는 신사참배문제를 타협의 대상으로 보지 않고 성경의 절대권위를 존중하며 말씀대로 실천을 모토로 하고 나부열 교장과 배위량 재단이사장을 비롯 모든 교수와 학생들, 그리고 북장로교 선교회 실행위원 허대전, 노해리, 소열도 등 선교회를 대표하는 이들은 처음부터 신사참배 문제에 대해 매우 분명하고 단호한 입장을 취하였다.

당시 총회의 임원이며 노회 대표로 활동하던 소열도 선교사 역시 신사참배 반대의 선봉에 서 있었다. 각 노회에서 신사참배를 결정하자 의분을 참지 못했다. 진국에서 가장 큰 평북노회가 참배를 결의하자 그 노회목사 후보생이었던 장홍련이 평양신학교 교정에 있든 평북노회장 김일선의 기념 식수를 도끼로 찍어 버렸고 전국 노회에 신사참배 반대운동을 전개하기 시작했다. 그러나 미리 알아챈 일본경찰에 의해 다수의 학생들과 김인준, 박형룡 교수가 불구속 입건되었다. 비록 평양신학교의 신사참배 반대 움직임이 조직적인 신사참배 반대 운동으로 이어지지는 않았지만 평양신학교의 저항운동은 쉽게 타협하려는 일부 노회와 교회의 움직임에 경종을 울리는 사건이었다.

평양에서는 주기철 목사, 주남선 목사. 평북 신의주에서는 이기선 목사, 경남지방에서는 한상동, 손양원, 이인재. 손명복 목사, 만주에서는 한부선 선교사를 중심으로 신사참배 반대 운동이 전국적으로 확산되었다. 일제의 탄압에 의해 200여 개 교회가 문을 닫고 2,000여 성도가 투옥되었고 약 50명의 교직자들이 순교를 당했음에도 신사참배 반대 운동은 그칠 줄 몰랐다. 총회의 신사참배 결정이 신사참배 반대운동을 불식시킬 것으로 기대했던 일제의 계산은 빗나가고 말았다. 신사 참배 반대는 결과적으로 한국 초기 교회에 큰 타격을 주었고 이로 인해 한국 기독교인들은 투옥 등 모진 고통을 받게 되는 동시에 외국 선교사들은 더 이상 한국 땅에 머물 수 없게 되었다. 그 중 소열도 선교사 또한 본국의 부름으로 다시 미국으로 돌아가게 되었다.

한국기독교인물 사전은 소열도 선교사에 대해 "신사참배를 반대한 미국 북장로교 소속 선교사. 청주 지역을 중심으로 활동함"이라고 매우 간략하게 설명하고 있다. 하지만 그가 한국과 맺은 25년의 시간 그리고 그 이후, 한국 선교를 위해 고민한 평생의 삶은 한국 교회 초기를 비롯해서 지금 세계 선교의 중심지가 된 한국 교회가 다시금 되새겨야 하는 소중한 첫 마음을 일깨워준다.

한국 초기 교회의 기적을 이룬 중심에 서 있었던 '소일도', '소열도' 선교사. 긴 시간 한국에서 목회와 전도, 교육 사업을 지도한 두 명의 솔토, 소일도와 소열도 선교사의 흔적을 정리해 보았다. 파편적인 자료와 전문적이지 못한 해석으로 그의 신앙과 신학이 훼손되지 않았는지 우려된다. 하지만 지금, 그가 말한 것처럼 "전 세계에서 가장 결실이 많은 한국"이 이제라도 그에 대한 기억을 되새기려는 이 작업을 기쁨으로 받아주지 않을까 생각하며 이 글을 마무리한다.

참고문헌

Soltau, Theodore Stanley, *Korea, The Hermit Nation and It's Response to christianity*, World Dominion Press, 1932.

Soltau, Theodore Stanley, 『례배첩경 = *Aids for public worship*』, 조선예수교서회, 1934

Soltau, Theodore Stanley, 『신자 생활의 첩경, *A straight road to Christian truth*』, 조선예수교서회, 1936

Soltau, Theodore Stanley, Memoirs: Missionary to Korea, https://archive.org/stream/tstanleysoltaume00solt/tstanleysoltaume00solt_djvu.txt

『기독교대백과사전』, 9권, 기독교문사, 1985

『숭전대학교 80년사』

『신학지남』

Korea Mission Field

부록

영문 기록 원본 I.
Memoirs: Missionary to Korea

T. STANLEY SOLTAU: MEMOIRS
Missionary to Korea

INTRODUCTION

For some time a number of friends have urged me to write my autobiography, but I have declined to attempt to do so for two reasons: 1) The thought of writing in the first personal pronoun is distasteful since it is so easy to draw attention to oneself or at least to give others the impression that one is attempting to do so, rather than glorifying the Lord, and 2) I cannot imagine any publisher taking the risk of printing it when there would be such a small demand on the part of the few people who know me to purchase copies. However, for the sake of my children and grandchildren, it seemed something that might be profitable to them, so I have made this attempt.

As I have been going over my life and trying to pick out the most important events and the guiding principle which I have tried to follow, the one phrase that has come to me again and again is "to be used of the Lord." As far as I have been able to determine, from my earliest years, as far back as I can remember, I believe that that has been the main motive and desire that has been with me and has led me to make the decisions as to the places of service to which I have felt led. Needless to say, that motive was implanted in my mind at a very early age, largely, I believe, through the inspiration and example of my godly parents, whose lives have been an inspiration to me as long as I can remember. The blessing of being brought up in a real Christian home has been indelibly impressed on my mind, and I have many, many times thanked God for the privilege that has been mine in the parents that I have had and the atmosphere of the home in which I was brought up.

MY HERITAGE

Henry William Soltau, my grandfather was born on July11, 1805, the second son of a merchant of Plymouth, England. Following his conversion he and his brothers decided to leave the Church of England to join the Plymouth Brethren which was just starting up in Plymouth at the time. The three boys went to their father, a godly man, and told him of their decision and immediately met with very strong opposition. They were told that if they did so they would be "cut off without ashilling," and that the estate would go to a different branch of the family. This threat, however, did not deter them and they carried out their decision since they felt that the Lord was leading them. Their father also carried out what he had told them he would do.

Henry's life is briefly described in the book, Chief Men Among the Brethern. George, my father, was born February 4, 1847, the eldest of three brothers in a family of eight children. Among his sisters was Henrietta, who for many years was head of the candidate home for young women who were planning to go abroad under appointment of the China Inland Mission. Her life has also been documented in the book, The Woman Who Laughed at Immposibilities and Cried: It Shall Be Done . One of father's two brothers, Henry, went to Burma as a pioneer missionary and was one of the first Englishmen to make the long and hazardous journey over land to Peking. William, the other brother went to France and married a daughter of one of the famous Protestant families there, the Monods. For many years he was active in the McCall Mission which conducted evangelistic services in floating chapels on the River Seine.

At the age of twelve, George, the eldest of three sons had an unusual experience which led him to a definite acceptance of the Lord Jesus Christ. From that time on, he began preparing his life for the work of winning others to the Lord. After 18 years in H. M. Office of Works and Public Buildings in London, during which he spent many hours at work in the slums of London, he married Miss Grace E. Tapson, the eldest daughter of a very successful physician in the West End of London. For over 35 years this exceptionally congenial couple was used by the Lord in many places.

In 1872 he became a member of the newly established Council of the China Inland Mission, and in 1874, the year of his marriage, he was very active in the first great Mission in London, held by Moody and Sankey. Among his intimate friends was Dr. Barnado, who for some time had been urging Mr. Soltau to join him in his great orphanage work. In 1876, my father accepted the Governorship of the Village Home for Girls, which was about to be opened at Ilford, and for seven years he spent a very busy life there, building up the work in both its physical and spiritual aspects. Every Sunday morning he spoke to about 600 girls and developed the many object lessons which later were so widely used in many places. Nearly every night he held meetings in one of twelve small towns and villages in the neighborhood leading song services, giving magic-lantern lectures and temperance addresses, and holding open air services.

In 1883 the family moved to London after three months in Hastings where their sixth child, a son, Jack, was born, and again my father was with Mr. Moody in his mission in various parts of London. In 1884, he went to Canada and preached in many churches and homes and on his return to England was again invited to cross the Atlantic, this time to New York, where he spent several

months. He was greatly used as a blessing to many in that city, and in many parts of New Jersey. After another year in evangelistic work in England, my parents with their six children sailed for Tasmania in July, 1886, to take up the pastorate of the "Christian Mission Church," which had been built by Mrs. Henry Reed in memory of her husband. Seven very busy and fruitful years were spent there, during which the Christian Endeavour Movement was introduced and many young people received practical training for future Christian work.

It was during his ministry in Launceston that my twin brother, David Livingstone, and I, Theodore Stanley, were born on July 14, 1890. It was with the great hope that their son would become a foreign missionary that they named my brother David Livingstone and I, the unexpected arrival, Theodore (the Gift of God) and Stanley, who was about that time in Africa where he had been sent to find David Livingstone. A post card was sent to friends saying that David Livingstone and Stanley had arrived safely, and a curious postman, while delivering the mail happened to read the post card. He reported it to the local newspaper which promptly printed the item that word had been received of the safe arrival of the two famous African explorers from their hazardous journeys in the Dark Continent! Mr. Hudson Taylor, founder of the China Inland Mission, and an honored visitor in our home, dedicated us to the Lord when my brother and I were still infants.

After seven years of constant work in Launceston, my father

was greatly in need of a rest and so went to India, where he spent about nine months visiting his brother, Dr. Henry Soltau, and enjoying the beautiful scenery in the Nilgiri Hills. While in Ceylon, he saw his two oldest children, who were on their way to England to continue their education: Mabel, who later served the Lord for many years in China under the China Inland Mission and Bertram, who became a Colonel in the British Army during World War I and honorary physician to the King. My father then rejoined his wife and six remaining children in Australia and together they established a new home in Melbourne.

It was there that my brother Jack died of typhoid fever. He was only 15 years of age at the time of his death, and when he was told that the end was near, he folded his hands and with the whispered words, "Ready, quite ready, Lord Jesus," his spirit passed into the glory of the Lord's presence in heaven.

His home going left a deep impression on us all.

After one more year of mission work in Australia my father was called to New Zealand where he spent two and a half years in Bible teaching and evangelism with possibly the greatest results of any period of his whole ministry. During that time my mother was with him for many months and my brother David and I lived in the homes of friends with our nurse, who had been with our family for over 20 years. She was a wonderful Christian, and her influence bore much fruit in our lives.

In the late autumn of 1897 the whole family returned to London, which was to be our home for the next six years. I shall never forget the experiences on the boat and our visits in Colombo, where we spent three days, and our journey through the Red Sea and Suez Canal. Though I was only seven I can still remember looking out over the sandy desert and imagining how it must have been for the Israelites when they traveled over the sandy wastes under the leadership of Moses and were directed by the pillar of fire by night and cloud by day.

MY BOYHOOD

On arriving in London early in 1898 we went to 37 Pyrland Road, which at that time was the training home for women missionaries preparing for mission work under the China Inland Mission. My father's sister, my Aunt Ettie, who had been in charge of the home and the missionary training preparation of prospective candidates, had gone that year to China for twelve months leaving my mother in charge of the home. Four houses 37, 39, 41 and 41A, all in one row were really one building connected by doors which had been cut in the adjoining walls so that one could pass from one to the other without difficulty .

My brother David and I had attended kindergarten in Australia, but now went to a regular school for the first time in our lives.

We entered Paradise House School, situated on Paradise Road. Just across the road was the New River, one of the sources of the London water supply and beyond that was Clissold Park, where we used to go to play cricket at times and across which we had to walk to reach our home. It was a small school of about 125 boys and was held in the home in which Wilberforce and Clark had met to discuss the abolition of the slave trade in Africa. It was a new experience for us but learning to play cricket and football (soccer) with the other boys and some of the masters was excellent training in sportsmanship as well as in learning the rules of the various games.

After one year in Pyrland Road we moved to 85 Lordship Park which was a few miles north, which meant a daily walk through Clissold Park. While we were living there my eldest brother, Bertram, and my third brother, Alick, attended medical school. My sister Mabel, left for China under the China Inland Mission. Her years in China eventually totaled nearly fifty years. My second sister, Eleanor also finished her medical course and left for India as a missionary under the Scotch Presbyterian Mission where she remained for several years before resigning and returning to England. My second brother, Cecil, went to Mexico as an engineer. Alick, having finished his medical course was married and went to India in the British Army as a medical officer.

When the word "home" is mentioned I always think of the four years we lived in the Lordship Park area and the family prayers which were held every day around the large table in the dining room. Our nurse and the two maids always sat in a row along the wall on which hung seventeen or more paintings of the tabernacle and the various vessels used in the tabernacle. These were the originals from which the illustrations in the book on the Tabernacle written by my grandfather were later taken. It was the daily reading of God's Word and the prayers for the family and our many relatives that accompanied it that made a deep impression on my boyish mind and was undoubtedly part of the preparation which later brought forth the desire and the determination in my heart to be used by the Lord and to become a foreign missionary.

It was during this time that on one occasion my mother took David and me to the China Inland Mission headquarters in order that we might be blessed by Mr. Hudson Taylor and I can never forget that experience. He was a short man with a large bushy beard, but he laid his hands on our heads and prayed to the Lord that we would be blessed and grow up to be servants of His. I am sure that there was a very lasting effect in the minds of both of us. During those years we attended a small Presbyterian Church just a block away and I can well remember the way the organ shook the building as the Dead March in Saul was played on the occasion of the death of Queen Victoria. The memory also of excitement throughout London during the Boer War in South Africa in connection with the relief of Ladysmith and Mafeking and other great victories won are also clear in my mind.

After years in that home during which our family was so widely scattered, my parents went to New York, where my father taught and spoke in connection with the Bible Teachers' Training School founded by Dr. W. W. White. During their absence my twin brother David and I were sent to a boys' boarding school St. Clare in Walmer on the south coast of England, quite close to Deal and Dover. It was a small school of about 50 boys, the great majority of whom were preparing to go to Eton, Repton, Harrow or one of the other English Public Schools. It was a very new experience for us, but one for which I shall always be very grateful. We were under strict discipline every hour of the day and many of the lessons learned of sportsmanship, and being put on one's honour, remained indelibly impressed in my mind.

During this time I must have been developing a sense of humour and mimicry which later stood me in good stead while in Korea, for when my Uncle Henry came down for a visit, during the school year, my form master said to him, referring to me, "Soltau minor will undoubtedly end up as an old woman on the stage or the end man in a minstrel show!"

In 1904 my parents returned to England in order to move the family to New York where we lived in the 20-story building occupied by the Bible Teachers' Training School. During that year my brother and I attended the Morris High School in New York, a school of some 2,600 students, which represented about as large a change as possible from the small school in which we had spent the previous year in England. Our English accent and some of our English clothes made quite an impression the first few months and we were regarded as curiosities by a good many of the students.

After that year in New York we moved to Sioux City, Iowa, where my father had accepted a call as pastor of the First Baptist Church. While there my brother and I attended the Morningside Academy and graduated from it the following spring. The corn fields and the rich black earth which turned into such sticky mud when rained upon, made an impression on me that I have never forgotten. During the summer there, we had our first experience on a farm when we two boys spent six weeks "working" on one that was kept by a German, who was a member of my father's church. Trying to sleep during the very hot nights in the small room in the attic, rising about 6:00 a.m. and going out to plow corn and to help feed the numerous cows and hogs all seemed a real hardship at that time, but was doubtless excellent training for what lay ahead. I still remember the howling of the coyotes who came out of the hills at night and came quite close to the gate of the farm house. On these occasions the farmer's dog would chase them to a point about a mile or so away, where they would seemingly regain their courage and chase him back to the farm. This charade would go on throughout the night and stop only with the dawn when the coyotes would slink off to their dens and the dog would come home to spend the day sleeping and recouping his strength for the following night .

The following year we moved to Evanston, Illinois and my father accepted a position with the Moody Bible Institute while my twin brother and I attended Northwestern University. We received credit in the University for the various languages learned in earlier years and this enabled us to graduate in 1909 at the rather early age of not quite 19 years.

During this time I heard several noted missionaries speak in meetings in Chicago and I joined the Student Volunteer chapter at Northwestern. I was always rather shy but joining one of the debating societies on the campus gave me a start in public speaking, although I fear that I did not learn a great deal at the time. During the summers we went up to the Wisconsin woods, to a little place called Lake Galilee where Dr. J. 0. Buswell, a Presbyterian minister who had become a good friend of my father, had established a little Bible Conference. His four boys were about our age and we put in a good many hours boating and fishing on the little lake.

The first two of the three years that we were in Northwestern University we lived at home with our parents. During our third year they moved to California where they were joined by my brother Cecil, who had returned from years in Mexico. David and I moved to the chapter house of a local fraternity in which we had become charter members.

When we graduated in the spring of 1909 my father came for a short visit and I shall never forget the desolate feeling that came over me after the exercises were over. I can remember thinking "And they will now regard me as educated, whereas I really know nothing worth while!"

That summer my brother and I traveled to Washington State to work with the State Highway Department in surveying and building new roads to open up that part of the country for new settlers. The previous winter when my father was in Seattle for several weeks to hold a Bible Conference, he visited his old friends the J. Addison Campbells in whose home in Germantown, Pennsylvania he had previously held Bible classes. He had also become well acquainted with Mr. Samuel Lancaster, Highway Commissioner of the State of Washington, who was instrumental in hiring college students to survey new roads. David and I, newly graduated engineering students, were invited to join one of these teams. It was there that I met Edwin L. Campbell who at the close of the summer invited me to return with him to his home in Seattle.

I gladly accepted and there met for the first time his sister, Mary, who five years later became my beloved wife for 55 very happy years. I was about to leave for California to join my parents when I received a telegram from my mother saying that my dear father had been called home. I had been planning to live with them for a year at least, reading and studying with my father and learning from him something of his vast store of knowledge of God's Word. But such was not to be. I therefore went back to civil engineering with an appraisal company and spent the next two years in various road-surveying camps, estimating the value of properties. I was later in a party that went out on the Spokane River to make the initial survey and maps on which the largest water power dam in this country at that time was later erected. We surveyed miles of potential railroad bed and made a topographical map of the gorge through which the river ran. We also surveyed the space which would be covered by the lake made by damming the river which was to reach twenty miles up the valley. During all this time the Campbell home was my home as well as that of my brother David, who was studying in the University of Washington for his Ph.D. degree. I can never be grateful enough for the love and care we received during that time and for the relationship which sprang up between the two of us and the three sisters and three brothers in the Campbell family.

One of the brothers Edwin, sailed with us on our initial journey to Korea and the second one, Archibald, joined us there two years later, and made a notable contribution during his 40 years of ministry in Korea.

YOUNG MANHOOD

After two years of engineering I was able financially to make a start at least in my theological education. Life in engineering and surveying camps in some of the wild part of Washington State, at the time did not seem to be of any special value. Later on I realized how the Lord had been leading in this part of my life as well. Those two years of roughing it in tents in all sorts of weather and in all sorts of terrain and mingling all the time with all sorts of men, the great majority of whom knew nothing about the Lord or of what Christian life really meant, proved to be the best possible preparation for my life later on in the mountains of Korea and South Manchuria.

After careful and prayerful consideration I felt that it was the Lord's will for me to enter Princeton Theological Seminary in Princeton, New Jersey, which at that time was noted for its staunch conservative theological stand. The members of the faculty were regarded as spiritual as well as theological giants. I well remember Dr. Francis L. Patton, the distinguished president of the seminary during my first year, saying, "Young gentlemen, 2,000 years from now, if the world is still going on, and archaeologists dig in the ruins of Princeton Theological Seminary, they will say, 'At least we can know that there were vertebrates here in those days!" During the following three years, I sat at the feet of Drs. Benjamin Breckenridge Warfield, J. Gresham Machen, Jack Davis, who wrote the Bible Dictionary that bears his name, Robert Dick Wilson, the distinguished Hebraist, Charles Eerdman whose commentaries on all the books of the New Testament and many of the Old Testament have been a blessing to so many. I shall always be grateful for the blessing and instruction that I received during those years and what it meant in the establishing of my faith.

Both parents, an uncle, and an aunt had been members of the councils of the China Inland Mission in early years. My sister

Mabel had also gone to China under that Mission in 1904. These relationships naturally led me to believe that when I had finished my formal theological preparation I, too, would go to China to spend the remainder of my life in that great country.

In my last year at Princeton Theological Seminary, I had spoken to Dr. Frost of the China Inland Mission about the likelihood of my applying to that Mission, and was fully intending to make formal application. In the spring however, a Dr. George S. McCune came to Princeton Seminary and spoke to the students one night about the land of Korea where he was a missionary and told us of the urgent need for a man to go out as soon as possible to start work among the several thousands of Korean immigrants who had moved up into Manchuria. I was deeply stirred by the message. I was very weary that night and had at first said to my brother-in-law-to-be, Archibald Campbell, "let's stay in tonight and have a talk" until I realized that this was not the proper attitude or example to set before him in his entering year at Princeton. I compromised and said "Let's go and sit on the back row and if the speaker is dull we can creep out!" With that attitude we had gone to the meeting, and at the close as we walked back to the dormitory I said, "If I had not been pretty well committed in my own mind to go to China under the C.I.M., I would be almost willing to offer myself tonight for Korea." "Well, go back and talk to the man; that will not do any harm," was his reply, so I did that very thing. On entering the chapel I noticed Dr. McCune talking to Dr. Charles Eerdman at the front of the room so I quietly went up and said, "Dr. Eerdman, have you any word for me about a church in Washington State where I can get some experience and be not too far from the home of my fiance?" "No, Soltau. I have not yet had any answer to my letter; but have you signed up with the China Inland Mission?" "Not yet," I replied. Turning to Dr. McCune he said, "McCune, here's your man." Throwing his arms around me in a typical manner, Dr. McCune said, "Praise the Lord. This is the last conservative Presbyterian Seminary to which I am going, and if I do not find a man here I will have to return to Korea empty-handed." He came up to my room and sat with me until long after midnight, telling me of the great need in Korea and of the tremendous possibilities at that time.

For two weeks I was in a state of confusion and uncertainty. I had been so certain that I was meant to go to China and suddenly in such an unexpected way had come this strong urge to give my life to Korea. I prayed much about the matter, but could receive no light. Two weeks passed and the time had come when I needed to make a decision one way or the other. On a Sunday evening, before going to bed I went to the room in the dormitory occupied by one of my friends, an Irishman who was planning to go to India and said, "Johnnie, I am in a jam. I wish you would pray with me." I then explained to him just what the problem was and how very greatly I needed guidance. We prayed together claiming that guidance and I rose from my knees and went up to my bedroom, not feeling any certain conviction, as we had requested. As I unlocked the door to my room and turned on the light I noticed a piece of paper lying on the floor. It was too far removed from the door to have been pushed under it or put in through the letter slot. As I looked at it I noticed the word, "How I ascertain God's Will?" by George Muller of Bristol.

In a few words he had spelled out the means that he had used so often and which he was advising others to make use of. They were as follows:

1. Get all the light you can from Scripture.
2. Make it a matter of consistent prayer.
3. As far as possible get rid of all your own personal desires .
4. Take the advice of a few Christian friends whom you can trust.
5. Take the leading of circumstances.

"Having carefully and prayerfully considered these five things make up your mind as to what seems to you to be the will of the Lord and then, having made the decision go forward and do not turn back until or unless the Lord blocks you."

I sought to do just as he advised. It was the leading of circumstances that finally brought me to the decision I reached. The call to Korea had come so unexpectedly and was not what I was looking for or desiring that I felt I must make application to the Presbyterian Board of Foreign Missions for Korea. I also felt that I could do so in such a way that they would not accept me unless they, too, were led of the Lord. When I saw the application blank and was asked to answer a number of questions, the first that caught my eye was, "To what country do you feel led to go?" My answer was "Korea." The next two questions were, "If other fields seem more urgent, what would be your choice?" Again "Korea" was my reply. "Well, if both these fields are closed, what is your choice?" Again, I answered "Korea." As I wrote this third reply I said to myself "Now they can only regard me as a hard-headed fundamentalist, one who will find it difficult to work with others, so we had probably better not send him." To my surprise I was received with open arms which gave me a new sense of confidence that they Lord was indeed leading me in that direction.

In the year 1914, I graduated from Princeton Theological Seminary, and was ordained to the Presbyterian ministry. Mary Cross Campbell and I were married August 27, 1914, in Seattle, Washington, and left for Korea in October of that same year. It was unquestionably a momentous year in my life, and as I look back I am conscious that the Lord was sovereignly leading me all the way through. This has been a source of comfort and strength to me along life's way to realize that the Lord's hand was definitely upon me in all the important decisions made and that as I followed under His direction, I could be absolutely sure that He would see me through every situation and give victory under all circumstances.

OUR FIRST YEARS IN KOREA

It was early in October, 1914, shortly after the declaration of World War I, that we sailed from San Francisco bound for Tokyo. We had said good-bye to our loved ones in Seattle before taking the train to San Francisco, from whence we were to sail. As we were sitting on our deck chairs prior to departure, an English lady smoking a cigarette, which was a rather uncommon sight in those days, came by and noticing our names on our chairs, stopped and said, "Are you Soltaus?" On being told that we were she asked, "Where are you going?" "To Korea," I replied. "That is interesting — what for?" When I explained that we were going out as missionaries she retorted, "Well, that is most interesting. I have always heard that there were good Soltaus and bad Soltaus, but all that I have known are 'bad Soltaus'; you must be some of the 'good ones.'" The shock of meeting us must have been too great for her, for we never saw her again, although we were on the same boat for over two weeks. We sailed on the S. S. Mongolia with the largest number of missionaries on board that vessel had ever carried. Traveling with us were my brother-in-law Edwin L. Campbell, and Dr. and Mrs. G. S. McCune, who had been so instrumental in helping me to make a decision to go to Korea rather than to China. After a pleasant and uneventful voyage we arrived in Yokohama and from there went by train to Tokyo, where we stayed about a week with Miss Matilda London, my wife's aunt, who had spent a number of years as a teacher in Joshi Gakuin, a mission school for girls. This visit gave us an opportunity of getting to know something of life in Japan, a nation which had just entered World War I. We had been reminded of that on the way out, for when we arrived in Honolulu, we saw two large Japanese warships anchored just outside the three mile limit sent there to capture or sink a German gunboat. the Geier, which had taken refuge in the harbour just a short time before.

While in Tokyo, we had the pleasure of meeting Dr. and Mrs. K. Reischauer, who were members of the Presbyterian Mission. A noted scholar, he was well informed on the many problems in Japan, especially in the educational field. Some years later one of his sons was killed while visiting in Shanghai in a Japanese bombing attack. Their other son, Edwin, later became ambassador to Japan and was highly regarded as one of the most effective representatives of his country in that office.

Two days by train to Shimonoseki and a night's rough crossing of the Straits brought us to Korea and we saw for the first time the country which was to become our home for 25 years. The first glimpse of that coast was most uninviting. One of the emperors had commanded that all trees and foliage along the coast were to be cut down and destroyed so that no foreigner while sailing by would have any desire to land on those inhospitable appearing shores .

At that time the Presbyterian Mission in Korea had about 150 members and although we were weary with all our travel we were most kindly pressed to stay at several of the mission stations on our way north to the place where we had been assigned. A few days in Taegu provided our first introduction to Korean dress. Both men and women dressed in white, the colour of mourning in Korea. Custom demanded that when a member of the imperial household died, the whole nation must show its respect by donning garments of that colour. Inasmuch as the emperor had numerous wives, and concubines, the birth and death of the many babies was a common occurence. Korean citizens adjusted to this way of life by making their clothes out of white material. This custom had long been established and they prized themselves on being the nation that always wore white. The women wore billowing skirts and their hair neatly braided and coiled on their heads. The men dressed in baggy trousers tied at the ankle and wore black horsehair hats, with a special compartment to accommodate their topknots. The boys wore their hair in a pigtail which on their wedding day was cut off and the remaining hair pulled together and woven into a topknot. This became one of the distinguishing tonsorial marks of the country.

We visited a few days in Seoul, the capital, and then in Pyengyang, which had already become the Christian center of the country and the largest Presbyterian Mission station in the world. We reached Syenchun, a small town of about 10,000 but which contained two Christian churches with weekly congregations of over a thousand. We could never forget the warmth of our welcome at the time of our arrival. Over a dozen missionaries met us at the railroad station along with several hundred Korean Christians, whose faces radiated their love as they pressed our hands and welcomed us in their own language .

We were comfortably housed in the home of one of the furloughing missionaries and almost immediately directed to two Korean men who we were told, would be our language teachers. In those days Syenchun was too small to warrant a language school and newcomers like ourselves were started in language study with a hand written grammar book, written by older missionaries, and then turned over to the tender mercies of those who were appointed as our language teachers and left to sink or swim as we sought to teach them how to teach us. In our case neither teacher knew any English.

"Mine was a young 22 year old, just graduated from the local Mission Boys" High School. Each morning we would spend several hours working on the grammar and learning to read the Korean New Testament. The Korean alphabet is regarded as one of the simplest in the world and the letters nearly always have the same pronunciation. The grammar however, is quite complicated and sometimes quite intricate.

Language study was the primary activity for the missionary's first two years. In the mornings our time was spent with the books and grammar and in the afternoons we would often take walks together, my teacher and I, and I would try to learn the names of the things that were going on in the country district.

These I would put into sentences and then memorize them so as to become familiar with the words themselves, and how they are used.

Occasionally we would go out to a country church for a few days where not one word of English could be heard. On those occasions it almost seemed as though one learned the language a bit by osmosis and through absorbing it through one's skin!

After about six months of language study I think I broke a record by preaching my first "sermon." On a hot, bright Sunday morning my language teacher, who was an earnest Christian, and I walked over a high hill to a little country church about 2 or 3 miles distance and there I preached a sermon before a little congregation of about 50 people. My message continued for no more than 12-15 minutes and my language teacher carried on after me for about the same length of time. One member of the congregation, an elderly man who sat on the floor almost immediately in front of the pulpit attracted my attention and was a source of much encouragement to me. All the time that I or my companion was preaching he seemed to be listening most intently nodding his head to express his approval of all that was being said. I felt that at least one member of the congregation who was listening so carefully and nodding his head so vigorously must be receiving a real blessing from our sermonizing.

When the service was over I walked back to the door of the church to put on my shoes, since Korean custom dictates that shoes must be removed before entering a dwelling or church. As

I looked back I noticed that the elderly gentleman was still sitting on the floor in the same place and was continuing to nod his head. On asking one of the deacons, about this attentive listener, he replied, "Oh, he is an invalid whose disease renders him unable to hold his head still and so he nods like that the whole time."

As we walked home I told my companion what an encouragement that man had been to me and suggested that steps should be taken to see that he or someone similarly afflicted should be present in every congregation when a new missionary makes his first attempt in preaching in the Korean language.

I had been assigned to work among the almost 400,000 Koreans who had migrated to South Manchuria where land was plentiful and very fertile. Since there were no reliable maps of the country in those days it was usually necessary to secure one of the men to come out and act as guide when we crossed the Yalu River and entered into Manchuria itself. Immediately across the Yalu River there was a high range of hills which was heavily wooded and practically uninhabited save for an occasional inn to accommodate the few travelers who passed that way. North of this range the country was gently rolling and the Koreans who went in cleared the brush off the low hills and raised tremendous crops of soya beans and brown corn. In the valleys most productive rice fields were created out of swamp land so that although money was scarce, the settlers did not want for food. The climate was severe and it was generally understood that there were only two seasons

— summer and winter. In the winter the temperature would go down to 30 and 45 degrees below zero, making travel by pony a rather severe experience. To add to the difficulties there were large numbers of bandits who in their names and habits quite reminded us of the tales of Robin Hood we had learned when we were young. On several occasions we passed the smoking ruins of large inns where we had planned on spending the night but which had been set on fire by these bandits after robbing the inmates. On other occasions we deliberately took a wide detour in order to avoid meeting a band who were pillaging the country through which we intended to travel.

In our fourth year we moved to Kangkei, the most isolated of all our mission stations, and the winter was spent in teaching in the local Bible Institute, itinerating among the many little scattered groups of Christians in the district and making two more lengthy trips up into Manchuria to find out where the Koreans had settled in order to conduct Bible conferences among them. It meant going up the Yalu River over the three foot thick ice and holding meetings in little homes and churches. On more than one occasion the lamps in these little rooms would extinguish during the meeting because of lack of oxygen. In one church which was newly built the inside walls were covered with an inch of frost. The temperature was so cold that the frost did not melt during the whole week of the Bible conference. Again, however, the warmth of the love which radiated from the faces of my Korean brethren more than made up for the frigidity of the physical atmosphere.

1919 was the year of the worldwide epidemic of Asian flu and the winter which we spent in Mukden. My fellow missionary, the Rev. W. T. Cook had had a bout of it just before we started off together to attend the annual Bible conference of the presbytery, to be held in a church four days journey from home. On the first day out I came down with it and slept but little that night in a Chinese inn. As I lay awake on my cot, burning up with fever the flickering light from the tiny little oil lamps seemed to make the household gods quiver in a strange way. The following day we entered a small town where there was a Chinese house belonging to a Scotch Presbyterian missionary who was then away on furlough. We were able to get in and for the next ten days I stayed there while my companion went on another two days to be present at the Bible conference. It was a rather weird experience for me; fortunately I found a number of Charles Dickens' novels in my Scotch friend's home which I diligently read although I had a splitting headache. My country boy did his best to prepare food for me but I had no appetite. Nearly every evening several Christians who had heard of my plight came to see in me and to tell me of their relatives and friends who were suffering from the same disease and in some cases had that day had been buried, sometimes a whole family in one grave.

All telegraph wires were down and to get any medical aid from a missionary doctor would have taken at least four days, by which time I felt that I would either be improved or dead. Therefore I remained alone for ten more days until I felt able to undertake the two day trip back to Mukden to my home and family. The attack of flu took a heavy toll and after examination the doctor strongly advised me to return to the United States on health leave so that the nerves of my heart, which had been affected, might recover. The doctors in our Mission in Korea concurred in this opinion and in the middle of 1919 we returned again to the home of my parents-in-law in Seattle who did everything possible to make us comfortable.

TRAVEL IN KOREA

In looking back over my experiences in Korea I realize that some of my most memorable ones had to do with travel. The first presbytery which I attended was in North Korea, in the town of Syenchun, where we spent our first three years. I was as yet by no means at home in the language, but out of courtesy I was elected to the examination Committee, which at that time was to examine all young men who desired to enter the Theological Seminary and all who had been elected to the office of elder by their home church. The committee was a busy one and during the two days of Presbytery, whenever presbytery was not in session the committee met to examine the candidates. There must have been about thirty in all and the examiners took their time with each one. Sitting on the hard wood floor all day is not easy until one's legs become adjusted to the new posture! I can still remember, although nearly 60 years have elapsed, how after the second day I limped home and retired to bed. Every inch below my waist was sore to the touch.

Two or three years later I attended presbytery in Kangkei, located in the mountains of Korea and another in South Manchuria. In each case just the travel to and from the meetings was an accomplishment in itself. On my way to Kangkei I rode a bicycle a total of 150 miles all dirt road and including 4 mountain passes. It took the better part of three days of hard riding to cover that distance.

In the earlier years I not only traveled by pony and bicycle but also by Peking carts — two wheeled vehicles with no springs but with a mat roof which had a most unfortunate way of bumping the unsuspecting passenger on the side of his head when he least expected. The bigger carts were often heavily loaded with several tons of soya beans, kaffir corn or rice and having only two wheels with narrow metal rims, they cut deep ruts in the country dirt roads until the carts, drawn by seven strong mules or horses sank down to the hubs. When that took place, the carters started a new track in the field, parallel to the real road, where upon the farmers retaliated by digging deep pits every few yards so as to make it impassable for carts. It was a constant warfare between carters and farmers. In rainy weather, at times not more than ten to fifteen miles would be covered in a whole day because of the mud. On one occasion we came to an innocent looking pool of water which reached across the road. My cart was in the lead and we plunged in and barely got through without getting stuck. My companion, a fellow missionary, was in a cart mmediately behind me and he was less fortunate. The two lead mules from my cart were taken out and attached to his, but the four mules together were unable to budge the vehicle. After about an hour of vain efforts, two more horses were borrowed from a farmer who was plowing his field nearby and it took the combined efforts of the six animals to pull the cart and the mule between its shafts out of the muck back on to terra f i rma . The last unfortunate animal had gotten his head down too low and he scooped up a great deal of mud and water in his mouth on the way out. My friend and I were reduced to loud giggles as we stood and watched the unhappy mule cleaning his teeth with his tongue and spitting out the mud!

In the winter time, when the temperature dropped to 30 and 40 degrees below zero and the ground froze solid to a depth of 4 to 5 feet, such mishaps did not occur but the roads were so rough that any pace faster than a walk was almost impossible. I can well remember the time when the carter whipped his steed to a trot when we were crossing a plowed field at an angle of about 45 degrees to the deep furrows. After about a quarter of a mile of such traveling I felt more like a scrambled egg than anything else.

On such travels, nights were spent in Chinese inns along the road.

These buildings were one hundred or more feet in length and about twenty feet in breadth. The kitchen stove was built in the center, sometimes with an opening or hole in the roof above so as to allow some of the smoke to escape. When green wood was being burned thick smoke filled the building. Along each side was the kang or bed, a sun-dried brick platform about thirty inches high and a little over 6 feet wide. This ledge stretched the entire length of the building on both sides except for the doorway. Flues had been built in the kang through which the smoke and heat from the cooking fire passed to heat the structure. To go to bed meant merely to stretch out on the heated platform with one's head along the aisle. Chickens and donkeys spent the night there also, so that guests rarely suffered from loneliness! Mules and horses were turned loose in the courtyard in the rear and were able to stand the extreme cold apparently without too much suffering. I have counted 120 of such animals in one courtyard at a time. We were usually aroused about 3:30 a.m. to start the next day's trip. We would stop again at 10:00 a.m. for "runceon". When the sun began to go down the carters always looked for the nearest inn for fear of evil spirits which are supposed to be especially active at that time. This meant that we usually stopped for supper and the night soon after 4:00 in the afternoon.

The trip from Kangkei to Manchuria was a four day trip. In the spring it was usually pleasant weather, but not in the spring that we made this part- icular trip. First a two day ride by pony over rugged terrain to reach the Yalu river which is the boundary between Korea and Manchuria. There we had to cross the river in dugouts which were simply hollowed logs. Our baggage was transferred from the small Korean ponies to the "boats," after which the ponies were coaxed on board. After we too had crawled in and taken our places the men would begin to paddle across during which time the raft would drift about a quarter of a mile down stream, due to the swift current.

On one occasion, shortly after crossing the river, the rain began to come down heavily and continued to do so for the rest of the day. The pony that I was riding went very lame, which meant that I had to walk the rest of the trip. The trail was very narrow with tall grass waist high on both sides. The rain caused the grass to bend over the trail, so while my head was protected by an umbrella I was soon soaked to the skin from my shoulders down. After going over some very steep passes over which the ponies scrambled like goats, we descended into gently rolling country and about dark arrived at the village where we had planned to pass the night. We found the large Chinese inn there in smoking ruins, having been set on fire by bandits who had robbed the innkeeper only hours before our arrival. We located another small inn and found not only our clothes, but all of our belongings were soaked by the rain. However, we had a fair night and started off early the next morning happy for the sunshine and hoping to reach our destination where presbytery was going to be held the same evening. The road we had to take ran beside a river most of the way and crossed it about ten times. Owing to the heavy rain the day before every bridge had been washed out and so at each crossing we would strip to the waist and wade across. That day we were carrying no water which was safe to drink, but did have some small Korean melons to slake our thirst when it was necessary.

They are a cross between a very tastless cantelope and a watermelon, and quite juicy. We were unable to reach the village before dark and so spent in what had been an old Chinese inn, which had been taken over by some Korean Christians. They had divided the one large room into small compartments by straw mats so each compartment could be occupied by a family. Since the inn was full by the time of our arrival one family kindly vacated their premises so that my fellow missionary and I could sleep there.

After two days of meeting we started back and I planned to go as far as the Yalu River with my friend who lived in Kangkei, and from there to ride a loat 175 miles down river to the railroad line where I could take a train for Syenchun where my family was awaiting me. To my disappointment I found no boats on the river and none expected within a week. Therefore I hired a couple of ponies, one to ride and one for my loads and we started down along the river bank to a little town, where we were told there was a church and where also we might find a boat going downstream. We spent the night in that village and early the next morning packed everything and carried it down to the river's edge. There we waited for several hours, but no boat appeared in sight, only rafts. Finally I told my boy that we would take the next thing that came down, whether Chinese or Korean.

The Chinese rafts were composed of two lengths of large logs, each log about 50 feet in length and two feet wide. These logs had been hewed flat on all sides and in the center of the raft a small shelter had been built to put things in when it rained. The Korean rafts consisted of thin, twisted pine logs about 5 or 6 inches in diameter, heavy with rosin so that about half the log was under water most of the time. Seven or eight of them were roped together side by side, and twenty or more such bundles tied end to end formed the raft. A single log stuck out in front and was used as a rudder, while two men stood at the stern with long oars to keep the raft going in the right direction.

Soon after I had spoken, a Korean raft came in sight, drifting down on the current. We paddled out in a small dug-out with our baggage and jumped on board paying a ridiculously small fare for the hundred miles or so which we expected it would take us. Placing our baggage on the one spot which seemed to be dry most of the time, I removed my shoes and socks, rolled up my trousers and sat on one of the cross beams, for when going down the rapids, white water covered most of the logs. We made excellent time on the swift current and I had visions of getting home that evening or early the following morning. A strong wind came up however, carrying black clouds heralding a heavy rain storm. The men at once headed toward the river bank, where already some 20 similar rafts were tied. It was then about 4:00 p.m. and when I sked them what they intended to do, they told me that they must spend the night there. On being asked "Where?", they pointed to a couple of small Korean inns on the bank. I realized that a night there could mean being jammed in a 1 ' x 7 " room, with five or six other men all trying to sleep on the hot floor. This was not an inviting prospect. I was told that there was a village only mile and a half away and it contained a church. I walked down the road barefoot through the deep rain puddles and found not only a church but also a church school. On entering the latter and introducing myself I was at once invited to stay to supper and spend the night with the two or three young school teachers. They gave me a good Korean meal, consisting of a bowl of rice and one of soup and then pushing back the little tables we stretched out on the floor and in spite of the activity of the number of fleas, were soon asleep. The next morning after breakfast which was a replica of the evening meal, I started back for my raft. To my dismay when I asked as to how soon we would start I was told by the raft men that they would delay for one or two more days until the weather had fully cleared. I was feeling rather depressed when I saw a Chinese junk coming down the river. We managed to get it to come over and pick us up. On this particular boat I found there were about six Korean passengers, including one old man who was sick and being taken down to the hospital. The cargo was soya beans and on these we sat only to find these beans hosting yellow caterpillers which transfered themselves from the beans to the passengers. We interrupted our conversation from time to time to pick the worms from our bodies and throw them overboard.

After drifting down river for a few hours we heard cries from the Chinese side of the river and in going over we found a group of Korean pastors and elders from the presbytery which we had just attended, on their way to General Assembly. They came on board and we enjoyed real fellowship as we drifted down stream. It was a beautiful journey; in places the Yalu runs between foot high cliffs in many places adorned with clumps of wild lilacs and bridal wreath and small pines growing out of the crevices in the rocks. The river itself is quite deep and every few miles we passed rapids with white water dashing over the rocks.

As evening approached, the crew, directed the raft to the Chinese side near a little Buddhist temple at the foot of the high cliffs. No other house was in sight. I accompanied the other passengers to the temple. Most of them decided to sleep in the guest rooms which were usually made available for pilgrims or guests, but I decided to sleep on board the raft. Pulling out a very light pad or mattress, I spread it over the wormy beans and soon sank off into a good sound sleep. When I awoke in the morning and looked out I saw that the river had risen about five feet during the night, due to the heavy rains in the northeast. As my Korean friends came down from the temple they remarked to me that I was a very wise man and congratulated me on my decision to sleep on the beans. On being asked the reasom for such words they replied, "The bed bugs were so bad that we hardly slept at all!" That day our journey was pleasant and I was able to reach the railroad and home by the evening.

LIFE AND MINISTRY IN CHUNGJU

While we were on furlough, the mission took action to assign us to Chungju, a small mission station about 150 miles south of Seoul, the capital.

A new couple, Rev. and Mrs. Lloyd Henderson, were sent to Manchuria in our place. (A few years later Mr. Henderson was shot and killed by Japanese police who said, at the time that it was bandits who committed the crime). Chungju was a town of about 15,000 (in 1970 it had a population of 140,000) and was the capital of the North Choongchung Church Province. This province has the distinction of being the only one of the 13 provinces in Korea that has no coastline. It was also noted for the large number of "yangbans" or gentry who were famous for their conservative ways and wonderfully polite manners, especially toward guests. Many land owners, who had their residences in Seoul, came down once or twice a year to receive their rent from the poor peasants who farmed their land. This peasant class was largely illiterate and for centuries had been heavily burdened by the high rents they had been forced to pay. As a result of these conditions this was the most backward of all the provinces. Similarly the church also showed the least progress.

When we returned to Korea for our second term and moved to

Chungju we immediately began to see some of the differences between the people there and at Syenchun, where we had spent our first three years. The only missionaries in Chungju at that time were Mr. and Mrs. F. S. Miller and the only people to greet us at the railroad station were two Koreans, one Mr. Miller's secretary with a note of welcome and the other a young man of about 24 years of age who had heard we were coming and was anxious to know if we would take him on as our house boy or cook.

After eating dinner at our colleague's home we were taken to the house which was to be ours. At the time it had no furniture save one or two stoves for heating and a few hospital beds and small table and chairs for us to use until our own household goods arrived. Very few visitors came to see us for several weeks and when I inquired as to the reason, they told me that my predecessor who had built the house a few years before, but had recently left Korea, had not been very socially inclined and had made it so evident that Korean visitors were not welcome that many of the believers in town had given up the habit of visiting that house.

Not only was the house situation bleak but in conversation with the local pastor and some of the unordained men who served as pastors I was told that it was not a question whether or not the church in that province would go ahead. The question was rather as to whether it could survive. A real spirit of discouragement pervaded the whole territory. In the north it was not at all unusal to baptize ten or fifteen people in one church on the occasion of my visit once every six months. But my first year in Chung ju where about 25 groups have been assigned to me, I had only 10 or 12 baptisms in all.

Visiting the groups at least twice each year was an important part of the assignment of every evangelistic missionary. It included going over the church rolls to inquire how each member was doing, visiting the sick or discouraged, examining those who desired to be admitted as catechumens, examining those among the catechumens who desired to be baptized, as well as discussing problems which had arisen in the church. This work occupied many hours in each of the village churches. Worship services were also conducted, and the Lord's supper observed before saying our good-byes and leaving for the next church usually some five to fifteen miles away — a good walk through the hills.

A trip of this kind would last from one to three weeks after which I would return home for a few days to get caught up with the mail and start out on the next trip with a fresh supply of food and clean clothes. During the winter season when farm work was impossible I held five or six day Bible con- ferences in some of the country churches at which time instructions in the Westminster Shorter Catechism and Bible studies of various kinds would be given. In addition to the Bible Conferences, annual conferences were held each year for the entire presbytery in the city church, one for men, one for women, and one for church officers. Those in attendance were divided into classes according to age, the length of time since they had first believed and the church office which they held. All came together for the devotional service after an hour of study in their classes and again went for another hour before lunch and one after lunch. In the afternoon they would go out with tracts and do personal evangelism and invite people in for the public evening service in which crowds of several hundred or in some cases one or two thousand would gather. It was these Bible Conferences that did so much to develop the spiritual life of the Korean Church. On only three occasions, the three years following the Independence movement when Japanese and police were often so brutal in their persecution of the Christians, that the total paid enrollment at the Bible Conferences fell below the total baptised membership of the Church.

Another of the outstanding characteristics of the work in Korea, especially in the earlier stages, was the short term Bible Institutes conducted in each of our mission stations. The term for men was one month and for women six weeks. A regular course of five years was taught, examinations being heldat the close of each term. These courses were especially helpful for young men and women who were looking forward to becoming active in the church or who had already taken positions of leadership in their local congregations. The young men from the country churches often were called upon to take charge of the services and preach in their churches when the pastor or unordained elder in regular charge was away visiting other churches in the circuit. Those who came in for study brought with them a month's supply of rice for their food during the four weeks of study. They lived in dormitories provided by the mission and carried on their education while "enjoying?" rather sparse fare. Many of them told me how many pounds they had lost in weight during the month. It was not uncommon for some of them to walk as many as a hundred miles for a Bible Conference. In one such conference, at which I was a speaker some 600 men came and were put up in the dormitories of the Mission Boys' High School during the Christmas vacation. On questioning some of the men as to how they were enjoying the meetings and whether they were receiving much grace, we noticed that while they were quite sure they had received much blessing there seemed to be a lack of conviction in the tone of their voices. On further questioning they admitted that the nights were too short. There was insuff- icient space in a number of the rooms for all of them to stretch out on the heated stone floors at the same time. Half the number sat up leaning against the walls for the first half of the night while the other half were able to lie flat on the floor.

Our family spent seventeen years in Chungju with the exception of the two years we were away on furloughs. Our two boys were born during those years and received their first years of formal education from their mother. Eleanor and Mary were old enough to attend the school for missionary children in Pyengyang. The first real school the boys attended was in Wheaton, Illinois where

George attended high school and Addison entered the Junior Academy on the Wheaton College campus.

IN THE VALLEY OF THE SHADOW

We returned on our first furlough in the summer fall of 1919, following the serious attack of Asiatic "flu" to which I had nearly succumbed in Manchuria. The year was spent in Seattle at the home of my parents-in-law and I began to recover my health in an encouraging way. While we were there however my beloved wife came down with influenza, which was quite rampant in the States though not quite as virulent as it had been in the Orient. We were much concerned for her safety, particularly because she was pregnant and we were much looking forward to another addition to our family. The Lord answered our prayers wonderfully; not only did my wife recover but our third little girl was born, in the spring of 1920. We named her Theodora, "The Gift of God," for we felt that she was just that and had been preserved perfectly through her mother's illness.

Theodora was a constant source of joy to both of us and to her two sisters. She was a ray of sunshine in our home and we took her back to Korea with us with hearts full of gratitude to the Lord. For several years there was no American doctor or nurse in the station, and we simply trusted on the Lord to see us through, as He had so wonderfully in the past. Little Theodora was a plump and healthy child and we prayed for her daily as we watched her growing up and developing in a perfectly normal manner. As I watched her mother looking after her and training her, I marveled at the wisdom she showed and I, too, learned many more lessons on the way that the Lord shows His love to us and trains us in our spiritual growth and life.

When she was between two and three years of age Theodora became ill with a high fever. After two or three days of watching and waiting, I telephoned to the Mission Hospital, Sevrance Hospital, in Seoul and got in touch with one of our doctors there who had been placed in charge of the health of our station. After some conversation he said, "It sounds like mumps. I would not worry. If anything happens let me know." We tried to comfort ourselves with his diagnosis but no swelling appeared and she seemed to grow weaker. Finally in desperation, I walked to the Post Office to try and telephone to the doctor again and urge him to come the 150 miles by train and examine her personally. On the way home, quite unexpectedly I met a Korean doctor on the way, who stopped to speak to me. He was not a Christian and I had never met him before. Apparently Theodora's condition had worsened after I left and someone in the station had called him. He simply said to me, speaking in Korean, "Your little girl is dead." The shock was terrific as I had thought all along that the Lord would answer our earnest prayers for this child whom He had brought to us in such a marvelous way in Seattle and who had been such a constant source of joy ever since. That afternoon the mission doctor arrived from Seoul and after examining the little body, told us that she had died of diptheria. He also examined her dear mother and discovered a white patch in her throat which indicated that she too, was suffering from the same disease and required treatment. Where the infection came from will always be a mystery. The only thing that we were able to suggest was that possibly some Japanese women, who occasionally came to admire the flowers in our garden and were always greatly taken with our little girls, might have picked her up and they may have been carriers of the disease.

A day or two later we had her funeral. David my twin brother, and his wife came down from Pyengyang for the service and were a great comfort to us at that time.

The loss of this precious little one drew us all closer together than ever before and we have often been able to thank God as we have thought of her in the glory of His presence and saved from the sin and sorrow which abound more and more as the days go by. That event has often taken me back to II Corinthians 1:3, "Blessed be God, even the Father of our Lord Jesus Christ, the Father of mercies, and the God of all comfort; who comforteth us in all our tribulaton, that we may able to comfort them which are in any trouble, by the comfort wherewith we ourselves are comforted of God. For as the sufferings of Christ abound in us, so our consolation also aboundeth by Christ !"

SORAI BEACH

Sorai Beach was a delightful little place on the west coast of Korea, where we spent many very happy summer vacations, with fellow missionaries. During the hot humid summers when the rain came down unceasingly for several weeks until the whole countryside seemed to be underwater, we would leave for the seashore, where many missionary families either owned, or rented cottages. These cottages were located on a peninsula three miles distance from the nearest Korean village.

On one side was a cliff about 60 feet high which dropped sharply into the sea. On the other side there was a beautiful white beach of sand stretching for three miles along the coast, making it an ideal place for families with young children. A few canoes and little sailboats were a constant source of pleasure to many of us, especially in the late summer evenings when the sea was full of phosphorescense and seemed at times to be almost on fire.

Tennis on the courts and volleyball on the beach and in the auditorium — gymnasium exercise for those who wanted it; these and picnics in small and large groups were often the order of the day.

Sorai Village has historic interests for Christians for it was the first place in Korea, apart from Seoul, where a church building was erected. In the early days, before any Christian missionary had arrived in Korea, a merchant from that village went to Manchuria on business. While he was there he fell seriously ill and was taken to a Scottish Presbyterian Hospital for treatment. After several weeks he recovered his health and in gratitude asked what he could do to show his appreciation. He was told that to accept the Lord Jesus Christ would give his nurses and doctors the greatest satisfaction. He agreed to do so and on leaving the hospital took with him a New Testament and several Christian books and tracts. On returning home to Sorai Village he showed these books to his friends and told them what the Lord had come to mean to him. A little group began to meet together for the study of God's Word and for worship. A short time later word came to them of the arrival of a foreigner in Seoul, who had come to preach the Gospel. A man was sent at once from the village to meet the missionary and to invite him to come to the village and tell them more about the new doctrine. Dr. H. G. Underwood, the pioneer missionary to Korea was the one to receive the message and took the journey to Sorai Village — one week by pony, and there spent several days with them instructing and exhorting them to become true followers of the Lord Jesus Christ. On later visits he baptised those who had shown their full spiritual rebirth. A little church was formed and its members erected their own building and became a lighthouse of spiritual truth.

We were there for the 50th anniversary of the church which, in the mean- time had outgrown its original building and had put up a much larger and more handsome edifice. As we sat under the shade of a grove of large trees for the anniversary service, we were told the story of the beginning of the church by Pastor Song, who was the younger brother of the man who had found the Lord in the mission hospital in Manchuria. He, the first one to bring the gospel to the village, had become an elder and his younger brother having graduated in the second class from the theological seminary, had been ordained to the ministry and had become the first pastor.

I will never forget how he spoke to us telling us that the trees under which we were sitting had from time in memorial been the place where the villagers had worshiped spirits. Goats, pigs and chickens brought to be sacrificed, had been tied to the trees before being killed on the special sacrificial days. A very few years after the church had been formed, only one man came to the grove with a chicken to be sacrificed and he was the last one.

A little band of Christians secured possession of the property and built there the first church, which was still standing at the time of the anniversary service which we attended.

During the summer, the group of missionaries who gathered there sometimes numbering 250 with their children, met on Sunday mornings for Sunday school and for worship and in the evenings met out on the point of the peninsula and greatly enjoyed the open air services while watching the magnificent sunsets.

One summer we had an unusually exciting experience. It was the year in which the Japanese had decided to invade Manchuria and they were probing to ascertain whether the Korean people would interfere with the movement of Japanese troops through Korea on the railroad on their way to the Manchurian border. The first that we knew that anything was going on was the morning when we were leaving Pyengyang to go to Sorai. It necessary to go south on the main rail from Pyengyang and then by a branch line for another hour followed by an hour's drive by car. In earlier days the only way to reach Sorai was by a little coastal steamer often through rough seas.

On the morning of our departure, our taxi was very late in arriving to pick us up and I received no satisfactory explanation from the driver except that it had been a very rough night in the city. We soon understood why. On the way to the railroad station we passed several Chinese stores, or rather what had been Chinese stores. (The Chinese have shown themselves to be very industrious and successful merchants in every country where they have settled). The mobs had looted the stores and thrown all items onto a huge pile in the street. Around those piles were lying the dead bodies of the merchants who owned the stores. A few days later we learned that bands of Korean hooligans, hired by the police, had entered the city and spread rumors that the Chinese in Manchuria had suddenly turned against the Korean settlers. Gruesome stories were told of looting, burning and executing hundreds of innocent Koreans, all of which later turned out to be pure fabrication. On hearing these things the Koreans became so enraged at the Chinese who lived nearby that this led to looting homes and stores and killing some Chinese.

With their fury directed against the Chinese the Japanese felt confident that no attempts would be made by the Koreans to wreck the troop-carrying trains or the railroad line through Korea to Manchuria.

Each year in the Sorai Beach community one of the missionaries was elected "Mayor" for the summer which meant that he was in charge of the various activities and interests of the colony. It was my turn to be mayor that year and soon after arriving I was asked to go down to the bakery and to the grocery store, both of which were operated by Chinese during the summer for our comfort. I found that the Chinese proprieters in both places were very much frightened. The Koreans had told them that they were coming in the afternoon to drive them out of the country. I told them not to fear but to tell the other four or five Chinese who were working as carpenters to come to my cottage in the early evening and we would do whatever was necessary to protect them. Another missionary and I rode in a panel truck to the main village on the only road which led out of that part of the country. We were stopped by a mob of Korean men with clubs who wanted to know if we had any Chinese in the truck. We told them "no," but but they insisted on opening it up to see if we were telling the truth. That convinced us of the seriousness of the occasion so we turned around and went back to our little colony. There we got some of the older boys and a missionary who owned a boat with a motor and escorted the Chinese down to the beach in front of my cottage. The water was too shallow for the motor boat to come in so we put the Chinese in a small row boat and told the boys to row them out to the larger boat with the motor. Just as they were loading the boat, five or six Koreans who were partially drunk came running down to the bank shouting "Kill them, kill them!!" To get their attention away from the fleeing Chinese we met them and began questioning them. At the same time I motioned to our wives some of whom were on the bank overlooking the beach and asked them to bring tea and cakes as an act of hospitality. It must have been an amusing spectacle to see us feeding these half drunk men to keep them from chasing after the Chinese in the little boat! We were successful in getting and maintaining their attention thus allowing the Chinese workmen to reach the motor boat which then started up the coast. Even as a thick fog descended hiding the boat completely from view, a crowd of some fifty men with clubs and yelling loudly came over the bank just next to our cottage. I started talking to them but they believed that I was hiding one or two in our cottage and demanded that I bring them out. I assured them that there was no one there but agreed to allow one who I knew personally to go through the cottage with me and look in all the closets and under the beds. Of course nothing was found and they finally returned to the village. Later on in the evening the boys who had been responsible in getting the Chinese to the larger boat returned and told us that they had no trouble; they had landed the Chinese about 3 miles up the coast and taken them to the police station where they would be secure until some of the tension had been dispelled.

We did not know what might happen during that night and so divided ourselves into small bands and patrolled the neighborhood all night. We were very conscious that the Lord's hand upon us then and the rest of the summer.

VITALITY OF THE KOREAN CHURCH

One memorable experience occurred in the city of Pyengyang which at that time was the great Christian center for Korea. It had been a city noted for its idolatry and stubborness when it was first entered by Dr. S. A. Moffett, one of the great pioneer missionaries to Korea. By 1914 it had become the home of some 15 Presbyterian churches and several churches of other denominations. Over 70 churches were planted in the surrounding countryside most of them the fruit of the great Central Presbyterian Church.

At one of the monthly Presbyterian Pastors' meetings it was remarked by several that the church had grown cold and that a revival was greatly needed.

In good Presbyterian style a special committee was appointed to draw up plans for one. They noted the unusual significance of the number 40 in the Bible; Israel was 40 years in the wilderness, Moses was 40 days on Mt. Sinai; the Lord was tempted 40 days in the wilderness and 40 days elapsed between his resurrection and ascension. It was decided that 40 days be set aside for prayer and a schedule was drawn up containing a special subject for prayer for each of the 40 days. Pastors, elders, deacons, Bible women, Sunday School teachers, scholars, backsliders, unsaved members of families, etc., were prayed for but, real revival was the primary concern. This prayer schedule was printed and a copy posted on the walls in each Christian home in the city and given to every church member. Then it was decided that special meetings should be held for the church officers alone, for unless they were warmed up there was not much likelihood of the members being revived. I was invited to speak to them for one week and the following week union services were to be led by a Korean brother, and then a week of evangelistic services in every church led led by a guest speaker.

I went to Pyengyang and arrived about 6:30 a.m. on the opening day.

The committee of 6 or 8 pastors met me at the railroad station, to welcome and escort me to the opening meeting. On the way to the church I asked them details of the program. I was told that it would consist of an early morning service and one in the evening. "Many of our elders are business men and would like to have the morning meetings really early, so that they can gather and have breakfast and open their offices and shops at a proper early hour." I remembered being at a Bible conference up in the mountains in the north when I was called at 3:30 a.m. in 30 degree below zero weather to attend a daybreak prayer meeting.

My mind was put at rest however, when my friend informed me, "We told them that foreigners did not like to get up too early so we are having it late for your sake 7:00 a.m. and 7:00 p.m." He then began to apologize, "Today being the opening service and with the probability of the train being late in arrival, not many will be out, but do not feel dis- couraged, there will be more tomorrow." The attendance was limited to pastors, officers, Bible women and Sunday School teachers, and there were about 300 present at that first service. That evening and on the following days the number grew so that by the end of the week there were 1 ,000 present in the morning service and 1,300 in the evenings. I used passages of Scripture dealing with some of the essentials for revival followed with a season of prayer in which every one present joined, audibly and simultaneously. This method of prayer had first begun at the time of the great revival in 1907 and continues to the present day. Their prayers sounded to me very much like the waves along the shore. At the close of the service wet spots could be seen on the floor where tears had dropped as people sobbed out their confession to the Lord.

On the Sunday evening a union meeting of 11 of the churches was held in the college auditorium-gymnasium. I went over 15 minutes before the second bell rang only to find the doors locked, and the building already full. It was a thrilling experience to look over an audience of 3,000 and preach to them from God's Word. The following week of union meetings and then the week of evangel- istic campaigns in each local church, were used greatly by God to revive His church and there were many permanent results.

One other never-to-be forgotten experience in Bible Conference work was in the Diamond Mountains. This area is world famous for the beauty of its rugged, heavily wooded mountain and with many clear streams. The Presbyterian General Assembly had erected a fine building in the midst of the mountains for Bible conferences so that all who attended could enjoy both the scenery as well as the spiritual blessings received. About 100 pastors gathered for this conference and again I was put in charge. The Shinto Shrine question of which more will be said later, was becoming more critical and many of us wondered whether we would have trouble during the conference.

I was sitting in a Japanese inn chatting with some of the pastors, when word came that I was wanted at the police station. I did not leave immediately as I wanted to finish the conversation, but the inn keeper insisted, "You had better go down right away or they will be very angry." I went down and to my surprise found the chief of police of the province, the county chief of police, the local chief of police and a number of their officers sitting or standing around awaiting my arrival. "Sit down," I was peremptorily told, after having made my salutations. There was no chair visible and they evidently expected me to squat on the dirty floor like a coolie or peasant. I explained my predicament and finally a chair was brought. "Do you have your pencil and note book with you?" I was asked.

"Well, take careful heed to our instructions and write them down so that you cannot forget them." "You must remember that on no account will any of three forbidden subjects be mentioned, i.e., the Imperial Household, Politics or the Shinto Shrine. You must also submit each day the program of the following day." "I sent you one last week for the entire conference," I replied. The Chief of Police repeated, "You must send me one daily together with an outline of each address to be given." The first outline of my address that I sent was returned to me with the comment that it was too brief and that I must add more details! Various other instructions were given in a very authoritative manner and then I asked a few questions; "May we meet out under the trees for prayer?" "Certainly not, only inside the building." "Would there be any objection to our taking walks through the mountains in the afternoons?" After some consultation among themselves, I was told, that such would be allowed if we told them when and where we were so that they could send a policeman with us for "protection" and to see that we did not get lost. We were also instructed to provide a table and chairs for the two police secretaries who would be present at every meeting and a seat also for the Chief of Police himself.

When the meetings began, the secretaries were there taking notes of every word that was said and the Chief of Police was also present with his hat on his head and his sword in hand. Police were on the second floor where we were holding the meetings, others were downstairs at the entrance and outside the building under the trees, to make it impossible I suppose for anyone who wanted to slip out without being detected and arrested. The atmosphere was a bit strained, but real blessing was received by practically all in attendance. Arrangements were made to hold a similar conference for elders the following year and once again I was appointed to take charge. That year about 180 elders met under the same restrictions as in the previous conference, but the Lord was there "in the midst."

At one meeting an address was given by Rev. Ik Du Kim, often referred to as the Billy Sunday of Korea. He was a magnificent and fearless speaker, greatly used throughout the country but who was killed by a sniper just as the communists were forcing him to leave his home town. He gave one of the opening addresses and said that he was glad to be in Korea at such a time when the prospects for the Church were so bright. "japan had now recognized Christianity as one of the three religions of Japan and is anxious to see it professed. While in other lands the Church was still being persecuted, here in Korea every care is being taken to see that Christians are unharmed and even at conferences like this the Japanese police are present to see that we are unmolested and can worship God as we desire." The secretaries were taking his words down with great diligence and the numerous plain clothesmen scattered among the elders apparently were listening intently. I was having a difficult time to keep from smiling but as I watched the crowd of elders not one showed the slightest sign of amusement although I knew that everyone was chuckling internally and admiring the courage of the speaker for his bold statements and deep sense of humour. Many spoke later of the comfort and encouragement they had received and all of us who were present on these occasions felt drawn much closer together and of course much closer to the Lord.

On one occasion I had to attend Presbytery, going by train to Syenchun and to Kangkei. At the close of the meeting I was seeking return transportation and found a public jitney (taxi) going my direction so I happily bought a ticket and started off. Orientals as a rule are considerably smaller people than Anglo-Saxons, and it was their practice in making taxis to buy a Ford or Chevrolet chassis and build not two but three seats, so close together that it was virtually impossible for a westerner to sit in either of the two back seats. The side running boards were usually piled high with bundles and bicycles. On this particular trip we had gone about 70 of the 100 intended miles when we stopped at a small town to get more gas. At this point two Japanese army officers came up to the car and told me they had to travel and so demanded my seat. There was nothing that I could do but acquiesce. As the car drove off I watched it with a sinking heart wondering how I would continue my journey. A few minutes later a young Korean came up to me and asked me if I wanted a ride to the railroad. When I told him that I did, he offered to take me there in his car. I asked him how much he would charge and he named a very reasonable amount so I said,

"Let's go." A few minutes later he drove up in an old model T Ford with no top and an engine that sounded rather like a worn out threshing machine. I climbed in with my bags and we were off. Before long, the road on which we were traveling began to descend a rather steep hill by the riverside. There was a one hundred foot drop into the river on one side, and the sheer face of the mountain on the other. As we were climbing along the winding dirt road, the headlights suddenly failed and we were plunged in darkness. My young chauffeur made gallant efforts to find the caused failure but after a struggle said that he was be unable to repair the problem. We went slowly on in the dark while I sat on the radiator holding a candle in my hand and under its flickering beams we safely made our descent.

At the bottom of the hill the young man said, "I think we better stop here, and pointed to a nearby inn, the lights of whose little oil lamps barely shone through the paper doors and windows. We were admitted but the room which was assigned to me was already occupied by one guest, a Korean gentleman. We introduced ourselves and chatted until our suppers were brought in. After supper we chatted a while longer and then stretched out on the stone floor for the night. My acquaintance almost immediately fell into a sound but not soundless sleep while I tossed around for some time before sinking off into slumber. In the morning we had a little more talk until breakfast was brought in. I preached to him and at the last gave him a copy of the Gospel of John to read, on which he wrote my Korean name in order not to forget the experience. I never saw him again and often wondered as to whether that meeting had brought forth any real fruit.

Nineteen years later a young Korean pastor from the far north came to me at General Assembly and asked me my name. I told him and asked him for his and and where he was from. I reminded him that I had been to his church on several several occasions, etc. He finally said, "I came to you to bring you greetings from one of our elders." "Who is that?" I asked. "You would not know, even if I told you" was his reply. Then he went on to say that the elder had met me at an inn in a village on the road from Kangkei and had received from me a copy of John's Gospel. He did not believe at that time and had returned to his home in the mountains, where he had lived for several years before moving down to the town where the young pastor lived. After some time some of the members had gotten hold of him and brought him to church. He finally believed and had been admitted as a catechumen and later baptised. After several more years he had been elected as a deacon in the church and finally as an elder. His message to the pastor was, "If you go to General Assembly, all the missionaries will be there. Look out for a tall one with funny coloured (red) hair and a large nose. When you find him give him greetings from his brother in the Lord, Elder Park." I remember being glad for the opportunity of witnessing, but never dreaming that I would hear of the glorious outcome of it 19 years later.

PROBLEMS CONFRONTING THE CHURCH

Towards the end of my service in Korea two very difficult problems arose within the Church, namely, a spirit of division between the North and the South and the Shinto Shrine questions. Both of these caused critical situations to arise in the church and I became rather personally involved in each.

The North-South problem was present in Korean society for centuries and probably came into being in connection with the government examinations by which men proved their qualifications for official positions in government. These examinations were similar to those the Chinese government used in ancient times. They were a week or more in duration during which time those being examined were shut up in tiny little cubicles, in which they wrote from memory lengthy quotations from Confucious, Mencius and others to show their wise proficiency in the knowledge of the ancients' philosophy and their ability in writing Chinese ideographs. The examinations were held under the supervision of members of four prominent clans, who had for centuries carried out the policy of not giving passing grades to any who came from the northern provinces. The southern aristocracy developed a habit of looking down on the northerners as men of low class and illiterate. In the south, land proprietors owned large estates and generally oppressed the ignorant peasants who farmed them. By contrast in the north nearly every man owned his own small farm and by his own initiative earned his living. To add to this difference, the south had become the nation's granary in rice production and as is well known rice eaters are thought to be flabby in nature and lacking in energy and drive.

The mountainous nature of the northern country, precluded swamps and rice fields and the common articles of food were barley, millet, oats, wheat and potatoes which formed a more balanced diet than rice alone.

It was in the north that the great revival took place about 1907 and the Church had grown far more rapidly in that area. As a result at the meetings of the General Assembly of the Presbyterian Church, northern men were usually elected to the more important offices and there was a real move by some of the southerners to split the church, using the argument that in America since there is a Northern and Southern Presbyterian Church, a similar arrangement could be a possibility in Korea. The situation grew so serious that some of us (missionaries) got together and arranged a Bible Conference to which were invited a number of leading ministers from both sides. The first meeting was held in Chunju and I was put in charge. About 40 men came for 5 days and when they left they said that they had received the greatest blessing they had experienced since they came to know the Lord. They urged us to arrange another similar gathering so that a larger number of pastors could receive a similar blessing. This we did, and sent out invitations to every Presbyterian pastor to attend if at all possible. Again I was put in charge and arranged a program for another five day conference in which a number of leading pastors would deal with various aspects of the minister's life as portrayed in Scripture. Again the meetings were in Chunju, and this time about 100 pastors came. There was a tremendous time of heart searching and confession. Several men said to me at the close that it was only the work of the Holy Spirit that could have given men the grace to confess their pride and jealousy and their failure to give themselves to the Lord in complete surrender so as to become fruitful pastors to their congregations. Within only six months of that meeting nearly 75% of those present were in prison because of their refusal to do obeisance at the Shinto Shrine to Amaterasu, the sun goddess.

Later on the General Assembly appointed a special committee to work with the Korean brethren in helping to bring about a better understanding between the two parties. I was asked to serve on this committee.

The other and perhaps the most severe problem ever faced by Christians in Korea was in connection with the Japanese government's forcing Korean citizens to pay honor to Amaterasu, the sun goddess and the patron saint of the Japanese army. Shinto has long been the national religion of Japan and it is claimed that shrines have been in existance as long as there has been any recognized form of government. Bowing to the sun-goddess was common practice in Japan and the insistence of the same in Korea was a reflection of the steps the Japanese government would take to subjugate the Korean people. In the government schools the Korean children were taught that the Koreans were an inferior people and that only as they accepted Japanese teaching and culture could they hope to make progress in this modern world. In fact, Korean history goes back centuries beyond Japanese history. It was from Korea that the Japanese received their knowledge of the Chinese ideographs, before which time they had no written language. It was also through Korean Buddhist missionaries that Buddhism was introduced into Japan. Famous satsuraa pottery also originated in Korea and in one of several wars waged between Korea and Japan the entire village where this pottery was made was captured and taken to Japan. Since then this crackle-glazed china has become known as a Japanese product.

It was the plan of the Japanese militants to take over large parts of eastern China, Manchuria, S.E. Asia, Australia, Hawaii and a strip down the western coast of the U.S. (all of this was printed in maps and distributed to the school children in Korea by 1937). They gave much thought as to how to unite the peoples ot the empıre in order to prepare them for the tremendous sacrifice of money, blood and life itself in order to achieve success. The answer, they felt, lay in Emperor worship and by using this as the rallying point for all the citizens of the Empire they felt that a strong bond of unity would be formed. To achieve their purpose they ordered all the students elementary through college to attend ceremonies held at the Shinto shrines throughout the Empire. In contrast to Japan, where its citizens were well indoctrinated, the Church in

Korea had made far greater headway and exerted a far stronger influence on the members. The Japanese government therefore saw the need to exert heavy pressure.

The Northern Presbyterian Church mission in Chungju Mission had eight Middler Schools, four for boys, and four for girls, and was cooperating with other missions in two colleges for men. When the orders were made public, being araember of the Missions' Executive Committee I was sent to Japan to seek to ascertain the nature of the ceremonies and what our response should be to the official explanation. These ceremonies were patriotic and not religious I was told. Talks with officials, missionaries and Japanese Christians, only confirmed my convictions that in spite of what we had been told i.e., that the ceremonies had no deeper significance than removing one's hat at the tomb of the Unknown Soldier in America, that the Shinto rites were "in fact" deeply religious. Furthermore the worship of the Sun Goddess, Amaterasu, was the basis of the morality of the Japanese people. Whenever high Japanese officials came to Korea, they made it a custom, before doing anything else, of going to the great Shinto Shrine in Seoul to report their arrival to the Sun Goddess. They also often made it their last formal act before returning to Japan.

In view of these findings we concluded that we could not permit the faculties and students of our mission schools to attend these Shinto ceremonies. Significant portions of the program included an announcement by the officiating priest that the spirits had descended and were present.

Prayers were read primarily for the success of the Japanese army, of which Amaterasu-orai-kami was the patron saint. Ranking persons present would present artificial leaves to the shrine and on occasion would partake of rice which had been offered at the shrine. At the close, again the announcement was made that the spirits had ascended which was the signal that all present would make a deep ceremonial bow. The Mission followed the action of the Executive Committee close the schools rather than consent to their taking part in the Shinto ceremonies. When this was reported to the educational officials we were told that we would need to close the schools but not for these reasons. In fact, it was forbidden to openly discuss the Shinto Shrine matter under any circumstances. Dr. G. S. McCune who at the time was president of Pyengyang Union College, agreed completely with this decision. The Japanese were so adamant that we feared for his life and decided that the wisest thing for him to do was to return to America. I was asked to accompany him and his wife on the train as far as Pusan, to be sure that nothing out of hand took place.

A few of the incidents that took place during 1936 and 1937, prior to our return to the States in furlough, will give some insight regarding the conditions in which we were living. On several occasions I received anonymous letters written in blood, threatening my life if we closed the schools. At another time when we decided to have our Mission's Executive Committee meet in Chungju and I reported the same to the Chief of Police. He told me that if the meeting was held, it would be necessary to have a Korean detective present at every session so that the police could know everything that was said and done! I had told him that I had lived in that town for 16 years during which time I had never had any difficulty with the police, and if he insisted on such a course of action, it would mean a tremendous loss of face on my part because I could no longer be trusted. I pled with him to allow me to report every action that we took and every subject that we discussed. This he finally agreed to but only after quite a long discussion.

In the summer of 1936 I was elected chairman of our Mission's Executive Committee and therefore was to be held responsible by the police for all our meetings and all matters discussed. Whenever I left town by train, I would have to tell the police where I was going, whom I was going to see and what we were going to talk about. On arrival at my destination I would be met at the station by men in plain clothes and followed to the home where I was to stay. On one occasion while in Pyengyang to talk over the matter of closing the college and the boys high school, a detective sat by my side the whole time to listen to every conversation and as he said, to "protect" me. Threats of the dire consequences of taking such a drastic step (closing the school) were continually thrust at me, by practically all who came and I developed a "shrine headache" which from then on always manifested itself when I discussed the Shinto Shrine problem.

Before the last two annual Mission meetings which we attended the members of the Executive Committee were called to the police station and kept waiting there for several hours. Only after signing documents saying that we were willing to accept any punishment meted out to us if during the Misison Meeting any reference was made to the Shinto Shrine issue or to the Imperial Household were we allowed to convene the meetings.

At another time we held our Committee meeting in Chairyung, one of the country stations, and had with us two newly appointed secretaries of the Presbyterian Board of Foreign Missions. The shrine issue was raised again on the closing day. During the last session a local detective came in to find out what we were discussing and what actions we had taken. While he was there a mob of school boys came to the front door of the home and were very threatening in their attitude and actions. On the advice of the detective we slipped out of the back door and made our get away in cars before the boys realized that we were gone. Following all my out of town trips the detectives assigned to me would gather all pertinent information from me which they would then report to the Chief of Police to see whether or not it tallied with the information received by phone from those who had asked for the same information on the other end.

The Japanese police force prided itself in keeping track of all that—went on in the country, even before the Shinto Shrine problem arose. During my itinerating trips in the country, any overnight stay had to be reported within twelve hours after my arrival. The host had to report on special prepared forms, my name, age, citizenship, home in Korea, and where I had come from that day together with the hour of my arrival. The same routine was followed upon our departure and this was the normal procedure for the final ten or fifteen years of our time in Korea. Koreans were under far more rigid regulations than were we, and when they refused to attend and worship at the Shinto Shrine this almost always meant arrest, imprisonment, and in some cases beatings and tortures, from which many never recovered, some losing their minds and dying in gaol.

Shortly after we had returned to the States on furlough, the newspapers in Korea reported that 60,000 Korean Christians had been arrested and imprisoned for refusal to go out to the shrines. During my last year in Korea, on one of my trips to Japan, I visited the American and British ambassdors and the Canadian Minister and told them what was going on. They were horrified and assured me that they would do their utmost to keep in touch with the situation. At the same time it was quite obvious that they were able to do very little to interfere with the Japanese government's policy in their own empire.

One of the greatest disappointments that I ever experienced came after returning to the U. S. in 1937. We returned on furlough fully intending to go back to the people and country which we had come to love so dearly. We spent the year in Wheaton, Illinois where our two daughters Eleanor and Mary were attending college. I attended the meeting of the General

Assembly and made one or two visits to the board rooms at 156 5th Avenue, New York. On each occasion I found that the attitude of the Board was changing and they were becoming more and more willing to accept the point of view of the Japanese Government and were not ready to stand with the Korean Mission in its action to close the eight Middle Schools and two colleges, rather than see them going at the shrines. I was requested to write several articles on the situation and felt compelled to detail both our action as a mission as well as the Board's response. Two days before we were planning to leave Wheaton to drive to Seattle, in order to sail for Korea, I had a sudden attack of severe pain in my back which rendered me unable to walk or to travel for several weeks. Medical examination showed that I had a large kidney stone and adhesions which necessitated surgery. This made it impossible for us to return to Korea at the time and my furlough was lengthened for another year. During that time I was requested to write another article on the conditions in Korea, which were published in Christianity Today. A copy of this issue was sent to every attendant at the following General Assembly. It was entitled "The Foreign Board's Retreat Before Shinto" and in it I outlined the previous course of events. This created quite a sensation and was picked up and published in another Presbyterian journal. Towards the close of the second year of our furlough I went to see another Board doctor who advised me, that in view of my physical condition and the very uncertain state of affairs in Korea, I had better plan not to return. If I did so it might easily result in a complete nervous collapse. As a result of this, I was dropped by the Board after 25 years of service and was left to do my best to secure a call from a church.

Within a short time, although the Mission had not changed its conviction on the Shrine question, the Foreign Board gave permission to the Koreans to maintain the schools as best they could. In the meantime tremendous pressure was brought upon them by the police. During at least one presbytery meeting and at one General Assembly also, the police were present in force and at a given signal men whom they had intimidated in advance, made the motion to approve the schools going out to the Shinto Shrines when ceremonies were conducted. Others, according to plan, seconded the motion and the police who were present gave instructions that no discussion would be allowed. The moderator was then forced to call for the vote. After asking for the affirmative vote in which the weaker members raised their hands, the moderator was prevented from calling for the negative vote and the whole membership was ordered at once to leave the church, to ride in taxis already stationed there and go to the Shinto Shrine and do obeisance.

Two of the eight mission high schools were closed, as the Mission had decided and of the remaining ones within a very short time all lost all their Christian emphasis and had become to all intents and purposes heathen institutions. At that time the middle schools in Korea, including both mission and government schools were utterly incapable of admitting all those who applied and only about 1 in 14 of those who applied were accepted. It is easy to understand the lengths to which the Japanese would go to destroy the Christian testimony of those institutions which had been so effective in the training of the young men and women who were to become leaders in the Church.

부록2

영문 기록 원본 II. Korea Mission Field에 발표된 자료

1926년 8월 Korea Mission Field 22권 8호 172쪽

Commencement Days in Pyengyang

Grace B. Soltau

UNE, BRIDES, FOWERS and graduation festivities are closely associated ideas in the Western mind. And this year, in Pyengyang, fitting weather and flowers graced the consummation of earnest years of study on the part of graduates of the Pyengyang Foreign school.

The commencement Program opened on Friday, June fourth with a "Final Assembly" which took the place of Class Day exercises. The High School Juniors prepared an interesting program and conducted the ceremony of "stepping up" the Classes. The Seniors, expecting reverence, looked startled when they were requested to sit in the rear of the assembly room, while the dignified Juniors took the Seniors' accustomed places. Each class then "stepped up" and even the Primary children joined in with eager interest.

Friday afternoon afforded the local community, and its may out-of town quests, a opportunity to meet the High School and Eighth grade graduating Classes, at a reception held on the lawn in front of the home of the Principal〈 Mr. David Soltau. The Junior girls, prettily fressed in gay colors, served cool drinks to all.

That same evening the guests found enjoyment in watching the camFire Girls hold their annial Ceremonial Fire on the lawn just north of the Dormitory. A well-laid fire made a spectacular light during the ceremonial and the songs that followed it.

Although Saturday, June the fifth, dawned hot, that fact only added zest to the laying of "sons" versus "dads" in the baseball game held on the School field. Such wild shots-by dad of course! It was a wonderful victory for the Sons that hot day. Later, the same afternoon, parents and patrons enjoyed a conference on Sbchool problems. A committee was appointed to draw up plans for the permanent organization of a Patrons Teachers Association. This organization, it is hoped, will afford a closer touch between the patrons of the School, the teachers and Board of manager4s. cooperation will be the watchword.

The three High School graduates-Eugenia Roberts, Margaret Hunt and Virginia Eversole-gave a recital on Saturday evening in the School Assembly Room. The new cable piano, purchased this year, was specially tuned for the occasion. Ferns flowers and footlights combined to make a beautiful setting for the young ladies as they came on the stage, their light dresses being effectively set off against the dark velvet curtains. Each student showed the results of months of careful practice. The High School Chorus, trained by Mrs. Ashe, sang their numbers so well that the audience demanded a repetition of Wagner's "Evening Star"

On Sunday, Dr. Moffett conducted the Bac-calaureate Service in the Theological Seminary Chapel. His topic on the "Digging the Rediggring of Wells" made a deep impression on his audience, which was well evidenced by the anxiety shown later by the children to actually see keja's old well downtown in front of the railroad station, which is reputed to be three thousand years old and was still in use when Dr. Moffett first came to Pyengyang.

The consummating event, of course, was the Commencement Exercises. Comment was unanimous in declaring them to have been exactly of the right duration. the two orations, by Laura Phillips, on behalf of the Eighth Grade, and Virginia Eversole, representing the Seniors, were, however, of most interest to the auditors. They were well-written and excellently delivered. Prior to the awarding of the Diplomas and Certificates of Graduation, the Honor Students-Eugenia Roberts, Laura Phillips and Susan Blair-were presented with silver emblems, commemorative of their high scholarship. Eugenia Roberts received a medal, while the others were presented with bar pins.

Those who graduated from the High School Department were Virginia Eversole, Margaret Hunt and Eugenia Roberts, while the

Eighth Grade Graduates were Susan B. Blair, James M. Crothers, Stanley L. Hoffman, Laura P.Philips, Eloise B. Reid and James S. Wilson. Congratulations and happy felictations were heard on all sides as the twenty-sixth year of Pyengyang Foreign School was thus brought to a close.

1936년 11월 Korea Mission Field 32권 11호 224쪽

Does Korea Need More Missionaries?

Question : Do We Need More Missionaries in Korea? If so, what kind? If not, why not?

1. "Yes," for Several Reasons

NEW MISSIONARIES are needed and will be needed for the following reasons:

1. To keep the home churches in touch with the work here and stimulate foreign missionary interest. Unless ne life is sent out here from the churches in America, interest and zeal in things in Korea will flag and the home church itself will lose the result and spiritual joy and blessing received from its missionary giving and praying.
2. The task here is far from completed.

(i) The task of evangelization, With a Christian constituency of approximately half a million amid a rapidly increasing population of 20,000,000, the great task of evangelization has only been begun, In this, the foreign missionary must have a leading part. While perhaps it is true that in the great majority of cases a foreigner is not as effective as a Korean evangelist working among his own people, nevertheless the foreign missionaries still have a responsibility of "setting the pace" for the young church and by both precept and example, of ever holding before it the primary responsibility and need of the proclamation of the Gospel in unreached districts and villages.

(ii) The task of founding and caring for the new and weak churches, and later organizing them, will rest upon the foreign missionary for years to come, especially in the central and southern parts of the country. The work of the itinerator is far from being done and active itinerators will be needed in every one of our mission stations to carry on this vitally important work.

(iii) Bible teaching in Bible conferences, Bible Institutes and retreats for church workers, offer a field for the properly equipped man or woman, who knows also how to teach in an interesting and helpful way. Only recently it has been stated on several occasions by influential Koreans pastors that one of the greatest contributions that foreign missionaries can make is along this line. With the increasing burdens and pressure of work upon the Korean pastors and church leaders and the many difficult new problems arising in their church life they are conscious of the need along this line and are looking to the missionaries to supply it.

(iv) To suggest and, where desired, to take the lead in new forms of work which will need to be opened up with the development of the church and the changes in the social and economic life of the people. Along these lines I would mention stewardship, Sunday school organization, work among students and other young people, work in factories, specialized forms of evangelistic work and to some extent literary work.

The conditions of the Church and of the work in Korea today call for new missionaries of the highest type. Men and women who are ready and anxious to come out and give of their best, who are expecting not to assume positions of leadership and responsibility on their arrival here, but are ready to waiy and prove their worth and win the confidence of the Korean church leaders, knowing that all honest endeavour and patient effort will be more than endeavour and patient effort will be more than appreciated and that as soon as they are ready for it, more opportunities for glorious service will be given to them than they can possibly take care of, will have a real and permanent share in the building up of the Church in this land.

T. S. SOLTAU

1937년 8월 Korea Mission Field 33권 8호 173쪽

What The Gospel Means

T. STANLEY SOLTAU

AN EXPERIENCE A short time ago brought home to me afresh the meaning of the Gospel and the glorious reality of faith in the Lord Jesus Christ.

We were on our way up the "Mountain which Reaches to Heaven", the highest and steepest pass in the whole province. it was my semi-annual itinerating trip to visit the little group of believers which meets in its little church building perched high up on the very steep mountain sides in as "unlikely" a spot as one could well imagine.

As the evangelist in charge of the circuit and I walked on past one of the rude country inns in the tiny village near the foot of the mountain, a young man stepped out and greeted us, volunteering as he did so, the information that old Deacon Kim, 71 years of age, was critically ill and had sent for one of his married daughters whom he himself was now escorting to the old man's home They had stopped in the inn for lunch but we decided to press on for another two miles before eating so as to be fresher for the long stiff climb up the mountain side. Feeling rather tired as the result of a heavy cold, I took advantage of the opportunity to take a nap on the hot stone floor of the inn where we stopped for our midday meal and subsequently we were beginning the long ascent.

As we scrambled up the steep winding trail, which zigzags up among the scrub pines and thick growths of azalea and other wild shrubs, and in many places is so steep that a cow which is the usual pack animal in these parts, is unable to travel it, I reminded myself of my first meeting with Deacon Kim and recounted my impressions and experiences to the young evangelist who was with me and who had recently been put in charge of that circuit. My friendship with the old man dated back some 7 or 6 years before to the time when I had first wended my way into those mountains in response to a message received to the effect that there were a few scattered Christians who wished to be organized into a church and who were very anxious that the foreign missionary should visit them. Not knowing the way nor the nature of the country, I persuaded a man to accompany me who had but recently become interested in the Gospel himself and had professed conversation. We had found snow waist deep on the top of the pass and the trail very icy. Neither of us having travelled that way before, we had taken a longer route and arrived long after dark. We had slipped and fallen again and again and my load coolies had suffered so with frozen toes that they had been unable to carry their packs all the way up to the top. Deacon Kim, who was then well over 60 years of age, had welcomed me and entertained me in his own home - a little mud hut built on a narrow shelf dug out of the side of the mountain. The doors, made of heavy paper pasted over a wooden frame, were so low that we had to fairly crawl in, and the interior, lit up by the tiny, smoking flame, were so low that we had to fairly crawl in, and the interior lit up by the tiny, smoking flame of a diminutive oil lamp, looked far more like that of a cave than of a house. We had been offered steaming bowls of potatoes and millet, the regular mountain fare, and in his desire to be hospital, the old man had brought in spite of my protestations, a charcoal fire to warm us up, and the poisonous fumes from it had soon brought a splitting headache. We had not been expected and the only other Christian family in the near vicinity was very much concerned over the eldest son, a boy of 18, whom we found lying on the floor barely conscious and suffering acutely from a violent fever, Under the circumstances no real meeting was possible that night and we were able to have only a little prayer service the following morning before leaving, but the contact made at that time had resulted in my climbing the steep mountain trail twice a year ever since and a little church building with a congregation of about 20 has been the outcome of that visit.

We arrived at dusk to find the old man lying on the floor breathing heavily and barely conscious. He had been delighted to see his daughter who had arrived about an hour previously and had apparently expired soon afterwards but had been aroused by his family who told him that we would shortly appear and he had been impatient for our coming. We bent over him and made ourselves known. "Deacon Kim", I said, "Are you trusting ?" "Yes", "On whom?" "On my Saviour" was the laboured reply. "Do you know where you are going?" "Yes, quite ready", and we knelt in prayer around him and committed him to God. At his request he was then lifted up into a sitting position and held in the arms of his son-in-law. He recognised both me and the evangelist in the dim light of the smoky little lamp. We sat and watched him for a few minutes until it was suggested that I would like to go down to the church and rest and have some supper. After my departure the evangelist sang a hymn to the old man and having prated with him, stepped into the adjoining room to eat his supper. He had barely left the room when with a sigh all the sufferings ceased and the spirit of Deacon Kim returned to its maker.

The family was desperately poor, as is every one is that region. The widow and three daughters sat up all night washing the one suit of clothes which the old man possessed and which he had been wearing up to the end. No coffin was available and so the body was wrapped in rice straw the following morning and strapped on to the crude bier to be carried down on the shoulders of his friends to the cemetery below. I conducted the funeral service out in front of the house before a little group of 15 or 20 of the nearest neighbours, half of whom were probably listening to the Word of God for the first time in their lives.

As we came down the mountain I again thanked God for the glorious and sure hope of the Gospel of His Son, which is able to transform the last moments of life, even in a little mountain hut amid surroundings of the direst poverty and make of such a triumphant entrance into the Presence of the King of kings.

By wat of contrast, just two evenings later I visited the home of the man who had accompanied me on my first visit. He had slipped back into sin and was living a life of vile immorality and extortion and had been stricken with disease. He assured me that he would meet me in the church on my next visit and would present himself for full membership, but his tones lacked sincerity and only a few days later I received word that he bald passed away, unrepentant, and was buried according to heathen rites.

부록3

영문 기록 원본 III. 선교 보고서

FILING DEPT.

21-8

APR. 2. 1923

REPORT 0F DAVID L. SOLTAU FOR FISCAL YEAR 1921-23

March 31, 1922 marks the end of the first ten months of my missionary experience.--Mrs. Soltau and I having arrived in Pyengyang on June 1st, 1921. Looking back over them they seem to have been a very full *** months, although I do not seem to have accomplished anything particular in that time.

Three weeks after our arrival, we were introduced to the whole Mission at the 1921 Annual Meeting held in Pyengyang. We then had the opportunity of looking over and meeting all those with whom we were to be associated from them on.

We spent the summer in Pyengyang, occupying rooms in one end of Mr. Mowry's house and partaking of the hospitality of the Family Hotel, otherwise known as the Single Ladies' house. We passed the time in language study and I managed to attend to various odd jobs around the compound, chief among them being the telephone system.

In September a two week's trip to the country was made possible through the kindness of Mr. Phillips in offering me a seat in his Ford. We had a most enjoyable time, the furthest point reached being about 150 miles from Pyengyang on the headwaters of the Taitong River. I was thus enable to see how the other half lives and how the itinerating missionary conducts his work, while at the same time I enjoyed some of the most beautiful scenery I have yet been privileged to behold.

Prior to going on this trip, I made a short visit to Syenchun station and a one day visit to Antung, over the border. Immediately after returning from my country trip we went to Seoul to attend the Fall session of the language school, attaining average marks of 98* for the term's work. School over we went south and visited Andong, Taiku and Chungju stations, spending Christmas and New Years with my brother at the Southern Presbyterian Mission stations of Kwangju and Soonchun, in the interests of the Foreign school here and to help out in some electrical problems they had not been able to solve for themselves. I returned to Pyengyang on January 10th in the wake of our big blizzard. Since then with the exception of a trip to

Syenchun and Antung and another visit to Seoul, I have remained in Pyengyang.

Construction of the new Seminary building having commenced in March, I was excused from attendance of the Spring session of language school in Seoul and in-lieu of it have been having two hours daily study with Dr. Olark and Mr. Erdman.

I have been in ten different mission stations, belonging to four different missions in all parts of Korea except the East coast, from the most extreme southerly one to the Manchurian border. and have covered over 3000 miles, since setting foot on the soil of Korea.

Among the other routine duties of station life, I have during this time drawn up the following plans for buildings all Seminary, Pyengyang City Kindergarten, Pyengyang South Gate Church, all of which are now in process of erection. I have assisted in planning various buildings in Pyengyang and in different parts of the country. At the present time I am engaged in making an accurate a survey as possible of the compound here with a view to planning for future developments of the station.

The School for Missionaries' Children, of which I am Principal has taken considerable of my time, but under the circumstances it seemed unavoidable. The present school year has been very successful time in the school's history there have been three full-time teachers employed. Enrollment has totaled 33 for the year, as are contained in the report of the Principal to the Board of Managers.

FILING DEPT.

21-127

SEP. 4. 1917

Dr. Arthur J. Brown.

156 fifth avenue,

New York City,N,Y

Dear Dr. Brown :

Your, letter of July 30th was received some time ago, I have delayed answering it till now, for many reasons.

As you no doubt are aware, Mrs Slotau's parents have been very decided in their opposition to our going. Since your telegram arrived we have had many talks with them and have succeeded in getting them to modify their original position a great deal. They have agreed that they would not oppose us any further, if we would wait till the end of the war before going. We could not agree to this however and so the *** rested for some time. Within the last few days a new factor has entered the situation, namely Mrs. Zimmerman's health. She has felt the strain of the last month very much and Mr. Zimmerman is positive that if we should go, the shock would kill her. I have come to the same conclusion.

We do not feel that we can assume the responsibility for her death, a *** think our sailing must be postponed until she is willing to let us go of her own free will.

You will understand how disappointed we are at not being able to go how but we feel that this is the right attitude for us to take under present conditions. If ANYTHING SHOULD OCCUR TO MODIFY OR CHANGE THESE I WILL LET YOU KNOW.

very truly yours.

FILING DEPT.

21-127

MAR. 16. 1927

900. N. LaSalle Street.,
Chicago , Illinios
March 4, 1927

Rev. A. J. Brown.
156 Fifth Avenue,
New York City

Dear. Dr. Brown

This will acknowledge receipt of your letter of February 7th and also the fact that the for lough rent allowance is now being paid for which we are duly thankful. Thank you for your efforts on our behalf.

We appreciate3 your interest in our welfare, both at home and on the field and are encouraged to note that you are taking steps to try and secure the money for our residence in Pyeangyang, As yet I have had no communication from the Home Base Department with regard to it. However I should like to emphasize a point that seems in our conversation, to have escaped your attention, and that in that neither my wife or I feel that it is our responsibility to raise this (XXX). Your letter indicate that the Home Base Dept. will co-operate with me but I cannot agree with that viewpoint.

In the literature sent out to candidates the Board states that it undertakes to provide a resonable salary and adequate living quarters on the field. It does not ask the candidate to raise the money either for his salary or residence but undertakes to provide them Why then should the procedure be changed when the individual return on furlough?

Some individuals are able to ask for money for themselves, others are not, Mrs Soltau and I belong in the latter class. We are more than willing to do what we can to assist the Board in raising any funds on its approved Property Liat or for the General Budget, with we have enjoyed our work in Korea very much and would like to return to it when our furlough time is over. From the Board's standpoint of the money invested on us, which will from now on begin to hiring in better returns, It would seem advisable for us to return, Already, since coming to Chicago I have had opportunities to get work in educational lines at considerably increased salary over what we receive now, but have declined them, feeling obligated to return to Korea, However, our return is to be dependant upon the raising of the money for a residence for us, by ourselves, I shall begin to seriously consider looking for a suitable opening somewhere.

I have written quite fully on this matter to our Faster, Dr. Weyer of the First Church Tacoma, so that he would be fully informed as to our viewpoint on the question. I don't care my personal affairs with anyone here in Chicago, even though we have some good friends here who are interested in our welfare, as I feel that whatever may be said would come better from someone other than myself Yours very sincerely.

소일도·소열도

- 흔적과 표적, 기쁨으로 따른 길

초판발행일 2018년 1월 29일
저·역 자 이지하
발 행 인 황준성
펴 낸 곳 숭실대학교 지식정보처 중앙도서관 학술정보출판팀
서울 동작구 상도로 369
등 록 제14-2호(1982.1.25)
TEL : 02-820-0772
FAX : 02-817-5297
http://press.ssu.ac.kr
인 쇄 처 열린문화(02-2278-1791)
값 16,000원
ISBN 978-89-7450-377-2